J. P. KUEHLWEIN
WOLFGANG SCHAEFER

UEBER-BRANDS:

COMO CRIAR UMA MARCA ADMIRADA POR TODOS

TRADUÇÃO
UBK Publishing House

ubook ubk
Publishing House

Publicado mediante acordo com Kogan Page. Edição traduzida do livro *Brand Elevation: Lessons in Ueber-Branding*, publicado por Kogan Page.

COORDENAÇÃO Alessandra Brito
EDIÇÃO Fernanda Barreto
COPIDESQUE Christian Danniel
REVISÃO Maria Alice Pavan Sabino e Vivian Sbravatti
CAPA Clarissa Duarte
DIAGRAMAÇÃO Joyce Matos

Dados Internacionais de Catalogação na Publicação (CIP)
(Câmara Brasileira do Livro, SP, Brasil)

Schaefer, Wolfgang

Ueber-brands : como criar uma marca admirada por todos / Wolfgang Schaefer e J. P. Kuehlwein ; [tradução UBK Publishing House]. -- Rio de Janeiro : Ubook Editora, 2021.

Título original: Brand elevation : lessons in ueber-branding.
ISBN 978-65-5875-675-0

1. Branding (Marketing) 2. Marca de produtos I. Kuehlwein, J. P. II. Título.

21-86367 CDD-658.827

Índices para catálogo sistemático:
1. Branding : Marketing : Administração 658.827

Cibele Maria Dias - Bibliotecária - CRB-8/9427

Ubook Editora S.A
Av. das Américas, 500, Bloco 12, Salas 303/304,
Barra da Tijuca, Rio de Janeiro/RJ.
Cep.: 22.640-100
Tel.: (21) 3570-8150

Dedicamos este livro a nossas famílias, parceiros e amigos por sempre nos encorajar, nos apoiar e nos alegrar; e à memória de Benoit Ams, fundador da Smith & Norbu e um querido amigo — Tu nous manques!

SUMÁRIO

PREFÁCIO

Bem-vindo à era da elevação da marca

"Também podemos nos tornar uma Ueber-Brand™? Como podemos fazer isso? Existe um método além dos princípios? Por onde começamos? Quais são os requisitos? Onde estão os limites?"

Essas foram as perguntas que recebemos repetidas vezes após a publicação de *Rethinking Prestige Branding: Secrets of the* Ueber-Brands [Repensando o Branding de Prestígio: segredos das Ueber-Brands, tradução livre] por meio do nosso blog, podcast ou após conversas em eventos. Elas levaram a muitas conexões e consultas inspiradoras com marcas interessantes de todos os tipos e origens. Às vezes, até mais do que podíamos responder ou assumir, o que nos levou a pensar neste livro.

Tínhamos exposto a teoria da Ueber-Branding porque aprendemos em nosso trabalho diário, e ao conversar com outros profissionais e especialistas, como o mundo das marcas e a maneira de construir prestígio estava mudando rapidamente. As abordagens tradicionais de construção de marcas estavam sendo atualizadas e aprimoradas com foco na missão e nas narrativas míticas: abordagens mais verdadeiras, de dentro para fora da marca c muito mais sintonizadas cultu ralmente com os programas de *go-to-market*[1]. Uma nova safra de Ueber-Brands, como denominamos, começara a prosperar entre categorias e pontos de preço. Superando os pares e os preços, impulsionando-nos como pessoas e sociedade. Reconectando o material com o significado, envolvendo-nos com novos tipos de experiência e mostrando-nos como seguir em frente, no comércio e na cultura. Elevando-se, ao aproveitar nosso desejo de evoluir e aprimorar a nós mesmos e a forma como trabalhamos, vivemos e compramos. Em resumo: parecia que estávamos entrando em uma era de elevação da marca — em tudo e em todos os lugares, para todos.

Entretanto, na época, não tínhamos certeza de quão longe esse conceito poderia ir e quão amplamente poderia ser aplicado. Então, foi satisfatório ver nossa ideia de Ueber-Brands e o livro tornarem-se uma nova referência para tantos profissionais de marketing e acadêmicos. E certamente ainda não tínhamos um programa definido de "Como fazer". Sim, havíamos desenvolvido a teoria e definido sete princípios fundamentais; e tudo isso foi rigorosamente baseado em muita pesquisa e em nossos mais de cinquenta anos de experiência na construção de marcas em meio a categorias e países. Porém, uma metodologia construída com um propósito, que fosse aplicável para todos, de como utilizar essa forma de Ueber-Branding, um caminho comprovado a ser seguido? Nem tanto.

Porém, o desenvolvimento foi rápido — precisava ser assim. Afinal, fomos desafiados e encarregados de casos reais de

---

[1] A estratégia *go-to-market* trata-se de um plano de ação de curto/médio prazo que especifica como uma empresa irá trabalhar sua frente comercial para atingir seus clientes e alcançar um resultado específico em determinado mercado.

grandes empresas *blue chips*[2], bem como de startups, de beleza a eletrodomésticos, de bebidas alcoólicas a alimentos, de detergentes a prestadores de serviços. Diversos casos variados, que não só nos ajudaram a desenvolver ideias enquanto trabalhávamos, mas também garantiram que tudo fosse pragmaticamente sólido e que seu sucesso fosse comprovado ao emergir e avançar, formando e aperfeiçoando estratégias com um senso incorporado de realidade e poder tático.

Após cinco anos de desenvolvimento e "test drives", aqui está ele: nosso modelo novinho em folha, um programa de seis etapas em três fases para consolidar sua marca. Ele foi elaborado tanto para principiantes no marketing quanto para profissionais experientes, tanto para marcas pequenas que almejam crescer quanto para as grandes que querem se revitalizar. Além disso, é relevante para todos, em todas as indústrias e setores, desde prestadores de serviços ou instituições a FMCGs ou fornecedores de artigos de luxo. Pelo menos, é esse o nosso objetivo.

Esse programa de construção da Ueber-Brand só não foi feito para aqueles que pensam que podem continuar a olhar para as marcas como meros instrumentos de marketing. Não foi feito para aqueles que são apenas acionistas com fins lucrativos, em vez de ampliar suas perspectivas para todos os *stakeholders*; ou para os que pensam que uma missão é principalmente algo para as salas de diretoria ou recepções e estão mais preocupados com o valor e não com os valores.

---

[2] *Blue chips* é um termo utilizado para descrever uma ação, que parece ser segura, vinda de uma empresa que esteja em excelente condição financeira e consolidada como líder em sua área.

Este livro divide-se em três partes:

I. **Resumo da teoria**
Uma breve revisão dos sete princípios das Ueber-Brands, conforme expusemos e explicamos em *Rethinking Prestige Branding*. Não com o mesmo nível de profundidade e detalhes, mas com muitos casos novos para demonstrar como o conceito está mais vivo do que nunca.

II. **O programa em si**
Seis passos realizados em três fases e suas respectivas listas de tarefas, estruturadas para guiá-lo detalhadamente pelo processo de construção ou evolução de sua marca. Prático e ilustrado por experiências, exemplos da vida real e diagramas de apoio.

III. **Lições da vida real**
Insights exclusivos de Ueber-Brands de sucesso. Relatórios de experiência e entrevistas de e com alguns dos mais bem-sucedidos profissionais e especialistas do setor. Isso pode dar a você um conhecimento sobre as armadilhas e oportunidades ao embarcar em sua jornada para se tornar uma Ueber-Brand.

Esperamos que as próximas páginas valham a pena e que o ajudem e inspirem. Com nosso primeiro livro conseguindo um raro 8/10 dos especialistas da getAbstract e, mais importante, um 4,8/5 dos leitores na Amazon, foi estabelecido um alto parâmetro para esta obra seguinte. Esperamos atender às suas expectativas e ficaríamos felizes em saber sua opinião, como sempre, em authors@ueberbrands.com. Porque as Ueber-Brands são histórias intermináveis. Assim como aprender a construí-las.

Abraços!

Wolfgang e J.P.

Escaneie o seguinte QR code para ter acesso a gravações de entrevistas, vídeos, sites, artigos e outros materiais citados neste livro em nossa página de Material Bônus em www.ueber-brands.com [conteúdo em inglês]. Lá, você também encontrará mais estudos de caso e recursos, nosso blog, nosso podcast e um link para vídeos da Ueber-Brand no YouTube.

SCAN ME

PARTE UM

Recapitulando: os princípios de Ueber-Branding™

A ideia das Ueber-Brands™

"Ueber" é um termo alemão usado para "acima e além", e descobrimos que é para lá que as marcas vão quando buscam adquirir significado além do material. Nossa pesquisa mostrou que marcas consideradas inigualáveis e inestimáveis vão além das abordagens convencionais de desenvolvimento de identidade de marca e execução de marketing, seguindo sete princípios que revisamos e ilustramos a seguir.

Tais princípios são guiados por três desejos profundos que as pessoas têm e valorizam nas marcas que conseguem satisfazê-los:

- O desejo de significado que pode ser encontrado em uma Missão superior e em um Mito em que se pode acreditar.
- O desejo de ser especial, mas também de pertencimento, que pode ser alcançado pelo equilíbrio entre exclusividade e inclusão.

- O desejo da verdade, que requer que as marcas tornem realidade esse sonho mítico, mas que também coloquem seu dinheiro nessa Missão e brilhem de dentro para fora.

Os princípios são responsáveis pelas principais dimensões de uma marca: eles fornecem uma visão a seguir e também guiam as ações da marca no aqui e agora. Também orientam as relações que a marca tem com seus clientes e como viver sua promessa enquanto uma organização. No entanto, em sua essência, um Mito de Marca precisa fugir da completa racionalização para proporcionar aquela atração inexplicável das Ueber-Brands.

FIGURA P1.1 O modelo Ueber-Brand: sete princípios que podem consolidar uma marca para que ela se torne significativa, inigualável e inestimável

Fonte: os autores (2015)

Princípio 1: missão incomparável

Ter uma Missão distinta e orientada pela marca

Ter um chamado superior, uma razão além de "ganhar dinheiro", está no núcleo de cada Ueber-Brand. Um chamado superior não apenas guia a organização e eleva a marca, mas, mais do que isso, ajuda a satisfazer as aspirações dos *stakeholders* e os apoia na construção da identidade. Para isso, a Ueber-Brand precisa ir além das boas ideias e da relevância individual, oferecendo ideais e ressonância social. Mesmo os principais CEOs na Business Roundtable dos EUA recentemente mudaram seu posicionamento quanto ao "propósito de uma corporação" de "maximizar o valor para os acionistas" para "promover uma economia que sirva a todos os norte-americanos" (BUSINESS ROUNDTABLE, 2019).

Observação: quando falamos de Ueber-Brands guiadas por uma Missão, não estamos nos referindo àquelas declarações grandiosas e genéricas de "salvar o mundo", que muitas vezes não têm nenhuma conexão discernível com o negócio em questão. Estamos nos referindo às Missões enraizadas no negócio, que lhe dão uma razão maior de ser além do lucro. As Ueber-Brands diferenciam-se por terem visões audaciosas combinadas com criatividade única e a coragem de buscar ambas. Elas enriquecem a experiência da marca e oferecem a seus fãs a chance de se sentirem maiores ou melhores, não mais apenas comprando, mas também *aderindo* a algo. Algo que reflita os valores, gostos ou habilidades que buscam demonstrar, por exemplo.

Descobrimos duas maneiras de as marcas ganharem esse tipo de significado pessoal e social: a primeira é seguir um chamado superior que dá à marca um propósito socioecológico ou espiritual além do econômico; a segunda é redefinir a categoria em que as marcas se encontram, estabelecendo novos padrões e fazendo-nos mudar o modo como pensamos e nos sentimos e interagimos com elas.

Rota da Missão 1: seguindo um chamado superior

Vincent Stanley, um dos primeiros funcionários da Patagonia, sobrinho do fundador Yvon Chouinard e diretor de filosofia da companhia, nos contou sobre uma época no início dos anos 1990 em que uma equipe enfim se reuniu para formalizar a Missão que a organização seguia intuitivamente há duas décadas. Ela dizia: "Construir o melhor produto. Não causar danos desnecessários. Usar os negócios para inspirar e implementar soluções para a crise ambiental." Parecia estranho para Vincent e outras pessoas escrevê-la, mas também necessário, pois a organização e a marca cresciam bem rápido. Em 2019, Yvon e sua equipe elevaram o padrão, incitados pelo que experimentaram como uma escalada avassaladora da crise ambiental. A "Razão de Ser" é agora precedida pela declaração: "Estamos nos negócios para salvar o planeta" (PATAGONIA, 2019b). Essa atualização e melhoria garantem que a marca permaneça ambiciosa na busca de sua Missão e tornam ainda mais explícita a oposição ao que são consideradas ameaças trágicas à natureza, apoiando grupos ativistas locais, por exemplo, que procuram convencer os estados balcânicos e a União Europeia (UE) a parar os investimentos em hidrelétricas que estão destruindo alguns dos últimos rios selvagens (ROSE, 2019). Nos EUA, a marca aderiu a uma ação judicial contra o Governo Federal por causa da redução do tamanho de terras que são monumentos nacionais protegidos (PATAGONIA, 2019a).

A jovem Everlane é um exemplo de marca de roupas com uma abordagem mais moderada ao ativismo. Fundada em 2010, essa marca nativa digital também busca formas sustentáveis para que suas roupas sejam confeccionadas e consumidas. Porém, não sai às ruas para salvar o mundo. Ao contrário, promete: "Qualidade excepcional. Fábricas éticas. Transparência radical." Seu site compartilha uma bússola moral com os clientes: "Na Everlane, nosso forte não são as tendências. Queremos que você use nossas peças durante anos, até mesmo por décadas" (EVERLANE, 2020). Oferecer menos escolhas permite um exame minucioso da cadeia de suprimentos. A Everlane pede a cada fornecedor que ofereça produtos resistentes, que pague a seus trabalhadores salários dignos e garanta a segurança deles. Além disso, trabalha com fornecedores para minimizar o impacto negativo ao meio ambiente. Documentar esse trabalho e o lugar de onde vem cada peça de vestuário faz parte tanto de sua "transparência radical" quanto de uma gestão financeira transparente. Cada descrição de produto em seu site informa como ele é bem-feito, mas também quanto custa para obter seus materiais, fabricá-los e enviá-los — e, portanto, quanto a empresa ganhará.

FIGURA 1.1 Everlane manifestando, item por item, sua Missão de "transparência radical"

EVERLANE

Fonte: reproduzido com permissão da Everlane (2020)

O apelo para os consumidores verem uma empresa buscar uma filosofia na fabricação de seus produtos que vai além do material está sendo reconhecido em todos os setores e mercados, como o exemplo da fabricante de bolsas indiana Hidesign. A empresa não apenas apresenta seus designs e artesanatos indígenas, mas agora também explica seu tratamento respeitoso aos trabalhadores, ao meio ambiente e ao processo de curtimento vegetal (ATWAL *et al.*, 2020).

Pode ser complicado distinguir uma camiseta da Everlane de qualquer outra com alta qualidade, mas o compromisso com a transparência confere ao seu produto valores morais que seus jovens fãs começaram a sentir falta nas marcas de *fast fashion* e inspirou algumas delas, como a H&M, a seguirem o exemplo. Este é o verdadeiro sinal de uma Ueber-Brand: traçar um rumo e inspirar ou forçar os outros a seguirem o exemplo.

Contudo, tenha cuidado, você não pode simplesmente fingir ter um propósito superior ou usar um em suas comunicações somente quando necessário. Particularmente, em nosso mundo das mídias sociais, é melhor ser reconhecido pela humildade do que ser humilhado por exagerar na "sinalização de virtude" sem nenhuma ação para sustentá-la. Tomemos a Audi, que veiculou um anúncio no Superbowl em apoio à igualdade de oportunidades para as mulheres no ambiente de trabalho — apenas para enfrentar uma reação imediata pelo fato de não ter um único membro feminino nos conselhos da Alemanha ou nos EUA (PECK, 2017). Da mesma forma, a empresa de serviços financeiros State Street fez uma grande ação e colocou a estátua *Fearless Girl* em frente ao *Touro de Wall Street* — e depois teve que responder a uma alegação do Departamento do Trabalho dos EUA de discriminação salarial contra suas funcionárias (STEVENS, 2017). Além disso, não menos importante, leia em nosso Epílogo sobre os recentes problemas de RH da Everlane, mencionada anteriormente, durante a crise da covid.

Rota da Missão 2: reinventando a categoria

Caso a busca de um chamado superior pareça desonesta ou muito onerosa, uma organização ainda pode construir uma marca "missionária", preocupando-se principalmente com seu produto e serviço. Assim, é preciso fazer uma verdadeira mudança na forma como a categoria é vivenciada pelas pessoas ou desestruturá-la por completo.

Airbnb, Etsy e muitas outras plataformas da internet vêm à mente. O Spotify, fundado em 2006, por exemplo, transformou a forma como consumimos música, permitindo-nos ouvir qualquer canção a qualquer hora e em qualquer lugar. Mas o Spotify também criou uma mudança estrutural e cultural na antiga indústria musical monolítica, que no momento se reflete em sua Missão de Marca: "Desvendar o potencial da criatividade humana — dando a um milhão de artistas criativos a oportunidade de viver da arte e a bilhões de fãs a oportunidade de desfrutar e se inspirar nela" (SPOTIFY, 2020).

Isso dá à maneira como o Spotify reinventa a categoria uma perspectiva significativa ao redor da qual as pessoas podem se reunir; algo que outras plataformas populares falharam notavelmente em realizar. Basta pensar em "Dar às pessoas o poder de construir uma comunidade e aproximar o mundo", do Facebook (LIMBACHIA, 2017), ou "Criar oportunidades ao colocar o mundo em movimento", da Uber (UBER, 2020), e contrastar essas missões com os debates públicos acalorados sobre ética, privacidade ou práticas salariais dessas plataformas. Discutiremos os desafios de querer ser uma empresa unicórnio e uma Ueber-Brand ao mesmo tempo no Princípio 7 e na Parte Dois deste livro.

Um exemplo clássico de reinvenção de categoria de que falamos em *Rethinking Prestige Branding* é a Starbucks, e como ela mudou a ideia e a experiência com o café nos EUA (SCHAEFER; KUEHLWEIN, 2015). Na Parte Três deste livro, adicionamos um relato de como a equipe da Starbucks na Europa foi desafiada a reinventar e revitalizar seu núcleo de qualidade e serviço em resposta a um contexto cultural diferente e à ameaça de diluição de valor à medida que a marca se expandia.

Uma coisa é interessante de se notar: as repetidas tentativas do fundador da Starbucks, Howard Schultz, de abraçar um chamado sociopolítico em torno de uma construção comunitária para a marca (Rota da Missão 1) basicamente caíram por terra. Por exemplo, iniciativas de inclusão racial como #RaceTogether foram recebidas com ceticismo, na melhor das hipóteses. Mesmo clientes e funcionários bem-intencionados comentaram que "discutir a raça" não condizia bem com a Starbucks, fosse ela um lugar a ser frequentado ou parte de um ritual de injeção de ânimo (MAINWARING, 2015). A Starbucks fez bem em seguir a Rota da Missão 2 e criar aquele famoso "terceiro lugar" — entre a casa e o escritório. Talvez seja melhor seguir essa ideia e manter aquele lugar especial, dado o número de concorrentes que seu sucesso tem gerado.

Como há muitas abordagens de elevação de marca, combiná-las pode ter um impacto ainda mais forte. O Airbnb, por exemplo, ligou artisticamente a reinvenção da indústria hoteleira (Rota da Missão 2) com a ideia de comunidade e uma Missão de fazer as pessoas sentirem que poderiam "pertencer a qualquer lugar" (Rota da Missão 1), como o relato na Parte Três ilustrará.

Entretanto, não importa qual abordagem uma marca escolha ao oferecer mais do que um "produto de qualidade": quando as expectativas são altas, é difícil satisfazer a todos. As Ueber-Brands muitas vezes causam controvérsia na atuação de sua Missão, mas andam a passos largos. Nos casos em que as marcas tradicionais se comprometem a não alienar nenhum segmento de clientes, as Ueber-Brands priorizarão cumprir a promessa ao seu público principal em vez de tentar agradar a todos. Em outras palavras, poderão "alienar para atrair".

Eis um teste simples para ver se você tem "Ueber-Convicções": se todos concordam facilmente com você, então suas convicções não o diferenciarão. Somente aqueles que se atrevem a ser diferentes podem reivindicar o privilégio de nos conduzir em uma nova direção para ser "incomparável". Como nos disse Dave Rapaport, diretor da Missão Social Global da Ben & Jerry's, em nosso podcast: "É quando a justiça social está cercada que olhamos ao redor para saber com quem realmente podemos contar" — geralmente, a B&Js é uma das primeiras e poucas empresas a fazerem isso (UEBERBRANDS.COM, 2019b).

Você reconhecerá uma Ueber-Brand por fazer o que é certo, à luz de sua *raison d'être* [*razão de ser*] — não por fazer o que é popular ou mais lucrativo.

RESUMO: MISSÃO

- As Ueber-Brands têm uma Missão que ressoa e a qual elas conseguem cumprir.
- Elas seguem um chamado superior e/ou redefinem a categoria, estabelecendo novos padrões.
- De qualquer forma, precisam demonstrar convicção e evoluir constantemente, mantendo-se fiéis a si mesmas.

Princípio 2: desejo vs. pertencimento

Equilíbrio entre exclusividade e inclusão

Muito diferente das marcas tradicionais de luxo ou prestígio, as Ueber-Brands desenvolveram novas estratégias *go-to-market* que equilibram uma necessidade de exclusividade com um senso de inclusão, invariável em nossa era digital. Elas fazem isso criando uma "corda de veludo" que separa e ainda conecta o público-alvo estratégico mais abrangente ao que chamamos de Ueber-Target. Esse último se torna um grupo inspirador de "membros", criando um desejo de "querer pertencer" aos demais. Note que, embora a corda de veludo possa, é claro, ser uma verdadeira barreira, consiste frequentemente de fatores mais sutis como o tempo, o dinheiro ou o espírito empreendedor necessário para ultrapassá-la.

O Ueber-Target: musas, influenciadores e cocriadores de significado

O Ueber-Target desempenha um papel fundamental na criação do valor aspiracional de uma Ueber-Brand e do desejo do público-alvo de ultrapassar a corda e acessar a marca. Eles são os grupos de pessoas que desempenham o papel de musas ou discípulos da marca (ou ambos) e que agem como o público mais abrangente poderia aspirar a fazer ou ser. Em *Rethinking Prestige Branding*, examinamos o papel dos Hells Angels e da Harley Davidson ou dos "*wingmen*" e da Red Bull a esse respeito (SCHAEFER; KUEHLWEIN, 2015). É importante observar que as compras feitas pelos grupos Ueber-Target podem representar apenas uma fração da receita da marca ou até gerar perda financeira. O apelo deles ao negócio está em como enriquecem a história da marca e de que modo inspiram segmentos significativos de "pessoas comuns" a adquirir essa marca e a se juntar a seu mundo; mesmo que seja apenas nos sonhos. Tais segmentos são frequentemente chamados de "públicos-alvo estratégicos" ou "usuários potenciais", na linguagem do marketing. No caso da Harley, um desses segmentos-alvo é composto por homens de meia-idade da classe alta, que talvez sofram com a crise da meia-idade. É improvável que tenham nascido para ser "selvagens", vagando pelo país como modernos fora-da-lei... mas eles certamente podem se dar ao luxo de acreditar nesse sonho.

A Peloton ilustra como alavancar uma comunidade Ueber-Target para alcançar e causar a disrupção do que era em grande parte uma categoria comoditizada e entediante: equipamentos domésticos de fitness. Fundada em 2012, a marca sectária, em 2019, tornou-se uma empresa pública com uma valorização de mais de oito bilhões de dólares. A Peloton redefiniu a forma como exercícios físicos feitos em casa são vivenciados, incluindo o visual, o local e o preço adequados para uma bicicleta ergométrica e uma esteira — mais de dois mil e quatro mil dólares, respectivamente. Como os anúncios sugerem, os equipamentos da marca com design de alta tecnologia devem ser exibidos com orgulho na sala de estar em vez de escondidos no porão.

Contudo, o que realmente diferencia e eleva a experiência Peloton é seu Ueber-Target, comunidades de "praticantes de exercício em casa" dedicados, muitas vezes ricos e/ou famosos, com seus próprios rituais, linguagens, lendas e heróis. As bicicletas Peloton permitem que os usuários praticamente participem de sessões de treino realizadas em um dos estúdios da marca — por uma taxa mensal, é claro. Seu nome pode aparecer ao lado dos de outros assinantes enquanto compete para chegar ao topo do ranking, incentivado por um instrutor. Alguns desses instrutores tornaram-se semideuses de várias tribos da Peloton. Há Robin Arzón, por exemplo, com mais de duzentos mil seguidores no Instagram, que é completamente voltada ao "suor e molejo", e Jess King ou Ally Love, que gostam de ser chamadas de super-heroínas (HUDDLESTON, 2019).

Há também um grupo Ueber-Target que poderia ser descrito como os "discípulos". Parecem viver a vida ideal da tribo — "supermães" e "pais-alfa", hiperocupados e ainda assim super-relaxados e em perfeita forma — e ajudam a moldar o sonho e a disseminar a palavra. Eles exaltam a praticidade da Peloton e da convivência da comunidade, que também é competitiva. Exibem-se com roupas da Peloton e podem ter comprado um dos grandes logos 3D da Peloton para decorar sua sala de estar. Há dezenas de pessoas que exibem uma tatuagem desse logotipo no site social da marca. E, é claro, há vários podcasts e outros fóruns organizados por viciados em Peloton, também populares na comunidade (FRIESWICK, 2016). A maneira pela qual tomamos conhecimento de tudo isso foi ouvindo uma conversa em um trem para Nova York.

Dois fanáticos enalteciam sua posição no "placar" e estavam com pena de uma "pobre alma que ainda mexia o corpo na SoulCycle[3], que chato". Parece inestimável pertencer a essa suave elite de guerreiros fitness.

O princípio da "corda de veludo": distinção que impulsiona o desejo

Por que as pessoas ficam na fila durante horas para uma chance de comprar um item "limitado" vendido pela marca de moda *streetwear* Supreme em uma de suas lojas? Por que outras pessoas fazem grandes esforços para pôr as mãos em um ingresso do festival anual Burning Man, o mundo de fantasia temporário no deserto de Black Rock de Nevada? Bem, uma das razões é precisamente porque são difíceis de conseguir: os ingressos costumam se esgotar em trinta minutos (KANE, 2018). Você poderia chamar isso de o primeiro nível da corda de veludo do Burning Man.

Após conseguir o ingresso, chega-se de fato ao lugar inconvenientemente remoto e, então, há o desafio de encontrar um dos escassos sinais de celular para compartilhar com o "mundo exterior" suas fotos do Instagram. Porém, o estágio mais difícil e mais raramente atingido dessa peregrinação é juntar-se às classificações dos "verdadeiros Burners". Para isso, é preciso convencer um acampamento do festival e sua tribo de que se tem a habilidade e a criatividade para apoiar sua interpretação particular do tema do festival daquele ano, para demonstrar a "autoexpressão radical", um dos princípios centrais do Burning Man. Só então uma pessoa é admitida no grupo de

[3] Refere-se a uma bicicleta da SoulCycle, uma empresa fitness fundada em 2006 que oferece aulas de ciclismo *indoor* e spinning.

elite daqueles que têm acesso garantido a ingressos no ano seguinte... por somente 425 dólares e apenas 48 horas.

Tudo isso faz parte da intrincada corda de veludo de multicamadas que ajuda a definir a mais alta classificação do Ueber-Target "Burner". Todas as "pessoas normais" têm a chance de concorrer a um acesso único a esse festival dos sonhos, solicitando um ingresso FOMO (*Fear of Missing Out* [Medo de perder]) por cerca de 1,4 mil dólares (BURNING MAN, 2019b). Isso pode fazê-los "entrar" e conseguir a admiração das pessoas de fora, mas, no fundo, eles provavelmente também se sentem um pouco como aqueles dentistas que pilotam Harleys e queriam ser os Hells Angels de verdade.

A necessidade de pertencimento é também o que ajudou a gerar 2,4 bilhões de dólares em vendas, em 2018, para a marca de videogame on-line Fortnite; que pode ser jogado de graça em sua versão mais básica (HOGGINES, 2019). No entanto, durante uma temporada de jogos, muitos jogadores — ou melhor, seus pais, dado que a maioria dos jogadores tem 21 anos ou menos — pagarão pequenas fortunas para comprar acessórios, como as últimas "*skins*" (avatares) ou "*emotes*" (danças comemorativas), para serem descolados e reconhecidos como jogadores regulares (GOUGH, 2019).

Para desenvolver acessórios e campanhas de venda, a marca Fortnite se inspira em jogadores populares, rappers e outros ícones pop, e frequentemente colabora com eles. Durante menos de uma semana, uma *skin* de edição limitada do famoso *mixerstreamer* Ninja foi à venda em 2019, por exemplo, criando um frenesi para consegui-la antes que esgotasse. Mas o maior respeito nessa comunidade é reservado ao jogador mais experiente que mostra habilidades únicas e usa acessórios antigos que não estão mais disponíveis. Trata-se dos jogadores mais dedicados ou *Pros*, que ganham dólares em torneios de jogos em vez de gastá-los. E são os admirados Ueber-Targets que a marca Fortnite procura mimar e agradar, assim como o Burning Man procura manter a chama viva entre os verdadeiros Burners.

Para que o princípio da corda de veludo continue a funcionar ao longo do tempo, as pessoas devem perceber que ultrapassá-la continua sendo difícil. É por isso que marcas como a Supreme mantêm a dificuldade de comprar alguns de seus artigos, aplicando regras arbitrárias, como a liberação de produtos "aos poucos", em quantidade limitada, espaçando-os no tempo e no espaço, limitando o quanto uma única pessoa é autorizada a comprar etc. Trata-se do antigo "princípio da escassez" do luxo, reinventado para o século XXI. Isso criou todo um mercado paralelo de produtos Supreme administrado por pessoas que pagam a outras para ficarem na fila durante horas e depois revender por um valor considerável. E, lembre-se, estamos falando principalmente de camisetas e moletons com um grande logotipo vermelho!

Para não aborrecer seus influenciadores Ueber-Targets, as Ueber-Brands precisam desequilibrá-los de tempos em tempos e mantê-los em alerta. É aqui que entram as colaborações da Supreme, como a da Meissen, icônica fabricante alemã de porcelana fundada em 1710 (TASCHJIAN, 2019). Os colecionáveis da Meissen podem ser encontrados nas salas de estar das avós do mundo inteiro. Porém, não há uma semelhança óbvia com o estilo de vida do fã comum da Supreme. E a questão é exatamente essa. Somente a multidão que está por dentro está destinada a penetrar o significado desse anjo com o "coração vivo" trespassado.

RESUMO: DESEJO VS. PERTENCIMENTO

- As Ueber-Brands equilibram a proximidade com a distância — física, financeira, intelectual e emocionalmente.
- Elas primeiro procuram por discípulos, os Ueber-Target, e depois expandem-se mais por meio deles.
- É criada uma linha tênue entre inclusão e exclusividade para manter as pessoas ansiosas.
- O Ueber-Target é mantido ansioso, para que possa se orgulhar de ser "aquele que tem".

Princípio 3: *un-selling*

Dominando a arte da sedução

A venda, embora absolutamente necessária, é pouquíssimo atrativa. Como uma marca pode ser lançada para o público sem parecer que está vendendo? Esse é um enigma para as marcas que querem se consolidar. A solução é "*un-selling*": seduzir, em vez de vender.

As Ueber-Brands evitam vendas descaradas. Em vez disso, comunicam-se em códigos engenhosamente elaborados, compreensíveis apenas para aqueles que "estão por dentro". Ou aproximam-se de nós em silêncio, a um ritmo suave, em muitos espaços caros e, portanto, respeitosos, para sublinhar como são diferentes das marcas de massa, forçando e gritando por atenção.

Um bom exemplo são os anúncios impressos de jornal da The Row, uma marca de moda de alta costura de Nova York criada pelas irmãs gêmeas, atrizes e designers Mary-Kate e Ashley Olsen. Você precisa saber de tudo isso ou ficará confuso, na melhor das hipóteses. É uma página inteira em branco, exceto por "The Row", no meio, escrito em uma fonte estreita, moderna e de tamanho modesto, e um endereço e número de telefone em letras pequenas na parte inferior — presumivelmente do seu *showroom*. É isso.

As Ueber-Brands também utilizam a clássica abordagem publicitária de "celebridade endossante". Em vez de a celebridade recomendar mais ou menos de forma descarada a compra de um produto, as Ueber-Brands apresentam uma celebridade encantada pela marca. A Peloton parece quase casual, por exemplo, em relação a *retweets* de Ellen de Generes, Richard Branson, Usain Bolt ou Michael Phelps, que são usuários viciados. Nos anúncios da Nespresso, as celebridades — George Clooney, em particular — são ignoradas por outras pessoas que querem tomar uma xícara de café antes dele.

Por serem ícones culturais e armarem-se das tecnologias das mídias sociais, as celebridades agora são capazes de moldar sua marca, criar mais marcas e atuar como intermediários para promovê-las. Foi assim que o já mencionado Clooney cofundou a marca de tequila Casamigos e, menos de cinco anos depois, a vendeu por setecentos milhões de dólares. A adquirente, Diageo, entende que o valor da marca está mais no fundador, George, do que na bebida. Prometeram outros trezentos milhões de dólares, se ele permanecesse por tempo suficiente (WHITTEN, 2017). Para não dizer que isso só acontece com os rapazes, Rihanna e Kylie Jenner tornaram-se até mesmo bilionárias da beleza; a última vendeu uma boa parte de seu negócio à Coty em 2020 (STRUGATZ, 2019; FRIEDMAN; TESTA, 2019).

Uma maravilhosa ação de *un-selling* por parte de celebridades pode ser exemplificada pelos atores Hugh Jackman e Ryan Reynolds, intérpretes de super-heróis da Marvel. Em 2019, conseguiram transformar a publicidade em um momento de cultura pop e, ao mesmo tempo, em um bom negócio. Ambos construíram uma reputação nas mídias sociais de sentirem extrema inveja um do outro, presos a uma rixa pessoal. Então houve uma grande reviravolta quando publicaram um clipe no

YouTube em que anunciaram uma trégua e, como prova de boa vontade, cada um produziu um anúncio para a marca do outro: Ryan para a Laughing Man Coffee, e Hugh para a Aviation Gin. Basta dizer que um deles trapaceou e que o vídeo acumulou milhões de visualizações e ambos os proprietários das marcas riram tanto quanto seus telespectadores.

FIGURA 3.1 O ator Ryan Reynolds vai além do papel tradicional de celebridade endossante, sendo proprietário da marca Aviation Gin, além da Diageo, e criando as mensagens e plataformas de mídia da marca

Fonte: reproduzido com permissão da Davos Brands — Aviation American Gin (2020)

Mostre orgulho e provoque, em vez de parecer amigável e sorrir

Podemos não gostar de pessoas arrogantes, mas admiramos secretamente suas fortes convicções e orgulho; pelo menos às vezes. Psicólogos confirmam nosso palpite de que pessoas arrogantes muitas vezes dão um passo à frente em relação a seus pares mais simpáticos na carreira ou nos relacionamentos (JOHNSON, 2010).

As marcas de luxo têm brincado com nossa inveja oculta em suas comunicações há muito tempo para, inclusive, ganharem mais dinheiro. Procure os anúncios delas na mídia de sua escolha e talvez você olhará com reprovação ou observará comportamentos que beiram à arrogância; certamente se compará-los a todas aquelas pessoas felizes nos anúncios de marcas populares. Essa é provavelmente uma razão pela qual é difícil encontrar uma foto das gêmeas Olsen sorrindo desde que fundaram sua marca de moda — basta pesquisar no Google para conferir.

Outras Ueber-Brands gostam de provocar por ter uma "atitude" ou uma opinião controversa. A Nike é conhecida por elogiar aqueles que se esforçam mais, em vez de exaltar seus calçados. Em 2018, a Nike encontrou uma maneira particularmente provocadora de dar sentido ao seu slogan "Just Do It [Apenas faça]". Escolheu Colin Kaepernick como porta-voz. O quarterback da NFL provocara debates acalorados nos EUA e perdeu seu emprego ao se ajoelhar durante a execução do hino nacional para protestar contra a injustiça racial e a brutalidade policial. "Acredite em algo. Mesmo que isso signifique sacrificar tudo", dizia o texto publicitário da campanha multimídia da Nike, mostrando um close de Kaepernick com seu cabelo característico.

Algumas pessoas ficaram tão irritadas que queimaram seus sapatos Nike, compartilhando o ato nas mídias sociais, e pediram um boicote à marca. Mas a juventude negra urbana e muitos atletas negros, um Ueber-Target da Nike, aprovaram abertamente a iniciativa corajosa. E o importante é que a maioria das pessoas de pensamento liberal e classe alta que compõe o público-alvo estratégico da Nike mostrou seu apoio e agradeceu à marca com um aumento de vendas de seis bilhões de dólares (ABAD-SANTOS, 2018).

UM AVISO DE CUIDADO SOBRE A PROVOCAÇÃO SOCIOCULTURAL

Um filme rodado em 2019 pela marca de fragrâncias Sauvage, da Dior, com Johnny Depp, criou uma controvérsia social indesejada. O filme inclui algumas cenas mostrando o membro de uma etnia indígena dançando. Rapidamente, vozes foram ouvidas criticando a Dior por humilhar indígenas nativos, associando-os a um nome de produto que soa como "selvagem". A discussão continuou, mesmo depois que a marca francesa afirmou que trabalhara com um grupo nativo no roteiro e no filme para garantir a interpretação positiva pretendida.

Esse exemplo ilustra o aumento da frequência de repercussões negativas a qualquer coisa que alguém possa interpretar como inadequado. Com todos com um smartphone na palma das mãos, a crítica pública está a apenas um comentário anônimo de distância. Acrescente uma hashtag e um número suficiente de pessoas que a "compartilhem" e assim nasce um "movimento". Muitos desses movimentos e discussões associadas fazem muito bem à sociedade. Outros, no entanto, são exercícios bastante vazios de "sinalização de virtude" em massa sem muita consequência daqueles que seguem a maioria. As marcas podem se beneficiar nesses jogos de sinalização, como mostrado no exemplo da Nike vs. Kaepernick.

Entretanto, as marcas precisam ser cautelosas, ter certeza de que realmente vivem os valores que endossam e estar prontas para se engajar quando surgirem discussões negativas a respeito delas. Principalmente quando escolhem provocar e brincar com o fogo das mídias sociais. Basta perguntar à Dolce & Gabbana o que aconteceu na China quando a marca apresentou modelos chineses tendo dificuldades com a comida italiana de maneiras bastante sugestivas. Você pode assistir ao vídeo de desculpas da Dolce & Gabbana no YouTube (DOLCE & GABBANA, 2018). Escaneie o código QR no início do livro para ter acesso ao link.

Evite o óbvio: mistifique, faça disso uma arte

Todos falam sobre "desmistificar o marketing" — uma busca no Google em fevereiro de 2020 apresentou uma proporção de dez mil para um em relação à "mistificação do marketing". As Ueber-Brands reconhecem, entretanto, que evitar o óbvio chama a atenção e faz com que as transações mundanas pareçam mais significativas — ou até mesmo misteriosas.

Sem muito "desempenho" para anunciar, produtos como licores ou perfumes confiaram no mistério para torná-los sempre interessantes. Por que uma vodka (Tito's) viria do Texas e o que ela teria a ver com cães? Que loucura Johnny Depp estaria fazendo no deserto usando Sauvage da Dior? E o que Brad Pitt estaria fazendo em um anúncio do Chanel Nº 5?

A empresa de beleza L'Officine Universelle Buly criou todo um universo mítico. O fundador Ramdane Touhami nos disse que pensa o ato de comprar em suas butiques como um sonho "hiper-real". Inspirado em como Umberto Eco escreveu sobre experienciar a Disneylândia como um sonho melhor do que um sonho (ECO, 1986), Touhami disse que a Buly é "a imagem romântica que as pessoas podem ter da Paris vintage" misturada a poções de beleza místicas de outrora ou de muito longe. A experiência apresenta uma curiosa interseção entre os estilos renascentista e moderno. É preciso ir e conferir as prateleiras arqueadas para sentir a magia. Você pode ouvir nossa entrevista com Ramdane e ver as fotos das lojas em ueberbrands.com (UEBERBRANDS.COM, 2018b). Escaneie o QR code no início do livro para acessar um link direto [conteúdo em inglês].

FIGURA 3.2 As prateleiras das butiques da Buly inclinam-se, tornando-se parte do teto, criando um universo artístico e misterioso para a marca de beleza

Fonte: J.P. Kuehlwein (2018)

As manifestações da Buly estão tão fora das normas comerciais que alguns se referem a elas como "arte". O que é intencional, é claro. Com certeza, não é coincidência que a marca tenha se inspirado em um romance de Balzac, ou que a primeira loja tenha sido aberta na antiga fundição que Rodin usava, ou que o Café Tortoni da loja tenha recriado um ambiente da Belle Époque em que artistas e escritores costumavam se encontrar. A associação com a arte "descomercializa", dá aos clientes uma sensação de experimentar a cultura e, com isso, eleva o perfil e o poder de preço da marca.

A superpotência luxuosa LVMH com certeza acredita no poder da arte. Ela adquiriu a Buly por meio de seu braço de investimento (LVMH LUXURY VENTURES, 2019), e as marcas do grupo envolvem constantemente os artistas em seus trabalhos.

A Ueber-Brand digital Netflix parece ter descoberto o poder do mundo físico para também fornecer significado de marca. A Netflix já demonstrou como produzir filmes de destaque pode levar um serviço de streaming a se tornar um player cultural. Conseguiu a marca de cinquenta indicações ao Oscar em 2019, no mesmo ano em que adquiriu o teatro "Paris" em Nova York, salvando um dos poucos tesouros de arte remanescentes do fechamento permanente, enquanto criava o que poderia se tornar uma poderosa manifestação off-line de sua importância cultural (HAAS, 2019).

Marca como meio... e plataforma

Temos visto celebridades tornarem-se marcas e seu próprio meio de divulgação. Algumas das principais startups da internet fizeram o mesmo. A marca de beleza Glossier nasceu de comentários e feedbacks deixados no Into-The-Gloss, um blog sobre hábitos de beleza criado por Emily Weiss, uma assistente de estilo da *Vogue*. Tornou-se um império avaliado em mais de um bilhão de dólares em sua rodada de investimento da Série D em 2019 (GROSS, 2019).

As marcas em todas as categorias e origens reconhecem o poder construtivo de serem suas próprias portadoras de mensagens e significado (ver Parte Dois, Passo 6). O Airbnb começou a publicar uma revista de viagens. A varejista cooperativa REI tem um jornal, um podcast e um canal de cinema on-line para passar de vendas para a inspiração e a orientação.

O LEGO Brand Group foi além dos blocos de montar há muito tempo, promovendo a criatividade por meio da brincadeira. Há jogos on-line, filmes da marca (cinco até agora), parques temáticos Legoland... Contudo, talvez o mais significativo em garantir que os pais e a sociedade vejam a LEGO como uma parceira inestimável para o desenvolvimento infantil é a plataforma "Educação" que a marca desenvolveu. Os pais podem enviar seus filhos aos Centros de Descoberta da LEGOLAND, onde a equipe "preparará as crianças de hoje para o mundo de amanhã [...] oferecendo um equilíbrio maravilhoso entre aprendizagem e diversão" (LEGOLAND DISCOVERY CENTER, 2019).

FIGURA 3.3 A LEGO Education tornou-se uma valiosa plataforma de aprendizado experimental para os principais *stakeholders* da marca — crianças, pais e educadores

Fonte: reproduzido com permissão da LEGO Education (2020)

Nas Academias LEGO, os professores podem ser treinados sobre como "integrar nossas soluções em sala de aula à metodologia STEM existente e ao planejamento diário das aulas", como diz o site (LEGO EDUCATION, 2019). E há a Fundação LEGO, que pesquisa e divulga técnicas de aprendizagem por jogos para autoridades da educação e ONGs ao redor do mundo.

RESUMO: *UN-SELLING*

- As Ueber-Brands dominam a arte da sedução.
- São ousadas e inspiradoras, mas potencializam códigos ou arte em vez de um argumento de vendas espalhafatoso.
- Agem em vez de apenas falar e...
- Procuram tornar-se um meio ou mesmo uma plataforma na qual os Ueber-Targets interagem.

Princípio 4: do Mito ao significado

Dando alma à marca

Se a Missão de uma marca fornece uma *raison d'être* racional e tangível, seu Mito acrescenta uma dimensão emocional e intangível. Colocamos a construção do Mito no centro dos princípios de Ueber-Branding porque se aprofundar (além do aqui e agora) é a melhor maneira de ascender. Para o alto, criando uma narrativa que suscita fascínio, inspiração ou até mesmo se torna uma revelação. Além disso, Mitos referem-se a acreditar; e crenças compartilhadas têm o poder de fazer as pessoas se sentirem parte de algo maior, dos poucos escolhidos — sejam eles clientes, funcionários ou fornecedores.

Os seres humanos não apenas processam e retêm uma história contada brilhantemente de forma muito melhor, eles também tendem a compartilhá-la e a agir sobre ela muito mais do que se apenas lhes fossem dados fatos e números. É por isso que o professor de Economia e ganhador do Prêmio Nobel Robert Shiller deu o subtítulo *How stories go viral and drive major economic events* [Como as histórias se tornam virais e impulsionam grandes eventos econômicos] para seu livro de 2019, *Narrative Economics* [Economia das narrativas]. Ele observa que ouvir os mitos populares rende previsões mais precisas do que o tipo de modelagem econométrica pelo qual ganhou um Prêmio Nobel (SHILLER, 2019).

Isso não surpreende os antropólogos, que sabem que a humanidade se desenvolveu por conta das histórias. Descobriram que as histórias são comuns a todas as culturas conhecidas e que fornecem padrões de informação nos quais encontramos significado. E nesse sentido elas são centrais para nossa existência. Como o neurologista, psiquiatra e sobrevivente do Holocausto Victor Frankl escreveu em seu livro *Em busca de sentido*: "Aqueles que têm um 'porquê' para viver, podem suportar quase qualquer 'como'" (FRANKL, 1962).

Dito isso, as pessoas nas sociedades modernas são bombardeadas com mais mensagens em mais meios de comunicação do que em qualquer outro momento, causando um distúrbio de déficit de atenção em massa e uma desorientação crescente. Isso significa que as histórias que querem ir direto ao ponto e oferecer sentido precisam ser bem contadas — precisam ser Ueber-Histórias.

Os mitos ainda são relevantes e marcantes hoje em dia? Pode apostar que eles perduram! Basta considerar a grande popularidade de *Star Wars* ou *Os Vingadores*, mas também do mito do Vale do Silício com seus fundadores-heróis, origens em garagens, mentores de capital de risco e odisseias em direção à terra dos "unicórnios". Esse mito moderno inspira toda uma geração de líderes, direcionando bilhões de dólares em investimentos no mundo real, mudando fluxos de talentos e desviando o poder econômico e político ao redor do mundo. Mitos fornecem uma perspectiva de vida ou um ideal pelo qual podemos viver e fazem isso indo além da lógica e adicionando elementos de mistério ou magia. Podem envolver figuras lendárias, como Steve Jobs, Coco Chanel ou Jack Daniels. Com certeza, contam e ensinam ações fatídicas e suas consequências para a vida. Em *Rethinking Prestige Branding*, analisamos como o mito habilmente revivido do "carrinho eficiente" rendeu profundo apego emocional e sólido sucesso comercial para a moderna marca Mini.

Como todos os setores, o mundo automobilístico está cheio de mitos esperando para serem aproveitados. Pegue a história de Ferruccio Lamborghini contada por um certo Enzo Ferrari que é melhor ele se ater a produzir tratores do que dar conselhos sobre como construir um carro de corrida melhor — isso é chamado de Mito Fundador. Ou assista ao filme *Ford vs Ferrari* para conhecer parte da lenda da Ford na corrida 24 Horas de Le Mans, de 1966 (MANGOLD, 2019)... apenas para ser esquecida outra vez. Esse filme poderia ser o início de um renascimento do Mito da Marca Ford?

Observe que os Mitos de Marca não precisam contar uma longa história. Muitas Ueber-Brands são mais voltadas ao futuro do que ao passado; basta pensar na Tesla. Contudo, os Mitos devem incluir elementos de verdade combinados com esse chamado superior para proporcionar credibilidade e significado.

COMO O CONSUMO, AS HISTÓRIAS, OS NOSSOS "EUs" E AS *SELFIES* SE RELACIONAM

O psicólogo humanista Carl Rogers afirmou que a personalidade de todos é composta de um "eu real" e um "eu ideal", sendo esse último a pessoa dos sonhos que aspiramos ser enquanto nos "atualizamos" (STEVENS, 1973). Pense nisso como nosso "Ueber-Self". O professor e pesquisador de consumo Russell Belk mostrou como os bens nos servem como "extensões de nosso eu" (BELK, 1988).

Junte essas peças e perceberá como os produtos, seus Mitos e o significado cultural percebido são reunidos e "reposicionados" pelas pessoas para se tornarem parte de sua identidade e aparecerem em suas redes sociais. Uma *selfie* estilizada pode ser uma forma relativamente rápida e eficiente de projetar o "eu ideal" para o mundo (até nos tornarmos viciados e nos sentirmos obrigados a postar dezenas delas por dia). Uma foto, um filtro, um corte e uma postagem no Instagram, Snapchat ou TikTok conseguem o resultado esperado. Às vezes, uma marca até nos permite mergulhar no que a psicóloga Jane Bybee chama de nosso "eu fantasioso" (nossos devaneios de riqueza, poder, celebridade ou magia), incluindo elogios nas mídias sociais (BYBEE, 1997).

Imagine se tivéssemos que inventar, construir e comunicar todos os aspectos do "eu" que queremos projetar por conta própria. Não é de admirar que a maioria siga de bom grado todos os componentes de uma marca — particularmente as rotuladas como marcas de "estilo de vida" ou de "luxo" e que chamamos de Ueber-Brands neste livro.

FIGURA 4.1 Os estados de *self*: O "Ueber-Self" situa-se no lado ideal ou de fantasia do espectro

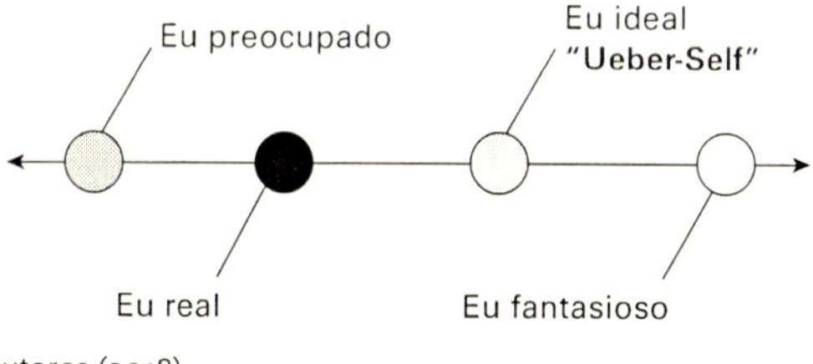

Fonte: os autores (2018)

Há poucas pessoas mais qualificadas para falar sobre a função do mito do que o professor de literatura e mitologista comparativo Joseph Campbell. Em suas famosas entrevistas com Bill Moyers, Campbell afirma que "A mitologia lança a mente para além do limite [...] para aquilo que pode ser conhecido, mas não dito" (MOYERS, 1991). Detalhamos as quatro funções dos Mitos e como criar funções duradouras em *Rethinking Prestige Brand* e retomamos isso na Parte Dois. Apenas recapitularemos aqui os dois caminhos distintos aos quais os Mitos podem nos direcionar. Chamamos o primeiro de rota "metafísico-cosmológica", e o segundo de rota "sociológico-pedagógica":

A rota metafísico-cosmológica: indo além com os Mitos

A primeira rota é nos conectar (e conectar a marca) com aquilo que está além de nosso alcance e controle: as grandes forças, como o clima ou a água, e o grande desconhecido, como o céu e as estrelas. Esse pode ser o Mito mais difícil de criar, mas, se tiver êxito, um Mito que vai além pode oferecer um apelo mágico e também complementar com eficiência o mundo dos negócios, da ciência e da razão.

Basta pensar em Elon Musk e suas iniciativas desde a Tesla até a SolarCity e a SpaceX. Essas são empresas de tecnologia, mas aventuram-se até os limites do universo conhecido; literal e figurativamente. Neuralink, um dos projetos de estimação de Elon, visa "unificar o cérebro com a IA" e conectar biologia e tecnologia em busca de inteligência superior, por exemplo (ROSSO, 2019). Outro era lançar seu Tesla Roadster em órbita para chegar a Marte.

A *MIT Technology Review* chama Elon Musk de um excelente exemplo do "Mito do Grande Homem [...] a encarnação do futuro por um único homem". Musk alimenta o

Mito com pronunciamentos que vão muito além de seu já ambicioso "plano para mudar a maneira como o mundo usa a energia" (SCHAFFER, 2015) para "propagar a humanidade para outros planetas" (MOSHER, 2018). Ele declarou que será a primeira pessoa a morar em Marte e levará um milhão de pessoas para segui-lo a fim de "assegurar que a humanidade tenha um futuro" (ANDERSEN, 2014). Enviar seu carro para o espaço é apenas uma das etapas de sua odisseia.

Musk parece estar "lá fora", muito além do que os meros mortais conseguem imaginar. E seu mito é uma luz-guia para seus fãs e clientes, que sentem um pouco de sua ousadia visionária enquanto correm pelas estradas em seus Teslas.

A rota sociológico-pedagógica: guiando com Mitos

Essa rota é mais realista e prática em sua orientação. Trata-se de posicionar-se e ser um modelo a ser seguido pelos outros, personificando valores e comportamentos exemplares. Em *Rethinking Prestige Branding*, mostramos como as histórias míticas sobre a Coco Chanel e a libertação das mulheres tornaram os produtos dessa marca ícones de emancipação. Na Parte Três deste livro, você lerá sobre a TerraCycle e seu fundador, Tom Szaky. Uma das histórias pessoais que ele gosta de compartilhar é a de como sua família fugiu do bloco oriental e da radiação causada pelo acidente nuclear de Chernobyl e como ele se apaixonou pelo sistema capitalista. Isso dá um pano de fundo humano à Missão de sua empresa: "Eliminando a ideia de lixo", mas apenas referindo-se à maneira como consumimos, e ao lado da indústria de embalagem, em vez de agir contra ela. O fato de Tom ser um pouco parecido com um profeta, com sua barba e seu cabelo comprido, apenas ajuda.

Outro barbudo que desempenha um papel central em um Mito de Marca é Burt Cohen, da Burt's Bees, uma empresa norte-americana de produtos de higiene pessoal. Dessa vez, o Mito Orientador é o de encontrar inspiração, cura e felicidade na natureza — mais especificamente na maneira sistêmica e simbiótica como as abelhas vivem, trabalham e se organizam. A experiência transformadora acontece na região rural do Maine e foi desencadeada pela descoberta da existência maravilhosa das abelhas. Como mostra o livro de Bee Wilson *The Hive* [A colmeia], Burt não foi o primeiro a imputar à abelha um status quase sagrado em virtude de sua castidade, diligência, defesa dolorida e abundantes secreções doces. As abelhas, diz a autora, são historicamente chamadas de "o presente dos deuses ao homem" (WILSON, 2004). O que o Mito da Burt's Bee faz é trazer a orientação inspiradora para o nosso tempo, expressando-a com produtos e regimes de beleza. Leia o relato de como a Burt's Bees associou o propósito com o lucro na Parte Três e um comentário sobre o Mito de Burt a seguir.

UM MITO ORIENTADOR: BURT E SUAS ABELHAS

Ingram Berg ("Burt") Shavitz foi criado em Nova York com relativo conforto. Um fotógrafo talentoso, ele vagou pela cidade nos anos 1960 e 1970 como fotojornalista, documentando aquela era turbulenta. Era um trabalho ideal para alguém introvertido e perspicaz. Ele decidiu, entretanto, deixar a cidade em busca de um estilo de vida diferente. Na região rural do Maine, conheceu um perito em apicultura e desenvolveu um interesse na intrincada estrutura social das colônias de abelhas. Por acaso, deparou-se com um enxame em um poste e tomou-o como um sinal de que deveria trabalhar com abelhas. Pensou que, se vivesse modestamente, poderia prover seu sustento vendendo somente mel. Estabeleceu-se em um galinheiro adaptado, deixou crescer uma barba desalinhada e passou a viver de forma reclusa. Ficou conhecido localmente como "Burt, o homem das abelhas" e por estampar "Burt's Bees" em suas colmeias para que não fossem roubadas.

Isso aconteceu nos anos 1980, quando Roxanne Quimby conheceu Burt e encantou-se com sua mistura peculiar de gênio ávido e recluso relaxado. Ela também reconheceu o potencial por trás dos produtos e do significado que Burt e suas abelhas poderiam levar às pessoas que moravam nas cidades, mas ansiavam por uma vida mais sintonizada com a natureza. Para ajudar a transmitir essa mensagem, uma ilustração da icônica cabeça de Burt com seu chapéu foi inserida em cada produto. Burt ficou muito feliz em contar sua história para a imprensa, mas apenas para ficar ao lado de seu galinheiro e perto de suas abelhas e não se preocupar muito com a parte comercial.

FIGURA 4.2 O lendário Burt em frente a seu galinheiro adaptado (c. 2015). A marca mudou a cabana para o Maine, a fim de se estabelecer simbolicamente em frente à sede na Carolina do Norte após a sua morte em 2015

Fonte: reproduzido com permissão de Burt's Bees (2020)

Posteriormente, o Mito ganhou uma dimensão de sustentabilidade contemporânea à medida que Burt ajudou a aumentar a conscientização para o colapso das colônias, que dizima a população mundial de abelhas. Em 2013, um filme biográfico sobre Burt foi lançado no Festival Internacional de Cinema de Toronto, atraindo uma nova geração e tornando-se um veículo primário para o conhecimento da origem da marca.

> Burt faleceu em julho de 2015, aos oitenta anos. A empresa comprou seu emblemático galinheiro e migrou-o para sua sede na Carolina do Norte. Lá está um símbolo físico dos valores de simplicidade e essencialismo de Burt e da ideia romantizada de uma vida em harmonia com a natureza (SHAPIRO, 2013).

O Cadillac ilustra quão profunda e universal a lenda de uma marca pode se tornar, e quão difícil e arriscado é se distanciar dela. A General Motors tem enfrentado dificuldades para revitalizar a marca Cadillac desde seu auge no início dos anos 1970. Então, um novo presidente da marca e sua equipe tiveram a ideia de torná-la "uma marca de luxo que por acaso vende carros", que inspiraria os jovens urbanos a "pensar grande" (MOTAVALLI, 2018) e conectaria a marca com o "cenário criativo". Porém, apesar de uma nova campanha, muitos modelos novos e arrojados, uma galeria de arte e carros e uma cafeteria em Nova York, as vendas continuaram estagnadas no mercado nacional.

Na China, os distribuidores locais ignoraram em grande parte o reposicionamento. Para eles, o Cadillac era uma manifestação muito tradicional da parte reluzente e gloriosa do sonho americano do pós-guerra; uma celebração conspícua do sucesso e da celebridade. Colocariam um "iate terrestre" Eldorado de 1954 ao lado dos últimos Cadillacs SUV, igualmente superdimensionados, em feiras comerciais e fariam os clientes sonharem com Elvis ou Marilyn… enquanto admirariam a exuberância brutal desses carros (ANDREWS, 2017). Essa abordagem teve um efeito mágico e vendeu mais carros — o que se tornou o maior mercado da marca (EISENSTEIN, 2017), se comparado ao resultado que as mensagens mundiais obtiveram (GREIMEL, 2017).

Talvez porque "Pensar Grande" parecia mais com o DNA criativo e rebelde da Apple do que com o clássico e conformista Cadillac? Nesse ínterim, a equipe de gestão, mais uma vez, mudou. Talvez queiram ouvir os contadores de lendas bem como os analistas de tendências, enquanto escrevem o próximo capítulo da história da marca.

RESUMO: MITO

- As Ueber-Brands aproveitam o poder das lendas e se elevam — da história ao Mito.
- Elas entendem que acreditar é um complemento convincente ao conhecimento e...
- Continuam compartilhando e prolongando a história, mas não sem controle.

Princípio 5: contemple o produto!

Fazendo seu produto manifestar o Mito

Após toda essa sedução, a expectativa de que a mercadoria de fato "entregue" é alta. Por isso, as Ueber-Brands esforçam-se bastante para oferecer um produto e um serviço superiores, utilizando uma definição mais ampla do que isso normalmente significa. Além das considerações típicas de "dar conta do recado" e da estética distinta, as Ueber-Brands pensam em seus produtos como a manifestação essencial da Missão e Mito de Marca. Produtos exemplares apresentarão códigos de design idiossincráticos e serão elevados e celebrados; ocasionalmente, serão atualizados, mas nunca abandonados. O objetivo é torná-los ícones da marca, quando não da cultura.

Quando as Ueber-Brands desenvolvem seus produtos, levam em conta tanto os detalhes quanto o padrão geral (a "Gestalt"), que expressa a essência da marca. Ao contrário da crença popular, a atenção não é voltada a "cada detalhe", mas àqueles que diferenciam a marca — mas isso muitas vezes de maneiras exageradas.

Veja, por exemplo, a aceleração insana e a velocidade máxima de uma Ferrari que pode andar nas ruas. Tal desempenho não serve a nenhum fim prático em noventa por cento ou mais das situações de uso desses carros. Na verdade, o rugido ensurdecedor, a suspensão rígida e a carroceria baixa tornam o carro bastante desconfortável para o motorista, muitas vezes mais velho. Contudo, a praticidade ou a "média" não é o que define esse potente carro de corrida. De maneira semelhante, as portas estilo "asa de falcão" do Tesla Modelo X SUV não foram necessariamente escolhidas porque são uma maneira mais econômica ou intuitiva de abrir o carro. Alguns relatórios sugerem que elas podem ser bastante propensas a acidentes (LAMBERT, 2017). Ao contrário, as "asas" incomuns e outras escolhas de design único estão lá para gritar: "Sou uma maravilha tecnológica do futuro", no sentido de que refletem a essência da marca.

Faça dela o Santo Graal

As Ueber-Brands relacionam as formas distintas como são concebidas, obtidas, feitas, vendidas e (cada vez mais) as formas como são usadas, reutilizadas, reformadas ou mesmo descartadas. Os objetivos são mostrar a habilidade e a dedicação profundamente enraizada usada na criação dessas maravilhas, para incutir respeito e apresentar histórias vívidas e experiências memoráveis para compartilhar.

Por exemplo, o cofundador da Allbirds, Tim Brown, afirma ter levado mais de um ano para aperfeiçoar seu exclusivo sapato de lã de merino. Eles persistem em descobrir o uso de materiais sustentáveis, como óleo de mamona, plástico reciclado ou cana-de-açúcar. Enviam o produto diretamente ao consumidor em uma embalagem, permitindo que ele sinta que recebeu algo especial. A embalagem abre-se para os lados e alude à história da origem e da Missão, apresentando gráficos e textos no interior.

E a elevação de produtos funciona também para fornecedores B2B. A Mohawk produz papéis especiais para impressoras, estúdios de design, escritórios e similares no interior do estado de Nova York. Eles reconheceram a comunidade de designers gráficos como um Ueber-Target e descobriram que uma mistura entre educação e arte do produto tem um forte apelo. Seu *Maker Quarterly* é um tipo diferente de catálogo no qual os próprios produtos são usados por fotógrafos, escritores, poetas, entre outros artistas.

Cada *Quarterly* é um tomo diferente e temático do que se tornou uma série de livros de arte coloridos e cobiçados entre aficionados. E, com esse catálogo, os estoques exclusivos de papéis da Mohawk são elevados e celebrados. Os *Quarterlys* são lançados em eventos em que artistas mostram seu trabalho e contam sobre ele e a função que o papel desempenha nele. Também são enviados pelo correio para selecionar clientes e são disponibilizados para a venda on-line — enquanto duram os estoques. Ouça nossa entrevista com o diretor criativo Christopher Harrold em ueberbrands.com (UEBERBRANDS.COM, 2018a). Escaneie o QR code no início do livro para acessar um link direto [conteúdo em inglês]. Você lerá sobre outra empresa de papeleira, a Gmund, e seus programas educacionais na Parte Três, Passo 3.

Um teste para avaliar se você está diante de um Ueber-Produto é tirar seu logotipo ou esconder a maior parte dele e conferir se o público-alvo ainda reconhece a marca. Em outras palavras, a marca possui códigos e outras características sutis que a tornam inconfundível?

FIGURA 5.1 Fazendo o seu catálogo Missão e Mito: o Marker Quaterly artístico, colorido e cobiçado da Mohauk

Fonte: reproduzido com permissão da Mohawk Fine Papers Inc (2020)

Os sapatos Allbirds são reconhecíveis por sua parte superior de lã de merino, mas também pelos furos costurados e cadarços grossos, bem antes que o logotipo apareça. A maioria dos acessórios Bottega Veneta é reconhecida pela icônica trama de couro *intrecciato* [trançado] do que pelo logotipo escondido. Os modelos Porsche 911 são rapidamente reconhecidos pela silhueta, não importa o ano, assim como as motos Harley Davidson são pelo ronco do motor (a Harley realmente o patenteou como marca registrada em 1994) (STAAB, 2016).

Os códigos não são apenas identificadores únicos; também ajudam a contar a história da marca e a aprofundar o Mito. Tomemos como exemplo a Acqua Di Parma e sua icônica fragrância Colonia, inalterada desde sua criação em 1916. Isso faz com que gerações a reconheçam como algo que um ente querido usava quando eram pequenos. Entretanto, não é preciso cheirá-la para reconhecê-la: é reservada em um frasco icônico em Art Deco feito de vidro Murano com uma tampa de baquelite desde os anos 1930, quando tornou-se a predileta das celebridades ao redor do mundo. A embalagem externa é semelhante a uma caixa para chapéu, igualmente marcante, com um singular tom de amarelo-dourado. Esse "amarelo Parma" é o mesmo que ilustra muitas fachadas nobres de sua cidade natal desde o século XVIII. O amarelo e o dourado no rótulo e as formas redondas também se relacionam com os *frutti d'oro* [frutas douradas], as frutas cítricas douradas utilizadas para a fragrância... Você pode ler mais sobre a comercialização desse ícone da CEO da marca, Laura Burdese, na Parte Três. O que é importante notar aqui é que as Ueber-Brands não oferecem uma simples "razão para acreditar". Fornecem uma "história para acreditar", que também pode ser "lida" ao conhecer seus produtos, como mostrado na Parte Dois, Passo 2.

Em alguns casos, as Ueber-Brands utilizam cuidadosamente seus códigos estabelecidos para atrair a atenção ou manter-se relevantes. Os designers da Bottega Veneta costumam mudar o tamanho ou o uso da trama *intrecciato*. Porém, as marcas devem tomar cuidado para não abusar de seus códigos e criar algo equivalente à "inflação do logotipo".

Torne-o pessoal e mantenha-o fresco

Especificamente, produzir um produto para um cliente à sua maneira cria uma ligação pessoal e significativa entre marca e cliente. É assim que, afinal, marcas de prestígio como Hermès ou Louis Vuitton estabeleceram sua reputação.

Contudo, o que funciona para produtos topo de linha artesanais ou artísticos também funciona para produtos mais mundanos. A Nike e a Rapha, por exemplo, permitem que os clientes concebam seus próprios calçados e kits de ciclismo sob medida. Na verdade, a tecnologia originou uma nova classe de empresas que oferecem produtos personalizáveis, como a Prose, uma fornecedora de produtos de cuidados pessoais para cabelo, a Curology, que faz o mesmo com cuidados para a pele, ou a Care/of, que envia aos clientes um tratamento de nutrientes e vitaminas personalizado "conforme a mudança de suas necessidades de saúde" (CARE/OF, 2020).

O CEO e cofundador da Prose, Arnaud Plas, nos disse que seu algoritmo de formulação cada vez mais inteligente analisa os desejos e necessidades dos clientes por meio de um questionário on-line e elabora uma solução direcionada a partir de quase cem ingredientes ativos. Há, em teoria, cinquenta bilhões de resultados possíveis e "ficamos surpresos como raramente são geradas formulações idênticas nas milhões de vezes, mais ou menos, em que fizemos isso, até agora", disse Plas. Um kit personalizado de xampu, condicionador e um tratamento custará entre oitenta e cem dólares. Pode não ser exorbitante, mas o preço é significativo: cinco a dez vezes maior em comparação às marcas de massa que muitos clientes afirmam ter usado antes.

Aqueles que sabem algo sobre relógios de luxo conhecem a Audemars Piguet (AP) e reconhecerão facilmente o modelo Royal Oak. Isso porque a relojoeira suíça não perde nenhuma oportunidade de celebrar seu ícone, seja como peça central em suas lojas, em seu espetacular museu e oficina em Le Brassus ou no Salão Internacional da Alta Relojoaria de Genebra.

A AP procura manter o ícone novo, lançando o que parecem ser edições cada vez mais escandalosamente caras. Estas são enfeitadas com diamantes, valendo um milhão de dólares ou mais. Mas também são oferecidas versões esportivas coloridas e mais modernas a um preço "acessível" de vinte mil dólares ou mais. Isso mantém o ícone Royal Oak no centro das atenções, ao mesmo tempo em que estende seu alcance e interesse por gerações. Leia mais sobre o equilíbrio das extensões no Princípio 7 e ouça nossa entrevista com Tim Sayler, diretor de marketing da AP, em ueberbrands.com (UEBERBRANDS.COM, 2016b). Escaneie o QR code no início do livro para acessar um link direto [conteúdo em inglês].

FIGURA 5.2 Tornando-o pessoal e mantendo-o novo: a Prose personaliza seus produtos capilares para cada cliente a cada pedido, levando em conta o feedback da última experiência de uso

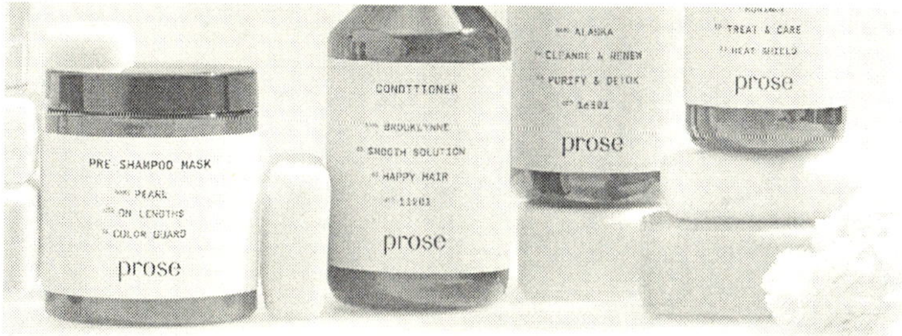

Fonte: reproduzido com permissão da Prose (2020)

Em 2019, a marca de moda Lacoste destacou-se tentando retomar a atenção à sua “camisa polo original”. Lançou uma edição limitada apresentando espécies ameaçadas de extinção como um logotipo, em vez de seu famoso crocodilo. A questão crucial é se tais iniciativas conseguem instigar não apenas a conversa do momento, mas, na verdade, a essência da marca de uma forma mais duradoura.

RESUMO: CONTEMPLE!

- Ueber-Produtos expressam o Mito de Marca e têm códigos que os tornam inconfundíveis.
- Os produtos mais icônicos são celebrados e rejuvenescidos para nunca perder o brilho.
- A personalização do produto serve para fortalecer ainda mais o vínculo.

Princípio 6: vivendo o sonho

Deixando a marca irradiar de dentro para fora

Viver o sonho é dar vida à promessa da Ueber-Brand, começando de dentro da organização e irradiando para fora, por todos os pontos de contato relevantes.

É mais fácil falar do que fazer, pois é difícil criar sonhos, mas parecer "tentar demais" será desencantador. Da mesma forma, "bom o suficiente" não basta quando se trata de execução, portanto, atenção absoluta aos detalhes é essencial. E não estamos "apenas" falando sobre a experiência do usuário em sites ou lojas. Precisamos começar bem antes, na estrutura da organização e na cultura da empresa e pelo fornecimento, produção e marketing.

A Abercrombie & Fitch encantou seus jovens clientes durante os anos 1990 e início dos anos 2000 ao sonhar com o mundo de fantasia sexual de um adolescente em seus anúncios, lojas escuras e representantes seminus à porta, imbuindo seu vestuário de apelo irresistível e seu perfume *Fierce*.

Entretanto, esses rituais e experiências inicialmente muito bem-sucedidos tornaram-se um clichê em dado momento, e a marca não evoluiu com a cultura juvenil inconstante, saiu de moda e depois perdeu a preferência. As vendas aumentaram por um longo período. Acender literalmente as luzes e vestir a todos foi uma difícil e cara mudança de direção empreendida em 2018. Vinte meses depois, ainda não está claro se o investimento significativo em novos anúncios e designs de lojas dará frutos (WU, 2019). A lição é: você não pode simplesmente mudar quem é da noite para o dia — pelo menos, não se já obteve sucesso ao colocar um significado na mente das pessoas.

UEBER-LIDERANÇA: OPERADORES, ARTISTAS E POTENCIAIS PROTETORES

Muitas vezes, temos dúvidas sobre que tipo de "homem ou mulher renascentista" é capaz de guiar e orquestrar todos os sonhos enquanto executa uma operação eficiente e ganha dinheiro. A resposta é que geralmente é uma equipe. Costumamos encontrar um "artista" e uma "equipe de operadores" posicionados no topo das Ueber-Brands. Na Gucci, o CEO Marco Bizzarri e o designer Alessandro Michele sucederam os famosos e bem-sucedidos Tom Ford e Domenico De Sole no topo. Em startups, frequentemente é um grupo de "cofundadores", como Tim Brown (o criativo) com Joey Zwillinger (o assistente de operações) na Allbirds. Muitos buscam intuitivamente um parceiro para complementar suas habilidades.

Sam Altman, presidente da famosa aceleradora de startups do Vale do Silício, Y Combinator, e os especialistas da *Foundr Magazine* concordam que "dois ou três [fundadores] são o público-alvo" e que a equipe perfeita precisa carregar o DNA de "um visionário, um entusiasta e um trabalhador" (CHAN, 2019).

E se a marca foi adquirida e agora faz parte de um grupo empresarial ou tem um investidor poderoso e ativo? É aí que entra em jogo um terceiro papel: o "protetor", que defende a Ueber-Brand de um desejo de se lançar a qualquer coisa que possa atrapalhar a escalar o seu negócio ou a ter grandes retornos rápidos — por exemplo, prestando atenção aos detalhes. Hoje, a maioria das grandes corporações procura evitar o problema criando grupos de empreendimento e incubadoras internas e semiautônomas (ALSEVER, 2019). Chamamos isso de arte de "restrição", o que é essencial à autenticidade de uma marca

A Freitag é uma marca curiosa. A empresa suíça transforma velhas lonas impressas de caminhões em bolsas robustas e acessórios. Cada bolsa é única, de forma a criar detalhes caprichosos, porém modelados usando um padrão precisamente normalizado. Ao conhecê-las, a abordagem parece ser um reflexo natural da organização e de sua cultura.

Os funcionários da Freitag são loucos por processos e documentação. Há uma bíblia que estabelece tudo, da Missão da empresa até como jogar fora as garrafas de cerveja, uma bebida popular nas "F-ridays". Essa bíblia tem muitos diagramas e também é escrita em uma linguagem Freitag única envolvendo o uso de "palavras iniciadas com F", sempre que possível, e um senso de humor peculiar. Naturalmente, é um fichário para fácil substituição e reciclagem de páginas, em sintonia com o DNA da marca. Seu título é: "O que é F, como e por quê" (UEBERBRANDS.COM, 2016a).

Não é de se admirar que a organização tenha encontrado dificuldade em descobrir líderes adequados quando os irmãos designers fundadores declararam que queriam se afastar das operações diárias. Após tentar "a coisa de CEO", a organização encontrou uma solução orgânica: estabeleceram uma "holacracia", "organizando a empresa como uma cidade, com células funcionais, autocontidas e movidas pela paixão". Falamos mais sobre isso na Parte Dois, Passo 4. Para um relato detalhado do funcionamento interno da Freitag, ouça nossa entrevista com Oliver Brunschwiler, o "elo principal" (também conhecido como CEO?) da Freitag, no podcast Ueber-Brands em ueberbrands.com (UEBERBRANDS.COM, 2016a). Escaneie o QR code do início do livro para acessar um link direto.

Observação: o objetivo desse exemplo não é dizer que a holacracia é a forma de organização ideal para as Ueber-Brands. Definitivamente não é. A questão é ilustrar quão profundamente o valor dessas marcas se reflete na cultura organizacional e vice-versa.

Citamos antes Dave Rapaport, da Ben & Jerry's, falando-nos de um "momento de verdade" cultural para a organização da marca. Ele surgiu quando a justiça social parecia cada vez mais ameaçada pelas ações do recém-empossado governo dos EUA em 2016. A organização sentiu-se compelida a "se posicionar", principalmente depois que viram apenas algumas marcas dispostas a aderir à sua chamada para ação por medo de uma repercussão política negativa.

FIGURA 6.1 Defenda sua Missão e posicione-se: Ben & Jerry's em frente à Casa Branca para resistir e protestar contra as restrições injustas de imigração

Fonte: reproduzido com a gentil permissão da Ben & Jerry's Homemade, Inc.

A diretoria independente da Ben & Jerry's, um órgão único protegido pela constituição da empresa e responsável pela preservação e promoção de sua missão social, decidiu começar a vender um sabor "Pecan Resist" [resistência pecã], fornecer fundos para organizações não governamentais (ONGs) de apoio a imigrantes, escrever cartas abertas aos legisladores e protestar nas ruas — bem ciente de que isso atrairia desprezo e boicotes dos conservadores. E tudo isso enquanto a categoria de sorvete premium enfrentava dificuldades para encontrar uma resposta à popularidade explosiva de uma marca de baixa caloria, a Halo Top. A proprietária corporativa Unilever provavelmente mordeu a língua ao observar a "atuação" da subsidiária Ben & Jerry's. Como provavelmente também fizeram no início da crise da covid, quando a Ben & Jerry's começou a defender a segurança dos prisioneiros (ver o Epílogo).

O mundo segundo você

Criar um mundo de uma Ueber-Brand significa considerar todas as coisas — mesmo aquelas que podemos não registrar conscientemente, mas que "parecem" certas ou erradas. Um cosmos que leva sua Missão e Mito a viver experiências únicas e multissensoriais e reinventa ou atualiza os padrões de sua categoria à sua maneira.

Caso você seja um leitor do *The Economist*, provavelmente reconhecerá um artigo da revista de mais de uma forma: pela escolha do assunto e da manchete, o estilo autoritário e muitas vezes ridículo, a escolha de palavras muito britânicas, o layout e as ilustrações, o preço especial... e encontrará o "jornal" (seu linguajar) on-line, em papel, ou por meio de sua "Intelligence Unit".

E há aquela prática de não ter uma assinatura que declara quem são os autores dos artigos. Há cerca de 175 anos, quando o jornal foi fundado, não creditar o autor era costume no setor para esconder uma equipe, muitas vezes, bastante pequena. Porém, desde então, os créditos tornaram-se padrão no meio. Na verdade, a apresentação de repórteres famosos tornou-se um grande ponto de venda — fotos e endereços de perfis no Twitter são incluídos. *The Economist* ignora a prática moderna para preservar uma voz consistente do jornal, que diz ser "o produto da mente de colmeia do *The Economist*" (THE ECONOMIST, 2013). Isso o distingue não apenas na forma como aborda as notícias e opiniões, mas também em quem se motivará a se juntar à organização. Não há lugar para o jornalismo egocêntrico no mundo do *The Economist.*

Se *The Economist* criou "uma bíblia de assuntos internacionais para aqueles que usam aspirações de mundanismo em suas mangas" (PETERS, 2010), então a Rapha criou o clube de ciclistas atraentes de estrada, como mostramos no Princípio 2. A visão da marca desse singular mundo ciclista é vivida nos Rapha Clubhouses and Cycling Clubs (RCC). "Nada é pequeno demais ou insignificante demais", disse o CEO e fundador ao descrever os produtos, as comunicações e os clubes (RAPHA, 2019). Diz-se aos funcionários que "sofrer o suficiente não é o bastante". E ele trabalha apenas com os melhores, como é característico da marca: o arquiteto sir Norman Foster, o fotógrafo Cait Oppermann e o estilista Paul Smith.

Você pode bebericar uma xícara de café artesanal com a assinatura da Rapha no bar do clube, enquanto admira kits de ciclismo chiques (nas estantes e nas pessoas), coleções de bonés do clube ou algumas das bicicletas "estacionadas" pelos "Raphias" penduradas em ganchos nas paredes. Mas a marca fará sentido se você já faz parte de seu mundo, ou não. O café é gratuito para membros e alguns dos itens mais desejáveis na loja só podem ser comprados por eles. Contudo, o mais importante ainda é que as histórias trocadas sobre a RCC Prestige Rides, os funcionários com fama de "legais", os bate-papos sobre tecnologia etc. ou o atrairão ou o afastarão. As pessoas de fora descartam tudo isso como um "feudo metrossexual para ricos" (NEATE, 2017).

RESUMO: VIVENDO O SONHO

- As Ueber-Brands irradiam de dentro para fora, lideradas por sua Missão, Mito e cultura.
- A maioria é liderada tanto por um artista quanto por um operador e, se fizer parte de um grande grupo, procura proteger-se de pressões para padronizar e escalar rapidamente.
- Elas criam experiências de marca que transcendem a realidade e vão além da loja.

Princípio 7: crescimento sem fim

Equilíbrio de escala e construção de marca

Esse último princípio trata da arte de expandir o negócio sem perder o que faz a marca parecer especial, trata-se de "crescer sem perder o brilho". As Ueber-Brands desenvolveram maneiras de evitar a sensação mortal da ubiquidade e de ainda desenvolver escala — de maneira mais "furtiva". E no cerne disso está a garantia de que seu Ueber-Target permaneça dedicado, personificando e sustentando o frescor da marca à medida que ela se torna mais popular.

Seja por previsão e planejamento ou devido aos meios limitados e à forma orgânica com que as Ueber-Brands acumulam significado e interesse, a forma da curva de receita de muitas dessas marcas é o que os matemáticos descreveriam como "exponencial". E, apesar de isso soar como a decolagem explosiva de que os profissionais de marketing de massa estão atrás, essa curva ideal teria uma forma "logarítmica".

A curva de formato exponencial começa bastante plana, refletindo o "período de incubação" durante o qual uma marca é principalmente adotada por seu Ueber-Target, pessoas que querem a marca justamente porque ela é nova e especial. Eventualmente, um ponto de virada é atingido, a "marca de nicho" e sua comunidade são "descobertos", a palavra se espalha e a adoção decola em uma escala maior. É nesse último ponto que as Ueber-Brands põe em prática medidas para evitar a "superexposição".

À medida que o número de novos adeptos aumenta a cada ano, os organizadores do festival Burning Man, por exemplo, continuam a aumentar os preços e também enfatizam os "princípios do Burning Man" — o de participação criativa, em particular. Por fim, o Burning Man desdobrou-se em festivais regionais e eventos auxiliares para capturar a demanda sem inflar ainda mais o evento principal (BURNING MAN, 2019a).

Os dois gráficos da Figura 7.1 ilustram o crescimento exponencial da participação. Combine esses números de presença com os aumentos de preço mostrados à direita e chegará a um aumento ainda mais acentuado nas receitas. Observe também os preços escalonados em um ponto para incentivar os "Burners" originais — o Ueber-Target criativo — a continuar comparecendo, enquanto os novos adeptos pagam um preço mais elevado.

Observe que o gasto com marketing sempre foi muito limitado, com a atração baseada no boca a boca e em tweets, fotos e vídeos. E mesmo isso foi reduzido por seu princípio de "desmercantilização" — ver também Parte Dois, Passo 6 (BURNING MAN, 2019b).

FIGURA 7.1 Gráfico de crescimento exponencial: número de participantes do Burning Man e preço dos ingressos crescendo exponencialmente e multiplicando-se ao longo do tempo

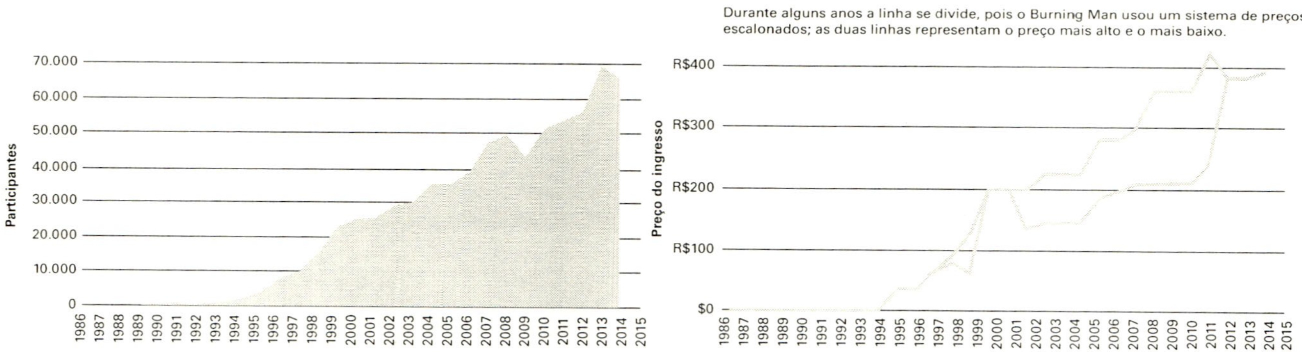

Fonte: reproduzido com a permissão de Jishai Evers (2020)

Crescer com peso: desacelerar para crescer mais forte

A Hermès pertence a uma família que está sempre atenta à imagem da marca, e não a deixa ser diluída, mesmo com tantas outras bolsas sendo vendidas. E, com o apelo de todos os movimentos slow fashion e a sofisticação associada à necessidade de tempo para fazer um produto, as limitações de quantidade só aumentam seu valor.

Contudo, mesmo negócios em escala podem sinalizar como são melhores do que a média, indo mais devagar, em algumas ocasiões. Por exemplo, em vez de reclamar que a Everlane não criou uma linha de brim muito requisitada antes, houve muitos elogios pela razão que a empresa deu no lançamento: não conseguiram encontrar uma fábrica que produzisse jeans como eles queriam — com 98 por cento de eficiência hídrica e convertendo as sobras de lodo normalmente tóxicas em materiais de construção inofensivos (SEGRAN, 2018).

"CRESCER COM PESO" ESTÁ ULTRAPASSADO?

Em *Rethinking Prestige Branding*, descrevemos Ueber-Brands como marcas que crescem em um ritmo gracioso, focando primeiro o Ueber-Target e o boca a boca orgânico antes de aumentar os gastos de marketing à medida que a receita cresce (SCHAEFER; KUEHLWEIN, 2015). A época disso acabou?

Seria possível pensar assim, considerando o cenário de marcas que iniciaram por volta de 2020. O capital de risco injeta bilhões de dólares em tecnologia, mas também em luxo, estilo de vida, beleza, alimentos e bebidas. O modelo é investir fortemente na distribuição direta ao consumidor baseada no comércio eletrônico e em campanhas de conscientização baseadas em mídias sociais que empregam "influenciadores" — desde celebridades até milhares de "microinfluenciadores". A rápida expansão da organização, da linha de produtos e as subsequentes vendas multicanal são combinadas com preços subsidiados para adicionar rapidamente compradores, mas também milhões de dólares em perdas.

Entretanto, muitas dessas chamadas "marcas independentes" são na verdade "marcas bancadas", que perdem dinheiro antes que alguém possa dizer "valorização de unicórnio" — o que parece ser o objetivo comercial definitivo. A missão: uma saída fabulosamente lucrativa, de preferência dentro de cinco anos após a inauguraçao.

Essa última parte é, esperamos, um pouco exagerada em relação ao normal. Mas definitivamente é assim que parece quando interagimos com essas estrelas cadentes. Algumas delas parecem "Ueber-Brands exageradas". Pregam um propósito maior, belos designs, storytelling e o desejo de crescer e aumentar seu alcance, injetando dinheiro para construir uma comunidade de fãs. A questão é se essa construção e esse ritmo podem se manter, se eles permitem que exista um verdadeiro sentido de compartilhamento (ou se parecem deixá-lo transparecer) e se podem levar a um negócio sustentável e lucrativo a longo prazo.

A marca de ambiente de trabalho WeWork, outrora bem-sucedida, é um exemplo de quase tudo o que poderia dar errado. A construção de uma comunidade de trabalho e vida feita para a geração millennial, fingindo ser uma plataforma tecnológica, escalando à frente da construção de uma marca e modelo de negócios sólidos, atraindo e gastando bilhões de dólares... quebrando enquanto o sonho revela ser uma bolha e estoura (OVIDE, 2019).

Everlane, Peloton e Rapha também são todas fortemente financiadas. Na Rapha, um capitalista de risco assumiu a propriedade majoritária em 2017 por 270 milhões de dólares. Uma grande parte do dinheiro foi destinada a uma expansão acelerada das lojas (NEATE, 2017). Continuamos a pensar que a chave para o sucesso de longo prazo da Rapha e marcas premium similares será se esse dinheiro vai ser gasto em sintonia com a rapidez, a amplitude e a autenticidade com que a lenda da marca pode ser trazida à vida. Isso precisa ser feito sem comprometer um caminho razoável para o lucro e, o mais importante, sem deixar o Ueber-Target de lado. Se os dedicados "Raphia" que carregam a chama e inspiram outros perceberem a motivação de ficar rico rápido, essa chama pode ser extinta rapidamente. Leia também sobre os problemas de IPO da Everlane em nosso Epílogo.

Algumas Ueber-Brands parecem sentir que precisam cortar, às vezes, para corrigir a superextensão, permanecer fortes e garantir lucros a longo prazo. Quando Felix Ahlers, um chef treinado, tornou-se CEO da fabricante alemã de alimentos congelados FRoSTA, decidiu consolidar a Missão de Marca e usar apenas ingredientes frescos e naturais (ver também Parte Dois, Passo 3). Para cumprir a promessa, a linha de produtos da marca precisou ser cortada quase pela metade no primeiro ano e os preços tiveram que ser aumentados para mitigar os custos mais altos dos ingredientes. A empresa pagou um preço alto também. As receitas caíram em mais de quarenta por cento em 2003, e a empresa teve uma perda pela primeira vez em décadas.

Contudo, quando perguntamos a Felix se "valeu a pena", a resposta foi que realmente não havia alternativa se fosse para a empresa se sentir bem e se orgulhar do produto que vendia — e os funcionários deveriam comer seus produtos de novo! Em 2017, as receitas quadruplicaram e os lucros aumentaram mais de dez vezes em comparação com o período de pré-lançamento, de acordo com os relatórios anuais da empresa. Ouça nossa entrevista com Felix no podcast da Ueber-Brands em ueberbrands.com (UEBERBRANDS.COM, 2019a). Escaneie o QR code no início do livro para acessar um link direto [conteúdo em inglês].

Em vez de se encolher, a empresa de consultoria em design e inovação IDEO encontrou uma maneira de se reestruturar internamente e para os clientes para manter sua agilidade e apelo de "butique". Como a organização estava crescendo e se tornando um monstro corporativo de múltiplas camadas, seu fundador David Kelly concordou com os sócios e com a liderança sobre formar "estúdios" física e organizacionalmente independentes, que declararam suas próprias áreas de especialização e deixaram os funcionários escolherem em qual estúdio queriam trabalhar (BUCHANAN, 2014).

Essa é uma forma de executar o que chamamos de "passos laterais", passos seguidos para continuar crescendo, evitando a percepção de se tornar onipresente ou, no caso da IDEO, tornar-se grande demais para permanecer "especial". Outras medidas podem envolver a expansão internacional em vez de vender mais no mercado interno, ou entrar em novas categorias de produtos que se encaixam na identidade no lugar de vender mais barato e/ou muito do mesmo. É assim que você pode desfrutar da Bulgari, seja com uma bijuteria, bolsa, hotel butique ou frasco de perfume — sendo o último a sua forma de se curvar e chegar aos clientes POME (*price of market entry* [preço de entrada no mercado]).

Continue alcançando a meta do Ueber-Target para equilibrar a escala e o tempo que o puxam para baixo

Consolidar sua marca à medida que ela reúne apelo pode retardar o crescimento do volume, mas pode manter as receitas e os lucros crescendo. Há também a opção bastante lucrativa de combinar um alcance para cima com um alcance para baixo para uma receita substancialmente maior.

A Tesla, por exemplo, está se expandindo com seu Modelo 3 e Cybertruck, com um preço em torno de quarenta mil dólares, enquanto também introduz o SUV Modelo X pelo dobro desse valor e fala de um próximo Roadster que custará mais de duzentos mil dólares (BROWN, 2019).

O uísque Johnny Walker faz um excelente trabalho ao buscar a estratégia de elevação na direção oposta. Começou do humilde Red Label vendido por cerca de 25 dólares, e foi para os Green, Blue e Black labels (que variavam de cinquenta a quinhentos dólares) e também os rótulos reservados e edições limitadas que vão até os milhares de dólares. A marca nunca abandonou seu negócio escalável e tem vendido de forma constante ao longo dos últimos 25 anos. Ouça nossa entrevista com o líder de marketing da Diageo's Reserve Brands nessa época em nosso podcast em ueberbrands.com (UEBERBRANDS.COM, 2016c). Escaneie o QR code no início do livro para acessar um link direto [conteúdo em inglês].

Não importa quais estratégias de crescimento sejam seguidas, as Ueber-Brands devem garantir que não percam o envolvimento e o apoio de seu Ueber-Target. Eles são o centro energético do culto da marca. Sem eles, a alma, a aspiração e a percepção de autenticidade da marca podem se perder; e com isso o poder de preço premium.

Vamos encerrar esta seção e rever nossos princípios com um exemplo que ilustra tanto o poder da essência Ueber-Target quanto os perigos de nos afastarmos muito, muito rapidamente. Shoes of Prey, uma startup nativa digital de sapatos, foi fundada em 2009 na Austrália. Logo ganhou seguidoras dedicadas entre mulheres que adoravam as possibilidades de expressão criativa e o acabamento de alta qualidade dos sapatos.

Com base em seu "conceito comprovado", os fundadores obtiveram cerca de 25 milhões de dólares em financiamento e encontraram um "investidor estratégico" na Nordstrom. Os investidores viram uma oportunidade de entrar no mercado principal adicionando modelos de base de preços mais baixos e de escalar por publicidade e acesso à base de clientes e lojas da Nordstrom (WAHBA, 2015). Porém, o segmento mais geral de "clientes de calçados da moda" achou as escolhas da linha sob medida um tanto exorbitantes e presas a modelos de base, enquanto os primeiros adeptos perderam o interesse. O crescimento da receita ficou muito abaixo do necessário para cobrir todos os custos e a marca foi encerrada em 2019.

Em retrospectiva, o cofundador Michael Fox disse aos repórteres que a marca deveria ter procedido com mais cuidado na irradiação, primeiro conquistando mais de sua base de fãs original no novo nicho e deixando-os falar sobre a marca (TFL, 2019), alavancando o tipo de influenciadores a quem a oportunidade de mostrar sua criatividade era verdadeiramente inestimável.

RESUMO: CRESCIMENTO

- As Ueber-Brands entram no mercado em passos calculados para permanecer um pouco fora de alcance.
- Elas deixam a reputação preceder sua presença e a balança descer, chegando mais alto.
- E, o mais importante, nunca abandonam seu Ueber-Target.

PARTE DOIS

Como fazer: seis passos para consolidar sua marca

Marcas elevadas

O novo milênio trouxe uma grande mudança para o mundo da construção de marcas. As marcas, especialmente as que chamamos de Ueber-Brands, não são mais vistas como meros instrumentos de marketing: elas são abraçadas como guias da empresa como um todo. Não apenas atraem consumidores, como também inspiram e envolvem todos os *stakeholders* internos e externos.

Caso você observe as várias escolas de modelos de marcas, pode pensar que isso não é tão revolucionário assim. E sim, em teoria, as marcas já tinham muitas vezes um papel preponderante. Mas, na prática, particularmente entre as marcas de massa, muitas vezes elas estavam concentradas em uma única coisa, a saber, sua função original: indicativo da qualidade do produto; ou, algo um pouco mais avançado, como o "valor agregado", envolvendo o produto com um estilo de vida. De qualquer forma, as marcas quase sempre se preocuparam em vender; e isso está mudando: cada vez mais se trata de inspirar e liderar.

Como isso aconteceu? Bem, há dois grandes condutores que levaram a esse ponto — e que ainda estão promovendo isso:

1 Tecnologia. A digitalização trouxe transparência e acessibilidade. A primeira obriga as marcas e empresas a praticarem o que pregam. A segunda autoriza e comanda a interação direta entre marca e consumidor. Juntas, elas tornaram a marca estritamente como uma "imagem" ou "rótulo" externo impossível. A marca precisa ser vivida.
2 Pessoas. Todos nós fomos superexpostos ao marketing. Os "persuasores ocultos" já são óbvios para praticamente todos. E, em geral, nos tornamos mais críticos do comercialismo bruto, esperando mais reflexão e responsabilidade, enquanto ainda corremos para comprar, é claro. Queremos tentar comprar para nós mesmos um mundo melhor.

Além disso, há uma tendência geral de "marcas empresariais" independentes, em que a marca é a placa acima da porta e, portanto, cobre tudo de qualquer maneira. Como acontece tradicionalmente com as *grandes maisons* no luxo e na moda: meu nome; meu trabalho; minha reputação.

Tudo isso nos levou, em 2015, a revisitar a forma como hoje são construídas as Ueber-Brands, marcas que aparecem muito além da concorrência, inigualáveis e inestimáveis. E essa é a razão pela qual agora compartilhamos a maneira como traduzimos nossa teoria em ação, um "Como fazer" muito orientado à prática que usamos com sucesso em todas as categorias e que tem sido frequentemente solicitado, "devido à demanda popular".

Há quatro coisas em que nosso processo se difere marcadamente da teoria padrão e que destacamos antes de entrarmos em todos os detalhes.

Primeiro: comece por você mesmo

Isso é nada menos que virar o modelo tradicional de ponta-cabeça: não comece com a pesquisa de mercado ou de consumo no desenvolvimento de sua marca e produtos, comece com ideias e ideais.

É claro que as realidades empresariais ainda são importantes. Porém, elas entram em jogo uma vez que você esteja esclarecido a respeito do que quer dedicar à sua marca e por quê. Então você as utilizará para validar seu conceito, ajustar, encontrar o público-alvo certo, garantir a rentabilidade etc.

Caso comece procurando as necessidades do consumidor e as lacunas do mercado, você nunca será nada além de um oportunista. Estará correndo atrás de oportunidades em vez de liderar com um senso de Missão. Será definido pelo que é em vez de inspirar o que poderia ser.

Entretanto, é importante garantir que, hoje, as marcas sejam, antes de tudo, agentes de mudança. Seu trabalho não é fazer promessas exageradas que seus produtos não conseguem cumprir. Elas devem nos dar esperança de um amanhã um pouco mais promissor e melhor. Ajude-nos a nos tornar quem queremos ser e viver como queremos viver.

E, para isso, elas devem ter significado, em vez de ser apenas "miragens" de marketing. Isso de uma perspectiva individual e psicológica, para nos lembrar de quem somos, como Hannah Arendt já entendia em 1958 (ARENDT, 1958) e de quem queremos ser, como Grant McCracken disseminou nos anos 1980 (MCCRACKEN, 1988). E também de uma perspectiva sociológica, para não apenas ecoar e nos espelhar, mas para permitir diálogos e experiências verdadeiras e ressonantes (ROSA, 2019). E, não menos importante, de uma perspectiva econômica, para fortalecer novamente nossa crença no capitalismo e na democracia a fim de ainda ser o melhor caminho a se seguir (MARTIN, 2019).

Há muitos bons exemplos disso em todo o livro. E todos os nossos autores convidados e suas respectivas marcas mostram como isso funciona, compartilhando suas experiências na Parte Três.

Segundo: não deixe que os dados direcionem seu sonho, mas compartilhe-os

Marc Pritchard, diretor de marketing da P&G, foi um dos primeiros a iniciar uma avaliação mais madura e equilibrada de nosso novo e brilhante mundo digital quando disse em 2017: "Os dias do digital estão contados" (SCHARRER, 2019). Essa atitude está se popularizando. Uma das últimas a anunciar de forma proeminente a mudança de foco do marketing de desempenho para incluir uma comunicação mais tradicional de construção de marca foi a Adidas no outono de 2019 (VIZARD, 2019). Nenhum dos dois rejeita as possibilidades de comunicação on-line, mineração de dados, redirecionamento, interação individualizada... O que estão fazendo é reconhecer e utilizar essas possibilidades, ao mesmo tempo em que estão igualmente cientes de suas limitações.

Há uma diferença entre comunicação tática e construção estratégica de marca. Quantidade e qualidade são muitas vezes objetivos opostos. Eficiência não é a mesma coisa que eficácia. O marketing individual cumpre outras funções além das campanhas públicas. Assim, nunca pode ser nem uma coisa nem outra, você sempre precisa ser "tanto uma quanto a outra". Essa constatação está se firmando no momento. O big data não acabou de forma alguma, mas parece que estamos voltando aos nossos sentidos.

Como no ponto anterior, estamos convencidos de que é necessário rever a organização e a prioridade das coisas. As Ueber-Brands são construídas com base na convicção, não no cálculo. Seu objetivo é dar perspectivas, e não nos perseguir; inspirar-nos e não apenas rastrear nossos *cookies*. Elas funcionam melhor se incentivarem mais do que pressionam. O marketing de dados e desempenho pode ser muito útil na conexão com o público-alvo, mas não deve assumir o controle. São ferramentas para compartilhar seu sonho, mas não devem direcioná-lo. Porque os algoritmos de hoje e a IA ainda não são tão bons nisso, se é que algum dia serão (MCEWAN, 2019).

O filósofo norte-americano John Searle fez a distinção interessante entre máquinas e programas em seu famoso "argumento do quarto chinês" (SEARLE, 1980), explicando como esses últimos não conseguem pensar por que não entendem. Eles seguem fórmulas pré-definidas e não interagem com o significado. Não "criam sentido", simplesmente executam o programa.

Infelizmente, esse ainda é o grande problema da IA no mundo atual do marketing ou no mundo em geral. É artificial, tudo bem, e inteligente, mas não tanto assim. Além disso, as pessoas inspiradoras precisam de inteligência emocional, empatia e lucidez, mente e coração. E é por isso que as Ueber-Brands devem usar os dados e seus programas com cautela, e nosso modelo é construído dessa forma, dando à comunicação digital um papel integral, mas nao um papel dominante.

Terceiro: eleve o tangível, alcançando o intangível

"O mistério e o protocolo não existem para nos manter afastados. Existem para nos manter vivos", disse Olivia Colman como Rainha Elizabeth II na terceira temporada da série de TV *The Crown*. O mesmo se aplica às Ueber-Brands. Você precisa de um contexto adequado e de uma multidão para se consolidar; mas, acima de tudo, precisa de mistério e Mito. Para transcender o cotidiano, é necessário se elevar a um nível superior; apenas trazer emoção a seus produtos e serviços, a sua marca e relações, não é suficiente. Você precisa elevar as pessoas e conectá-las com o que elas querem ser e o que poderiam ser, além do que elas já são. Trata-se de aspiração.

É por isso que tornamos "Escreva seu Mito" o segundo passo de nossos seis passos para criar uma Ueber-Brand, logo após "Defina sua Missão". Porque, para as Ueber-Brands, uma narrativa de marca não é apenas um meio de estruturar e integrar todas as suas comunicações e interações. É isso também. Porém, é principalmente uma maneira de brilhar mais e liderar melhor, manter o significado e ter relevância cultural, inspirar seus seguidores, de modo que todos nós subamos e continuemos a subir. E pela mesma razão, não basta qualquer história, você precisa de uma que tenha qualidades míticas.

Isso porque os mitos não são apenas "histórias falsas", como o termo é muitas vezes usado de forma coloquial. São nossos "sonhos coletivos", como Joseph Campbell pontuou (CAMPBELL, 1988). Eles nos mantêm unidos como sociedades, conectam grupos e inspiram movimentos e, individualmente, nos ajudam a descobrir quem somos, o que queremos ser e para onde queremos ir. Para que nossas experiências de Ueber-Brand não acabem nos fazendo sentir, como disse T.S. Eliot de forma tão pungente: "Tivemos a experiência, mas perdemos o significado" (ELIOT, 1952).

Quarto: não declare; faça!

Quarto e último ponto: vivemos em uma economia experiente. As pessoas estão fartas e cansadas das promoções monótonas e autocongratulatórias de marcas que interrompem suas vidas, mesmo que estejam apenas assistindo a algum *unboxing* no YouTube. Elas querem que as marcas agreguem valor quando e onde aparecem e não apenas prometam isso.

Assim, as Ueber-Brands prosperam em "ideias que acontecem", como as chamamos em *Rethinking Prestige Branding* (SCHAEFER; KUEHLWEIN, 2015). Todo o conteúdo e a loucura da comunidade no marketing com certeza levaram a algum excesso — nem todo xampu precisa vir com um tutorial sobre igualdade de gênero. Mas, em essência, não achamos que haja um caminho de volta. A "turma do podcast", como o *The New York Times* a chamou (GREEN, 2019), prefere entretenimento e educação, conselhos, apoio, conexões e experiências a declarações de marca não solicitadas e desinteressantes ou mensagens irrelevantes. E quem os culparia?

Sejamos realistas, de fato, uma das maiores vantagens da "revolução digital" é que as marcas têm muitas outras (e muitas vezes mais econômicas e eficazes) oportunidades de se envolver diretamente com as pessoas. Vamos usá-las e pensar duas vezes antes de recorrer à gritaria ou ao redirecionamento de alguém para a vigésima oferta de voos para Veneza, pois essa pessoa fez uma reserva há cerca de três meses.

Atualmente, a criatividade no marketing não significa mais suavizar a mensagem "amarga" da marca. Todos nós somos desafiados a sempre encontrar novos e surpreendentes caminhos sobre onde e como nossa marca pode impactar positivamente a vida das pessoas e de nossas sociedades como um todo. Isso leva a grandes parcerias com ONGs, artistas, cineastas, jornalistas ou desenvolvedores de tecnologia, como a P&G anunciou no Festival Cannes Lions de 2019 (SHOOT, 2019). Ou pode "apenas" significar criar experiências de varejo mais convenientes e emocionantes, como a Hublot tentou com sua "sessão de vídeo-clientela", que permite aos clientes se conectarem com a loja para uma consulta on-line na vida real (WHITE, 2018).

Porém, "fazer" não é apenas o imperativo de se envolver e interagir com o público-alvo. É a regra para toda a construção de marca, e é por isso que colocamos "fazer" como segundo passo em nosso programa, antes que sua marca comece a falar e a ousar. Muito além de tudo, você deve viver sua Missão e Mito de Marca em tudo o que faz, desde o fornecimento até o compartilhamento, verdadeiramente de dentro para fora. Porque declarar sem fazer não é bom; mas não fazer o que é declarado é ainda pior.

Seis etapas — três fases

Sonhe. Faça. Ouse. Estruturamos nosso programa de elevação da marca nesses termos simples e inspiradores para sinalizar imediatamente do que se trata cada ação. Sem uma teoria exagerada, sem um modelo complexo, sem grandes termos — ou apenas algumas vezes. É um processo simples, mas não necessariamente fácil, de seis etapas em três fases, e esperamos que seja inspirador.

Sonhe

Esse é o ponto de partida e a âncora de todo o resto: sua Missão de Marca e Mito. Sua razão de ser e de até mesmo considerar a leitura de tudo isso e seguir o exemplo. A história que você quer contar ao mundo.

1 *Defina sua Missão.*
Comece entendendo a si mesmo, verifique como isso se encaixa em seu mundo e coloque tudo em uma estratégia de marca.

2 *Escreva seu Mito.*
Una verdade e imaginação para criar histórias míticas que elevem sua marca e seus fãs.

Faça

O maior desafio na elevação da marca é ser fiel à sua Missão e ao Mito em tudo o que faz. Interna e externamente. Traga as convicções e aspirações do público-alvo à vida e viva-as diariamente.

3 *Realize seu sonho.*
Crie e celebre seus produtos e serviços como ideais manifestados.

4 *Viva seu sonho.*
Construa sua organização e projete sua presença de marca e experiências para irradiar de dentro para fora e de fora para dentro.

Ouse

A maneira como sua marca deve interagir com o mundo: corajosa e confiante, como uma líder nata. Com autoridade e integridade. Inspirando e sendo inspirada pelo público, sobretudo por seu Ueber-Target. E deixando seu mito brilhar em todas as histórias que contará e fará.

5 *Encontre seu* Ueber-Target.
Defina sua musa assim como seus outros fãs e público-alvo e use-os para orientar todas as suas decisões.

6 *Instigue seu Público-Alvo.*
Integre todos os *stakeholders* e parceiros para, em conjunto, fazer sua Ueber-Brand ter sucesso e criar um movimento.

O Ueber-Triângulo

É claro que tudo deve acontecer na ordem mencionada anteriormente. Na prática, será muitas vezes em paralelo. E, na realidade, deve ser um *loop* de feedback ininterrupto. Portanto, nosso modelo é um triângulo circular.

Isso é impossível? Bem, essa é a primeira lição: as Ueber-Brands nunca devem aceitar o "não" como resposta e devem pelo menos se esforçar para fazer a quadratura do círculo; ou ao redor do triângulo. Talvez nem sempre tenham êxito, mas pelo menos podem inventar algo inspirador e esclarecedor na tentativa, como fez Da Vinci com seu *Homem Vitruviano*.

Por fim, mas essencial: não inicie todo esse processo sem os altos executivos estarem não apenas conscientes, mas envolvidos. Como explicado, isso não é "apenas" um exercício de marketing, tudo se baseia nos princípios das Ueber-Brands. Elas exigem uma forma holística e sincera de construção de marca. E por mais que prosperem em tornar o impossível possível, assim mesmo elas precisam enfrentar a realidade de que isso só é possível com o apoio da liderança.

FIGURA P2.1 Os seis passos para consolidar sua marca são organizados em três fases, construídas uma sobre a outra e conectadas em um ciclo contínuo de feedback

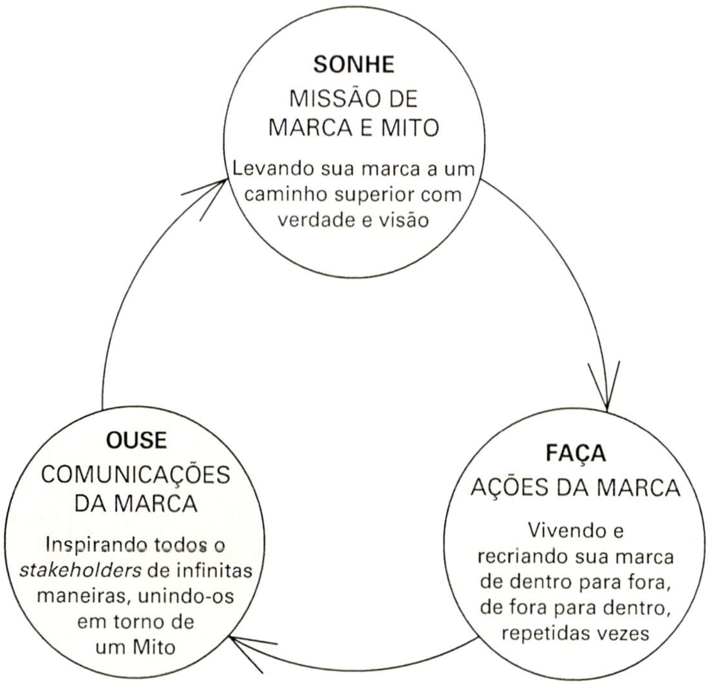

Fonte: os autores (2020)

Obs.: usamos o termo "Missão" no sentido mais verdadeiro e amplo, que significa definir por que você iniciou seu negócio e o que isso traz ao mundo; por que isso é importante. Muitos, inclusive nós, também usam palavras como "Propósito", "Verdadeiro Norte" ou "Por que". E isso está perfeitamente correto desde que o significado esteja bem claro.

É importante, no entanto, não confundir as coisas amontoando declarações uma por cima da outra — uma declaração de "propósito" coberta por uma declaração de "visão" definindo o objetivo do negócio, apoiada por uma declaração de "missão" delineando suas ofertas. E para evitar isso, simplesmente escolhemos o termo Missão para a única declaração de que você precisa: delineie seu propósito e sua visão para um mundo melhor, mais fácil ou mais agradável. A "outra" missão que define o que você faz, nós chamamos de "blocos de construção", pois eles constroem sua Missão e não apenas a declaram.

Dito isso, começaremos a definir sua Missão.

Passo 1: defina sua Missão

O primeiro passo é sempre o mais difícil. Isso é verdade para tudo na vida, e a construção de uma Ueber-Brand não é exceção.

Parece fácil definir sua Missão, mas, uma vez que tenha tentado, sabe que não é. Não se você está apenas começando com a cabeça cheia de ideias — nem quando já está no negócio há algum tempo, supostamente esclarecido sobre o que faz e por quê. Em grande medida, isso tem relação com o bom e velho ditado sobre a floresta e as árvores — falta afastar-se para poder ver o quadro completo. Você está muito envolvido, de forma cognitiva, mas também emotiva.

É aqui que os consultores em geral ou qualquer outra terceira parte ajudam nesse sentido. É mais fácil para eles encontrarem o ponto arquimédico fora do "seu mundo" que fornece a alavanca para movê-lo — ou agarrá-lo, nesse caso.

Contudo, a dificuldade também vem do mero fato de que você está tentando decidir algo profundo e importante. Definir sua Missão, ou propósito, como muitos a chamam, vai ao âmago de seu senso de identidade, sua razão aparente de ser como uma marca. Isso tem consequências duradouras, já que tenta se preparar para o futuro, enquanto isso for possível.

Infelizmente, é um trabalho cheio de importância, carregado de expectativas e repleto de ansiedades. E você teve a melhor abordagem como qualquer outra grande e desafiadora jornada: passo a passo, de baixo para cima. Começando com você mesmo.

Seu eu?

Há tantas maneiras de entender a si mesmo, ou seja, sua marca, quanto também há pessoas — ou marcas. Você pode virar uma pedra, meditar para obter iluminação interior ou analisar sistematicamente todos os aspectos de seu negócio desde o fornecimento até a entrega do serviço e fazer tudo de novo. A chave aqui, porém, não é tanto o que você faz, mas como o faz, e é por isso que apresentamos uma lista de atributos, maneiras que você deve levar a sério ao embarcar nessa viagem de olhar para o próprio umbigo.

A ATITUDE DE PESQUISA CERTA

- Aja como um arqueólogo ou um fanático por história: cada pequena parte contém uma história.
- Ouça, ouça e ouça: veja e aprenda, mantenha os olhos e ouvidos bem abertos.
- Pesquise: investigue, vá além do óbvio.
- Não julgue, avalie ou condene. Trata-se de coletar e não classificar ainda.
- Procure diferentes lugares e rostos: fábrica, marketing, ex-CEO, estante de troféus...
- Seja sensível a nuances e detalhes: muitas vezes, o melhor não é dito, ou fica subentendido.
- Use hipóteses como guias, não antolhos. Esteja sempre aberto para o caminho certo.

O objetivo neste primeiro passo é reunir o maior número possível de insights e ideias sobre o que torna sua empresa e sua marca únicas. Eles podem ser grandes ou pequenos, triviais ou essenciais, funcionais ou culturais, fatos ou ficção... Tudo importa, ou poderia importar. Pois neste ponto você ainda não está avaliando, está simplesmente coletando. Você está fazendo um balanço, olhando para qualquer coisa que possa levar à verdadeira essência de por que sua empresa deve existir, por que não é apenas uma empresa, mas uma necessidade coletiva, por que tem uma razão para existir além de ganhar dinheiro. E isso pode vir de praticamente qualquer lugar.

Mergulho nos arquivos

Uma das coisas que invariavelmente produzem os resultados mais interessantes e inspiradores aqui é um olhar profundo sobre os arquivos ou algo que se aproxime disso. A maioria das marcas com que já trabalhamos começou negando a existência de qualquer coisa, como um arquivo da marca, ou desconsiderando seu valor. E, ainda assim, praticamente todas foram surpreendidas.

Para uma grande marca de cuidados capilares, por exemplo, os arquivos não eram muito mais do que uma caixa com alguns folhetos antigos, amostras de embalagens e boletins informativos. No entanto, a antiga cópia da embalagem nos deu pistas interessantes sobre a forma como a marca costumava olhar para seu produto — há muito esquecida no decorrer de inúmeras mudanças de gestão. Leia nossa entrevista com Laura Burdese, CEO da Acqua di Parma, na Parte Três deste livro. Vasculhar seus arquivos e encontrar títulos históricos não só nos deu uma melhor compreensão da marca e da Missão de seus fundadores. Deu a toda a equipe uma nova apreciação da riqueza, autenticidade e significado da marca.

Entrevistas com stakeholders

Isso é uma obrigação em todo processo de mudança ou de busca de propósito. Para começar, é crucial dar a todos os *stakeholders* um senso de propriedade. Nada é pior do que desenvolver um propósito que não será totalmente incorporado por toda a organização ou pelo menos por sua maioria. Mas, além disso, é realmente a contribuição de que você precisa — o pensamento, o conhecimento, as ideias do maior número possível de pessoas e perspectivas. Porque só assim você será capaz de formar uma imagem bem fundamentada do todo.

Na maior parte dos casos, um processo de "encontrar a Missão" é iniciado pela alta gestão ou pelo departamento de marketing. E é fácil presumir que você pode ver tudo — e mais longe — do topo. Contudo, é claro, nada está mais longe da verdade. As visões são agradáveis e brilhantes. A realidade, no entanto, geralmente é triste e suja. E a realidade é o que procuramos, porque ainda estamos em uma missão de busca, tentando reunir e entender o que é e o que tem sido; para firmar nossa visão em um terreno sólido.

Portanto, nunca trate essa parte como uma "necessidade" a ser superada o mais rápido possível. Junto ao mergulho nos arquivos, essa é provavelmente a parte mais iluminadora da jornada, se feita de forma correta — não importa se você faz tudo internamente ou com parceiros externos. O mínimo que você terá é uma melhor compreensão da organização e dos diferentes pontos de vista dentro dela. Para os parceiros externos, é praticamente inevitável falar com os *stakeholders* além de seus contatos diretos; caso contrário, eles nunca seriam capazes de obter uma verdadeira compreensão da marca e do negócio.

Certa vez, fizemos um projeto de "Missão e Mito" para uma marca de roupas internacional. As entrevistas com os principais líderes de mercado foram indispensáveis para identificar não apenas a percepção da marca, mas também os desafios e os pontos fortes em todo o mundo. Mas também escolhemos conversar com o fundador da empresa, aposentado há muito tempo até então, bem como com um assistente de produção que trabalhava na empresa há décadas. E essas foram as entrevistas mais reveladoras, as que realmente nos ajudaram a "conseguir" a alma da marca, sua essência.

Portanto, é altamente recomendável nunca abreviar essa parte, mas obter uma boa seção transversal de entrevistas com os *stakeholders*:

- funcionários de longa data ou antigos apaixonados pela marca;
- principais tomadores de decisão em todas as áreas;
- membros da equipe internacional, especialmente dos principais mercados;
- o(s) fundador(es) ou alguém próximo a ele(s);
- profissionais de fornecimento, produção, design... aqueles que dão vida à marca todos os dias;
- varejistas, gerentes de lojas... aqueles com experiência em primeira mão com o cliente;
- parceiros comerciais e/ou fornecedores;
- especialistas externos, por exemplo, editores ou analistas — se for importante para a marca e para sua recepção.

Em termos de um questionário ou roteiro de entrevista: sim, você deve ter um, para garantir que registre todos os pontos importantes. É claro que, na maioria dos casos, você também poderia voltar atrás e perguntar outra vez, mas nunca receberá respostas tão honestas e inspiradoras como na primeira vez. Isso nos leva a três outros aspectos importantes:

- Primeiro: não envie seu questionário de antemão. Você não quer respostas pré-concebidas e "corretas"; quer a verdade, que se revela melhor espontaneamente. Caso seu parceiro de entrevista queira verificar algo ou precise atualizar a memória, ele sempre poderá enviar-lhe as informações depois.
- Segundo: assegure absoluta confidencialidade ao entrevistado. Seja sincero! As pessoas nunca são muito abertas e sinceras quando sabem que seu chefe está ouvindo. Somente por essa razão, geralmente é aconselhável fazer pelo menos essa parte da jornada da Missão com um parceiro externo.
- Terceiro: siga com o fluxo durante a entrevista. Crie uma atmosfera informal, de conversação. Sim, sonde, mas não interrogue. Não deixe seu parceiro desconfortável. Você quer as pessoas relaxadas, para que se lembrem de coisas que, de outra forma, poderiam esquecer ou considerar inadequadas para um relatório "oficial". E, se isso significa que a pessoa pode divagar ou mergulhar em detalhes em um ponto — é exatamente para isso que você está lá. Para lembrar de cobrir tudo o que é importante, você sempre terá seu roteiro para checar novamente enquanto avança ou ao final.

Comprovação da realidade

Depois do passado e das pessoas, é claro, você também deve olhar para os fatos. Qual é a sua organização/estrutura? Quais são suas regras e processos? Onde consegue seus recursos e como? Como produz e como não produz? Que pessoas recruta e quais são seus critérios de recrutamento? Como é a sua distribuição? Quem são seus parceiros — quem você seleciona e por quê? Quais são seus orçamentos — no que você gasta dinheiro e no que não gasta? E assim por diante.

Tudo isso parece tão óbvio que muitas vezes é negligenciado. Demasiadas vezes. Entretanto, mais uma vez, pode ser bastante revelador.

Certa vez, por exemplo, percebemos durante uma visita à fábrica de um cliente, de ração para animais de estimação, que todos os funcionários usavam toucas descartáveis. Era algo que todos achavam normal e nem sequer mencionaram em nenhuma conversa. Porém, para nós, observando com um olhar externo, foi indicativo e inspirador e acabou orientando a forma como registramos a Missão em torno do conceito de ração para animais de estimação com qualidade humana.

Crenças e valores

Além das três maneiras anteriores para analisar a si mesmo e sua empresa e pesquisar para sua Missão, há muitas outras, é claro. Diversos clientes gostam de fazer workshops, por exemplo, o que pode ajudar, embora preferimos entrevistas individuais nesse ponto do processo para garantir que realmente tenhamos as diferentes perspectivas sem a pressão dos pares. Outros já incluem os consumidores em sua autopesquisa, como por etnografias ou netnografias (ver também o Passo 5), o que também temos feito com frequência. Na Acqua di Parma, por exemplo, conversamos com clientes regulares há muito tempo, o que se mostrou útil para entender a singularidade do serviço; mas esses foram mergulhos profundos altamente qualitativos.

No entanto, mais pesquisas de consumo padrão ainda não têm muito valor, embora tenham posteriormente (veja o próximo capítulo).

O fundamental nesses primeiros passos para definir sua Missão é que você tenha um olhar honesto, inquisitivo e aberto para as realidades de sua marca e de seu negócio. Reúna tudo o que foi e é atualmente — tanto o factual quanto o anedótico, o cultural ou emocional, bem como o funcional e processual, o visual assim como o boato. Registre tudo e coloque os pontos mais interessantes e inspiradores em quadros ou gráficos para uso posterior durante todo o processo.

E então, de tudo isso, tente deduzir de cinco a dez crenças centrais ou declarações de valor. Não utilize termos de valores abstratos como "criatividade", "paixão", ou, pior ainda, "autenticidade". Isso não ajudará nem um pouco, porque essas palavras são muito genéricas e abrangentes. Que empresa não gostaria de pensar em si mesma como criativa, apaixonada e autêntica?

O que você precisa para avançar em direção a uma Declaração de Missão significativa é transformar todos os fatos e ficções reunidos antes em cinco a dez sentenças verdadeiras que sejam o mais específicas e únicas possível. De preferência, até mesmo controversas ou pelo menos provocadoras, porque assim saberá que está a caminho de algo que apenas você entrega e que seu Ueber-Target vai adorar. Algo que pode não ser correto para todos, mas perfeito para aqueles que o levarão mais longe e acima da média e da massa (veja "Ouse").

Isso é muito útil se a personalidade ou as personalidades de sua organização brilharem nessas declarações. Se realmente é "você" falando e não algum jargão obscuro de marketing polido. Por exemplo, certa vez, escrevemos cinco crenças fundamentais para uma marca premium de penteados. Duas delas diziam: "Acreditamos que a beleza é entediante... Um estilo ruim é dez vezes melhor do que não ter estilo algum." Essa é uma afirmação corajosa para uma marca de beleza que vende estilo; e a partir dela se tem imediatamente uma "sensação" da marca.

Seu mundo?

Evidentemente, você não vive em um vácuo. E assim, toda a autopesquisa deve ser equilibrada com um olhar minucioso sobre o que acontece ao seu redor — se não for por outra razão que não seja para entender o que ela diz sobre você e o que significa para você.

A maioria das empresas é tradicionalmente boa nisso, já que é o ponto de partida comum que todos aprendem nos princípios do marketing. Como explicamos, ao entrar nesta parte do livro e em *Rethinking Prestige Branding*, estamos vindo de um ângulo um pouco diferente. Nossa experiência e pesquisa têm mostrado várias vezes que as Ueber-Brands de hoje estão menos preocupadas com o que os outros fazem ou querem e mais motivadas por aquilo em que acreditam e pensam que o mundo precisa. Por isso, iniciamos esse processo com *seu eu*. Mesmo assim, você não pode nem deve ignorar a realidade em que vive e as pessoas para quem você comercializa.

Há muitas metodologias a discutir aqui e a maioria dos leitores estará familiarizada com muitas delas com base em seu trabalho diário. Portanto, vamos nos concentrar em nosso objetivo e compartilhar alguns insights sobre como olhar seu "mercado e concorrência", bem como seus "clientes, consumidores e tendências" quando estiver pronto para "Definir sua Missão".

Mercado e concorrência

Peter Walshe, diretor global do grupo de pesquisa Millward Brown, diz: "A diferença faz a diferença. As marcas do Top 100 que mais se diferenciam de seus concorrentes cresceram de uma forma muito mais drástica — em média 124 por cento" (WALSHE, 2016). Isso deve lhe dar um bom norte sobre como olhar para seu mercado, sobretudo para sua concorrência. Onde e como minha marca pode fazer uma diferença significativa?

1 CONTRARIE

Se todos forem para a direita, olhe para a esquerda. Analise os parâmetros e paradigmas do mercado e mantenha-se atento à concorrência. Certifique-se de respeitar os contratos de base e as expectativas de sua categoria. Mas nunca se contente em simplesmente cumpri-las — ou melhorá-las em termos de conveniência ou preço. As Ueber-Brands não seguem, e sim estabelecem novos padrões mais elevados ou fornecem uma visão totalmente nova sobre um determinado tópico. Nesse sentido, não tente atingir tanto os padrões da categoria, mas pense em estabelecer novos; não pense em como vencer sua concorrência, mas abra um novo terreno. Basta pensar na Red Bull indo contra todos os perfis de marcas de refrigerante para se tornar uma marca de seis bilhões de dólares. Ou na Camper, misturando sapatos sociais com calçados casuais em 1975, liberando um mercado totalmente novo e ainda permanecendo no topo 35 anos depois.

2 CONECTE

Não contrarie apenas, mas também conecte os pontos. Números referem-se à interpretação. Há uma falsa sensação de segurança nos dados quantitativos, pois eles fingem ser objetivos e ter controle onde não o fazem e, mais importante, quando parecem falar do presente ou do futuro, na verdade refletem apenas o passado e, possivelmente, as projeções a partir dele. Olhe sempre duas vezes e com mais atenção. Ouça seu instinto — se algo parecer errado, o mais provável é que esteja. Cruze e conecte os resultados e veja se podem fornecer novos insights. Ainda precisamos encontrar um algoritmo ou IA para entender o que está acontecendo de verdade que seja melhor do que nossos bons e velhos cérebros humanos e instintos, que dirá para imaginar o que poderia acontecer. Porque quase nunca se chega a um lugar interessante e verdadeiro sem empatia e intuição.

3 COMPARE

Pense fora da caixa. Não, agora é sério. Nunca se esqueça de procurar fora de sua categoria imediata se quiser encontrar inspiração. Em *Rethinking Prestige Branding*, falamos sobre a "caça aos códigos", marcas que se atualizam adotando códigos de outras categorias. Essa é uma forma de "inspirar" sua marca pelo olhar de fora, embora não seja a melhor e mais sustentável maneira. O que recomendamos, em vez disso, é a "inovação imitativa". Leve ideias de fora de sua empresa e veja como podem levar a uma nova abordagem. Veja as adjacentes ou outras que normalmente estão à frente devido a uma maior rotatividade ou afinidade com as tendências, por exemplo, de moda ou beleza. Porque elas podem mostrar o caminho — para cima ou para fora.

Clientes, consumidores e tendências

Embora definir sua Missão seja de fato um trabalho interno, seus clientes devem estar na sala quando você falar sobre ela (veja o capítulo seguinte). Não literalmente, embora isso também possa acontecer. Com um de nossos grandes clientes de bens de consumo, por exemplo, o contato comercial e o gerente de categoria são sempre parte de qualquer discussão sobre valor de marca, muitas vezes trazendo consigo seus clientes parceiros.

Não, o que queremos dizer é que você deve usar seus clientes do passado, presente e futuro como fonte de inspiração e como uma comprovação da realidade no desenvolvimento de sua Missão. Nem mais nem menos. A pesquisa do cliente nunca deve ser o condutor ou juiz de sua Missão. Há um velho ditado que afirma que as pessoas não sabem realmente o que querem — e, com certeza, nem o que vão querer no futuro.

Entretanto, o que os clientes e consumidores podem fazer é contribuir, fornecer insights e ideias — mesmo que seja sob a forma de cortes. Um de nossos clientes, por exemplo, uma fabricante mundial de eletrodomésticos, criou personas em tamanho real de todos os seus segmentos-alvo para acompanhar a equipe em cada sessão estratégica. Outros, no entanto, estão perfeitamente bem com a simples criação de *moodboards*, com citações indicativas, fatos surpreendentes ou declarações de tendências inesperadas etc., para fornecer perspectiva e inspiração no Workshop de Missão.

Algumas palavras para encerrar: não importa o que você tenha ou comissione em termos de pesquisa de clientes e de tendências, a regra geral é qualitativa e quantitativa. Nessa fase, você precisa de insights, pequenas ideias que possam estimular seu pensamento, levando-o a um entendimento mais profundo. E também precisa daqueles que você normalmente ganha aproximando-se o máximo possível das pessoas e de seus sonhos e contradições, em vez de só olhar para números frios.

Portanto, se pretende fazer pesquisas extras como parte desse processo, opte por uma abordagem que utilize técnicas projetivas e associativas para trazer à tona aquilo que palavras e números, do nosso ponto de vista, não podem alcançar. Os estudos etnográficos ou antropológicos são particularmente interessantes nesse contexto, pois tentam descobrir as motivações subconscientes ligadas a um determinado produto ou categoria e seus códigos culturais (ver também o Passo 5).

E, se você estiver avaliando e resumindo pesquisas ou relatórios existentes, por favor, faça-o de uma forma que estimule mais além de ser excessivamente "correta". Pontos mais nítidos levam a um pensamento mais nítido. Caso todo o restante falhe: entre em contato conosco e nós o ajudaremos.

Sua marca!

Agora é hora de mudar de um modo de caçador-coletor para um modo que faça sobressair o criador-visionário dentro de você. E isso geralmente é mais bem feito em companhia, ou melhor, em companhia lúdica. Porque, como Friedrich Schiller já dizia: "Só somos totalmente humanos quando brincamos." Isso com certeza se aplica a ser criativo.

Workshop de Missão

A pedra angular e o primeiro passo para desenvolver sua Missão de Marca é um workshop. Alguns clientes fizeram workshops ao longo do caminho para coletar informações sobre sua marca ou seus consumidores, por exemplo, e não há problema. Mas cuidado para não sobrecarregar as pessoas com os workshops. Preferimos que haja um que seja central, em que todos os participantes essenciais se reúnem, compartilham ideias e "brincam", trabalhando juntos em direção a uma Missão inspiradora.

PARTICIPANTES

Assim como nas entrevistas com os *stakeholders*, preferimos que os participantes do workshop sejam um bom apanhado de funcionários, de nível sênior a júnior, da gerência à produção, dos antigos aos novatos, dos executivos aos profissionais de pesquisa e desenvolvimento. E alguns inspiradores a mais, internos ou externos. Em um workshop recente para uma marca de ótica, por exemplo, as ideias e frases mais inspiradoras vieram de uma profissional de RH e de um escritor externo.

E a expressão criativa, ou seja, o fraseado, é um aspecto importante — se não o mais importante. Porque a maneira de apresentar as coisas faz uma grande diferença, e as palavras escolhidas abrem áreas totalmente novas. Por isso, geralmente aconselhamos que sejam convidadas pessoas conhecidas por serem imaginativas, lúdicas, criativas, em vez daquelas que detêm um cargo importante.

De modo geral, o número perfeito de participantes é doze — uma quantidade de pessoas pequena e íntima o suficiente para manter todos prestando atenção e sendo ouvidos, e grande o suficiente para permitir a variedade e a divisão em subgrupos. Porém, você pode trabalhar com oito a dezesseis pessoas, se preferir. Qualquer número acima ou abaixo disso pode se tornar um problema.

FORMATO/DURAÇÃO

O ideal é um dia e meio. Comece o primeiro dia à tarde com introdução, aquecimento e ideação inicial, muitas vezes baseada em algum dever de casa (veja a seguir), fazendo com que as pessoas se conheçam e se sintam à vontade. Na manhã seguinte, comece a idealizar a partir de vários aspectos e continue, com pequenos intervalos para café e uma pausa para o almoço (de preferência com um pouco de ar fresco), durante a tarde. Normalmente, depois das 16 ou 17 horas, as pessoas perdem o ânimo, alguns participantes precisam pegar aviões etc.

GUIA

Há muitas maneiras de realizar um workshop de busca da Missão. É melhor contratar um mediador qualificado e deixá-lo dar conselhos. Um workshop conduzido por um membro da equipe nunca é tão eficaz. Uma pessoa envolvida não pode ser imparcial o suficiente para tratar todos os membros e opiniões da mesma forma, embora tenha conhecimento e experiência suficientes para incentivar a equipe e liderá-la durante uma crise. Além disso, você invariavelmente traz a dinâmica orga nizacional e a política para dentro do workshop. E esse mediador não poder ser um dos participantes.

Em nossa experiência, é melhor começar com um pequeno dever de casa dado aos participantes com uma semana de antecedência. Deve ser algo que remeta ao tema e ao mesmo tempo explique um pouco sobre a pessoa e estabeleça um tom de leveza. Exemplos disso são: traga algo que represente a marca X para você, e algo que não a represente (vale tudo, exceto produtos da marca). Conte-nos sobre seu primeiro encontro com a marca X — pessoal e profissionalmente. Quando você se sentiu mais orgulhoso de trabalhar para a marca X?

Em seguida, é realizada uma sessão de ideação "não guiada" inicial, utilizando as ideias apresentadas como trampolins para desenvolver direcionamentos ou pontos importantes para a Missão de Marca.

Em seguida, muitas vezes introduzimos o aprendizado e os insights das etapas citadas agrupadas ao longo dos quatro Cs: competência e caráter (a marca); categoria e concorrência (mercado); constituintes e considerações (clientes); cultura e correntes (tendências). Dessa forma, você vê o desafio de vários ângulos — e é por isso que muitas vezes também deixamos as pessoas fazerem um rodízio de atividades à medida que prosseguimos, para até mesmo mudar sua perspectiva literalmente.

Uma vez que tenha passado por todas as quatro perspectivas, você faz uma primeira rodada de avaliação das declarações idealizadas ou palavras/elementos de ideias, geralmente por "votação por pontos", seguida por um agrupamento e uma discussão conjunta dos resultados.

FIGURA 8.1 Uma maneira de buscar/organizar insights para seu Workshop de Missão

CARÁTER E COMPETÊNCIA	CONSTITUINTES E CONSIDERAÇÕES
Tudo sobre a empresa, sua história, seu DNA, seus pontos fortes e fracos, marcos e pontos de virada. De onde viemos? Quem somos? Como somos?	Tudo sobre nossos *stakeholders* — internos e externos. Empregados, parceiros, consumidores... público em geral. O que "eles" querem, precisam e sonham? Como é a realidade deles? E a nossa?
CATEGORIA E CONCORRÊNCIA	**CULTURA E CORRENTES**
Ambiente de negócios, dinâmica de mercado e insights da concorrência. O que e quem está conduzindo o ambiente em que operamos?	O mundo e nosso momento nele — social, político e cultural. Para onde estamos nos dirigindo? O que estamos perdendo? O que estamos enfrentando?

Fonte: os autores (2020)

Após o almoço, muitas vezes nos dividimos em subgrupos para tirar as pessoas de seu momento digestivo, com cada grupo trabalhando em um dos grupos direcionais previamente formados. Em seguida, ocorre uma apresentação compartilhada dos resultados, possivelmente seguida por outra rodada.

Os últimos trinta minutos são reservados ao resumo e aos próximos passos — porque é importante que todos entendam que esse é apenas o início da viagem, não o fim.

Escrevendo a Missão

Isso parece fácil e divertido, mas na realidade é a parte mais difícil e muitas vezes mais longa, exigindo muitas idas e vindas e apoio externo criativo e estratégico.

Uma Missão (Declaração) deve ser grande e ousada, e tão específica e própria quanto possível. Deve ser simples, de fácil compreensão e também significativa; para especialistas internos e para o mundo em geral. Ademais, deve ser original, redigida de forma inspiradora. Ou, como Roy Spence, um dos primeiros a escrever sobre a ideia de propósito da marca, expressou: "Mire alto, mas não no desconhecido" (SPENCE, 2009).

Aqui estão quatro Declarações de Missão que nos agradam e por quê. Em duas merecemos crédito (parcial), e as outras duas apenas gostamos:

- Natura Pet Food: "Fazemos comida para cachorros, não comida de cachorro".
  É uma declaração clara e simples, porém bastante competitiva e ousada. Além disso, com certeza, é significativa e diferenciada — não só dentro do setor, mas também na sociedade em geral. E, por causa disso, pode ser facilmente traduzida em direções e padrões muito concretos e acionáveis ao longo de toda a cadeia de valor, desde o fornecimento até a distribuição.
- Vice: "O guia definitivo para um mundo incerto" (VICE, 2019). Um pouco menos específica do que a mencionada antes, mas não é surpresa dada a amplitude da marca Vice em comparação à Natura, que é muito unânime. E é por isso que a incluímos aqui: porque é muito mais desafiador encontrar uma Missão sucinta quando sua marca alcança mais de uma categoria de produto. Isso acontece facilmente quando você termina longe da realidade, e a Vice não faz isso. Embora possa não ser tão óbvio o que a marca faz, a declaração estabelece um propósito bastante claro para todas as atividades da Vice. E ela o faz com uma voz distinta de uma maneira intrigante. Traz curiosidade para explorar a marca e nosso mundo incerto.

- Acqua di Parma: "Celebrar a leveza sofisticada da Itália". Esse é outro exemplo de como estabelecer uma Missão clara e convincente para uma marca que cobre várias categorias e que ainda está em expansão. Ela está claramente enraizada na icônica Colonia da marca, mas se abre para qualquer coisa que capture a elegância serena e a sofisticação radiante tão típica da vida e do estilo italiano. Para mais informações, veja a entrevista com Laura Burdese, CEO da Acqua di Parma, na Parte Três deste livro.
- Nike: "Se você tem um corpo, você é um atleta." (NIKE, 2019). Por último, mas não menos importante: Um exemplo que todos sabem — ou pensam que sabem. Porque muitos citariam "Just Do It" como a Missão da Nike. Mas esse é o slogan da Nike. E esse é um ponto importante: Sua Declaração de Missão pode se tornar sua ideia de comunicação ou assinatura, mas não precisa ser assim. Na verdade, na maioria das vezes, não é assim. Até mesmo a Apple, outra marca famosa, que alguns veem como a origem do movimento de propósito/porquê (SINEK, 2009), não usa "Think Different [Pense diferente]" como sua Missão. Originalmente, sob o comando de Steve Jobs, era "Criar ferramentas para a mente que impulsionem a humanidade". Agora é uma bagunça, se você confiar em algumas avaliações (LUND, 2017).

De qualquer forma, a questão é que um slogan é geralmente muito rápido — e isso significa pouco específico — para ser uma Declaração de Missão. É escrito para finalizar e assim funciona em conjunto com toda uma gama de comunicação. Em si mesmo, muitas vezes não tem sentido, ou com certeza não é específico o suficiente para dar uma direção acionável a uma empresa, como mostram os exemplos anteriores. Nem "Just Do It" nem "Think Different" lhe dariam qualquer pista sobre o que suas marcas falam — sem todos os produtos da marca, atividades, comunicação que você veio associar aos slogans. Eles foram impulsionados pela Declaração de Missão. O slogan apenas resume tudo.

Dito isso, não estamos no mesmo campo que aqueles que pensam que as Declarações de Missão são apenas para uso interno. Ocorre o oposto. Para inspirar e motivar todos os *stakeholders*, a Missão deve ser comunicada e compreendida por todos, tanto interna quanto externamente. O que é uma razão pela qual Missões devem ser simples e de fácil compreensão.

Ah, e a questão do vocabulário: muitos são categóricos em afirmar que uma Declaração de Missão deve sempre começar com "Nós existimos para..." para se colocar no caminho de escrever uma declaração de razão de ser "existencial". Apoiamos esse sentimento e isso pode ajudar, mas se você não precisa dessas muletas, jogue-as fora.

Da Missão à estratégia

É claro, a Declaração de Missão é exatamente isso: a direção geral ou o grito de mobilização. Para torná-la acionável, você deve traduzi-la em uma estratégia de marca apropriada, ou como diria Simon Sinek: "Comece com o Porquê, mas saiba Como. E depois o Quê" (SINEK, 2009).

Além do porquê, como e o quê, existem dezenas de estratégias ou modelos de equidade de marca em todas as formas — pirâmides, círculos, diamantes... até mesmo a ferramenta *keyhole*. Alguns são mais explícitos ou complexos, dependendo de sua opinião. Outros são mais simples ou simplistas, como as três perguntas anteriores. Afinal, no entanto, todas falam de dois aspectos principais: o que você faz e oferece? E como você o faz e se apresenta? Essas são as coisas que precisa definir a seguir — baseadas em sua Missão. Claro, sempre há a questão de para quem você faz isso e que tipo de relacionamento quer construir. Mas abordamos isso em detalhes no Passo 5, "Encontre seu Ueber-Target".

O QUE VOCÊ FAZ E OFERECE?

Mais uma vez, muitos termos são usados aqui... benefícios, discriminador, pontos de paridade e diferença, essência... Gostamos mais de "blocos de construção". As coisas que você faz para cumprir sua Missão e construir sua marca e valor.

Tente não fazer mais do que cinco. Isso força-o a se agrupar, pensar mais e ainda permite que seja concreto. Escreva-os em frases completas, assim como sua Missão e suas crenças. Não use palavras como "limpeza superior" ou *Fahrvergnüegen*.

Tradicionalmente, você pode diferenciar aqui entre os benefícios funcionais, emocionais e experimentais, cada um sustentado com as chamadas razões para acreditar (RPAs). Dessa forma, poderia estruturar sua estratégia de marca em três blocos de construção, cada um com uma forte declaração de benefícios e seus pontos de apoio. Muitas vezes fizemos isso dessa maneira e funciona, mas...

Você já leu na Parte Um deste livro o que pensamos sobre RPAs. Preferimos histórias para acreditar (HPAs), pois criam uma narrativa automaticamente menos técnica ou "mercadológica" e mais humana e emocional. Por essa mesma razão, muitas vezes também não ficamos satisfeitos com a divisão dos benefícios funcionais e emocionais ou experimentais. Tudo o que você faz deve funcionar em todos os três níveis — funcionalmente satisfatória, emocionalmente envolvente e experiencialmente intrigante. Portanto, dissecar é em geral difícil e não necessariamente útil. Sobretudo se sua marca não for uma marca de um produto só. Uma vez que tenha múltiplos benefícios "funcionais" com seus respectivos benefícios emocionais e experimentais, estará organizando melhor seus blocos de construção em torno dessas diferentes áreas e unindo as três dimensões de benefícios, incluindo suas HPAs, em múltiplas histórias de benefícios integrados.

Outra coisa com a qual tivemos algumas boas experiências ao definir "O quê" é trabalhar seus blocos de construção com duas vertentes, em direção a sua promessa comercial e seu compromisso social — veja a Figura 8.2. Isso funciona em particular para marcas que têm uma dupla Missão, um negócio e um objetivo ecológico ou ético, como Patagonia, REI, Everlane, Etsy ou Ben & Jerry's. Mas, falando da Ben & Jerry's, mesmo para grandes multinacionais como a Unilever ou grupos de luxo como a Kering, que estão cada vez mais colocando sua holding ou marca corporativa à frente com fortes objetivos sociais ou de sustentabilidade, isso faz cada vez mais sentido (SHERMAN, 2019).

FIGURA 8.2 Isso pode ajudar a dividir sua Missão em dois pilares para organizar seu "O quê"

Fonte: os autores (2020)

COMO FAZER ISSO E COMO SE ENCONTRAR?

O segundo grande conjunto de perguntas para transformar sua Missão em uma clara estratégia de marca gira em torno do "Como": como você faz isso? Como adquire ou produz? Como está organizado? Como é sua cultura? E também: como se comunica? Como você aparenta e se sente como marca?

O primeiro conjunto de "Comos", relativo à forma como realiza seu negócio, está tradicionalmente incluído nas razões para acreditar. É aqui que você falaria sobre "Essa pedra preta e profunda, um mineral raro e fascinante extraído na Rússia", como a já mencionada L'Officine Universelle Buly faz. Ou apresentaria seus treinadores como "um de nossos instrutores famosos", como faz a SoulCycle (SOULCYCLE, s.d.).

Contudo, esses exemplos já mostram que o pensamento tradicional em RPAs e a separação dos benefícios funcionais, emocionais e experimentais que discutimos antes não funcionam mais. As Ueber-Brands modernas e bem-sucedidas apresentam todos eles em histórias integradas — as diferentes dimensões "O quê" e até mesmo os "Comos". Função, emoção, experiências, pontos de apoio, aspectos de design, critérios de recrutamento, traços culturais... tudo é envolto em narrativas simples e convincentes. Um exemplo perfeito é a SoulCycle, porque, depois de apresentar os instrutores, prosseguem desta forma:

> Eles guiam os ciclistas por uma experiência fitness inspiradora e meditativa projetada para beneficiar o corpo, a mente e a alma. Colocados em uma sala escura à luz de velas com música de alto astral, nossos ciclistas avançam em uníssono como uma matilha ao ritmo e seguem a coreografia própria de nossos instrutores. A experiência é tribal. É primordial. É divertida.

O segundo grupo de "Comos" lida com o que é chamado de caráter, tom de voz ou personalidade da marca. Um bom exemplo é a Southwest Airlines, prometendo que seu serviço é prestado com uma sensação de "calor, simpatia, orgulho individual e espírito de empresa". Ou a Ritz-Carlton, que afirma ser "Damas e cavalheiros servindo damas e cavalheiros" (RITZ-CARLTON, 2020). Você aprenderá mais sobre isso no Passo 4.

Entretanto, mais uma vez, olhar para elas em termos tradicionais como características ou descritores do tom de voz da marca não é mais suficiente. Porque isso implica algo "colocado" em vez de algo vivido.

Com as Ueber-Brands, o comportamento é a marca; e as características comportamentais não são, portanto, "apenas" o tom de voz da marca. Elas são parte integrante do pacote, intrinsecamente ligadas com o que você faz e por que o faz. São parte integrante de sua Missão trazida à vida de uma maneira crível e única.

Assim sendo: sim, pense em sua estratégia de marca como um modo de traduzir sua Missão em blocos de construção de "O Quê" e aspectos que explicam "Como", de modo a detalhar como você faz o que faz e como se sente ao fazer. Depois, integre tudo isso em histórias convincentes que levem sua Missão à ação — funcionalmente satisfatória, emocionalmente envolvente e experiencialmente intrigante. Afinal de contas, estamos vivendo na economia da experiência.

Feedback interno

Esse último passo no desenvolvimento de sua Missão de Marca e de sua estratégia de marca é opcional, mas muitas vezes aconselhável. Como as entrevistas com os *stakeholders*, uma rodada interna de feedback pode não apenas proporcionar um grande aprendizado, mas também ajudar a dar à organização, ou pelo menos àquelas partes cujo feedback você procura, um sentimento de dono.

Um cliente de beleza com quem trabalhamos recentemente fez uma série de workshops para envolver diferentes equipes em diferentes mercados e ganhar sua adesão antes de finalizar e implantar sua nova Declaração de Missão. A ideia geral e a declaração não mudaram, mas trouxeram melhorias valiosas em algumas das formas como expusemos nossos "O Quês" e "Comos".

A quem você pede feedback e quantas pessoas envolve nisso depende completamente da empresa, do seu tamanho, da sua organização e da situação em si. Não há recomendações possíveis. Talvez apenas uma dica geral: aqui os grupos funcionam melhor que entrevistas individuais ou mesmo pesquisas digitais.

RESUMO: TAREFAS — PASSO 1

- Investigue sua marca/empresa com a mente aberta.
- Mergulhe em seus arquivos: se acha que não tem nenhum, vasculhe no armário de guardar "tranqueiras".
- Entreviste os *stakeholders* — do nível executivo ao operacional, da classe sênior à júnior, interna e externamente.
- Compare com suas realidades: fornecimento/produção, organização, orçamento...
- Resuma em cinco a dez crenças, tão únicas e controversas quanto possível.
- Analise o mercado e a concorrência: onde você faz/pode fazer a diferença?
- Compare com seus consumidores e tendências, categoria e cultura em geral.
- Discuta tudo no Workshop de Missão e idealize as direções da Missão.
- Escreva as Declarações de Missão, grandes e ousadas, mas específicas e próprias.
- Traduza em valor total de marca, incluindo "O quê" e o "Como".
- Opcional: recolha o feedback da equipe-chave que ainda não está envolvida.

Passo 2: escreva seu Mito

O primeiro mito escrito com uma missão é provavelmente a *Eneida*. Encomendado por Augusto e escrito por Virgílio, seu propósito era sanar anos de guerra civil e legitimar o novo imperador, proporcionando um senso comum de passado e futuro, orgulho e perspectiva. E funcionou perfeitamente.

É claro que seus 12 livros são um pouco longos para prender a atenção atualmente, mas é incrível como sua famosa abertura mostra quase todo o propósito em poucas palavras: "Canto as armas e o varão" (FERRY, 2017). Virgílio associa sutilmente o verdadeiro Otávio com o lendário herói Eneias, apresentando o primeiro como o herdeiro necessário do segundo. E é escrito de uma maneira que nos envolve, tão intrigante e cheia de suspense que nossa cognição e pensamento crítico simplesmente se interrompem.

Esses são os dois pontos cruciais para escrever seu Mito: fundir verdade com visão, para não dizer ficção; e contar uma história de sucesso na qual queremos acreditar, ou "um sonho público", como chamado por Joseph Campbell (CAMPBELL, 1988).

Com verdade e visão

A primeira coisa a entender e ter certeza ao escrever seu Mito é que sua história não é necessariamente uma *história*. As duas podem ter um profundo grau de sobreposição, mas em geral você quer se concentrar apenas em um número seleto de fatos.

Ninguém se preocupa com uma linha do tempo perfeita com cada inovação ou mudança que você já fez. O que torna uma história intrigante é escolher os pontos verdadeiros que se conectam naturalmente em uma narrativa que alimenta e conduz à Missão e deixar de fora os pontos que não se encaixam ou que são irrelevantes.

E então você a desenvolve. Embeleza-a um pouco, dramatiza-a, distorce-a com uma dose certa de criatividade e da sua visão. Não minta! Mas adultere a verdade, se necessário, para que a mensagem fique clara — e interessante. Há sempre múltiplas maneiras de olhar para um "fato" e interpretá-lo.

Vejamos como encontrar e escolher esses fatos para construir sua história ao redor deles...

Mito fundador

Tudo começa no início. Ainda precisamos trabalhar em uma marca em que o fundador, suas ideias e as circunstâncias da fundação da empresa não são os momentos mais inspiradores e influentes. Além disso, seria difícil desenvolver uma história confiável, ignorando ou indo contra esses aspectos.

Isso não significa que você esteja preso à sua história fundadora. É aqui que entra a seleção e a perspectiva. Usaremos a Acqua di Parma novamente para ilustrar isso (ver também entrevista com a CEO Laura Burdese na Parte Três): os principais fatos históricos não mudaram com a Missão e com a estratégia recentemente desenvolvida, mas a forma como são usados mudou. No passado, por exemplo, a marca se concentrava no fato de o fundador ser um homem nobre e o produto inicialmente ser vendido em alfaiatarias de alta costura para sustentar um posicionamento de luxo, na comunicação muitas vezes traduzida em códigos clássicos de um estilo de vida aristocrático e diferenciado. Atualmente, os mesmos fatos são olhados de maneira diferente. Sim, Carlo Magnani era um homem nobre, mas o que é muito mais interessante é que ele criou a Colonia original para si mesmo, o que dá autenticidade e intimidade à marca. Sim, a fragrância pessoal cresceu até se tornar uma marca intermediada por alfaiates, e seus clientes eram bem-sucedidos na maioria das vezes, é claro. Porém, isso também prova que a gênese da marca está intrinsecamente ligada à astúcia e ao estilo das roupas italianas, o que confere credibilidade e fundamentação histórica à sua Missão de "Celebrar a leveza sofisticada da Itália"— muito além das fragrâncias.

Outro exemplo, do extremo oposto do espectro, é a TerraCycle. Leia na Parte Três como Tom Szaky fala sobre como foi crescer na Hungria comunista e se sentir impressionado ao se deparar com o desperdício nos Estados Unidos, encontrando seu primeiro aparelho de TV em um ferro-velho, ou como seus primeiros funcionários eram invertebrados, eram tratados como lixo e não recebiam um centavo por isso — porque eram minhocas. Ambos os aspectos se tornaram, em suas próprias palavras, "parte do Mito de Marca atraindo recursos humanos e criando um lugar onde as pessoas querem trabalhar". Porque imediatamente — e de forma divertida — nos convencem de que esse jovem e educado *émigré* [emigrante] húngaro está mais bem preparado para mudar nosso ponto de vista sobre o desperdício.

FIGURA 9.1 O "vacamóvel" da Ben & Jerry's, agora estacionado permanentemente em frente ao seu centro de visitantes. Ele é um ícone da natureza socioativista da marca desde os tempos da fundação, quando era usado para distribuir sorvetes gratuitos e também em protestos

Fonte: J.P. Kuehlwein (2014). Reproduzido com a gentil permissão da Ben & Jerry's Homemade, Inc.

Além disso, a TerraCycle é também a prova de que uma grande história não requer uma longa história. Na verdade, muitas vezes escrevemos histórias focadas exclusivamente na fundação de uma marca, o *zeitgeist* [espírito da época], que a incitou, e a inspiração, convicção e visão de seu(s) fundador(es).

Consulta cultural

As outras duas maneiras de encontrar ângulos e aspectos interessantes no desenvolvimento de sua história mítica estão intimamente ligadas. Comecemos com um olhar sobre os "fatores agradáveis" de sua organização, pois é isso que significa a consulta cultural.

Basicamente, é o mesmo que encontrar o Mito Fundador, porém, dessa vez, você olha para toda a organização ao longo do tempo. Quais foram seus momentos de referência? Quais histórias ainda são comentadas? Quais elementos ou idiossincrasias estilísticas vêm à mente primeiro? Que programas de responsabilidade social corporativa (RSC) você tem? Como escolhe seus fornecedores? Ou sua distribuição? Quais são seus critérios de recursos humanos (RH)? Como são suas festas de Natal ou passeios de verão? Que "regras" especiais estão em vigor, explícitas ou implícitas? Quais não estão? As perguntas são intermináveis, e muitas vezes é melhor pesquisá-las falando com os funcionários, tanto os de longa data como os recém-chegados (ver também "Entrevistas com *stakeholders*" no Passo 1 e o caso do Airbnb na Parte Três). Porque é na "memória coletiva" de sua marca que você encontrará a essência de seu poder mítico — assim como de suas manifestações, com as quais precisará escrever uma história vívida.

Contudo, mais uma vez, tenha em mente quais "manifestações" escolhe para construir seu Mito — nem todas são igualmente importantes ou inspiradoras ou servirão ao conto que deseja narrar. E seja claro sobre como interpretá-las. Observe-as pelos olhos de sua Missão para decidir se e de que forma são úteis para consolidar essa Missão a um Mito, ou se são irrelevantes ou mesmo enganosas.

Veja a Chobani, por exemplo. O que sabemos sobre essa marca? Um iogurte grego, relativamente novo, lançado nos anos 2000, é uma marca premium, uma das precursoras dessa categoria, é de boa qualidade, tem preço alto... mas... você provavelmente nunca ouviu falar que Chobani é um termo turco para "pastor"; ou que foi o espírito trabalhador e compassivo desses agricultores curdos das montanhas que inspirou o fundador da marca, um imigrante curdo; e que esse espírito permeia a empresa até hoje, com a contratação preferencial de refugiados ou imigrantes de primeira geração, a defesa de sua causa e as fundações de "tendas" e de "presentes do pastor" para ajudar as comunidades locais. Caso esteja realmente interessado, pode encontrar informações sobre tudo isso no site da marca (CHOBANI, 2020). Mas se é como a maioria de nós, apenas um consumidor de seus produtos e comunicação, é bem provável que não fizesse a menor ideia disso.

E esse é o problema. Porque esse é um grande caso para uma história de marca *não* escrita, uma cultura *não* pesquisada e refletida no valor da marca — um potencial Mito de Marca sendo subutilizado, para não dizer inutilizado. Imagine se a Chobani ligasse todos os pontos e contasse sua história em alto e bom som: ela poderia reforçar a qualidade do produto e impulsionar sua singularidade, fundamentar o preço premium e tornar a filantropia da empresa parte e parcela de todo o empreendimento. A marca poderia e significaria muito mais do que um bom iogurte, assim como a Ben & Jerry's. Ou a Whole Foods ou a Method ou... Ganharia muito mais valor, lealdade e estabilidade em sua posição premium, independente de uma grande plataforma de comunicação e engajamento dos *stakeholders*.

Semiologia

Semiologia ou semiótica é o estudo de signos e símbolos e é, portanto, naturalmente parte do que foi exposto na seção anterior. Porém, como é um aspecto tão especial no contexto de marcas e *branding*, nós lhe demos uma seção exclusiva. Além disso, apesar de você conseguir facilmente fazer uma consulta cultural por conta própria com líderes de projeto, é preciso ter ajuda especializada para fazer uma análise semiótica.

Então, o que acontece durante uma análise semiótica e o que você vai ganhar com ela? Em essência, olhará todos os sinais ligados à sua empresa e à marca. Mas isso não significa apenas sinais no sentido coloquial da palavra, ou seja, outdoors ou ícones, mas qualquer coisa que signifique algo, que denote ou conote algo além de si mesmo. E isso pode ser praticamente tudo: desde o nome da empresa e a forma como ele se escreve, até os produtos, seus nomes e design, seu aroma, sua textura, sua cor, sua embalagem... isso inclui também a comunicação e todas as palavras, slogans e imagens utilizadas agora ou aquelas usadas mais no passado.

E o que você ganha com isso? Uma análise semiótica pode ser muito útil para decidir, por exemplo, se um certo elemento que pretende destacar em seu Mito se encaixa a ele de fato. Ou pode ajudá-lo a avaliar diferentes designs ou nomes, verificando o que você comunica ou associa além do óbvio. Também pode alertá-lo sobre possíveis armadilhas em sua comunicação. Mas, acima de tudo, gostamos de usar a semiótica como um meio de abrir os olhos e a mente, uma forma de ver tudo que parece familiar de maneira diferente, descobrir coisas que você nunca soube que existiam ou desvendar potenciais que realmente todos veem — uma vez que os conheça.

As citações seguintes lhe darão uma ideia melhor do que estamos falando — e do que você deveria procurar. São de vários estudos que fizemos ao longo dos anos, anônimos, é claro.

Tudo graças a Dominic Pettman, professor da The New School University em Nova York e um dos mestres semiólogos do mundo:

> A marca XYZ capta essa poderosa linha da vida que lança o primevo com o pós-moderno... uma combinação oportuna para os bobos e nômades urbanos de hoje.
>
> O poder da água nunca pode ser superestimado, pois pode salvá-lo, libertá-lo ou reivindicá-lo.
>
> A palavra [ ] avança na mesma direção de um sorriso acolhedor: a língua pressiona contra os dentes da frente, e depois se abre em um gesto de apreciação ou de boas-vindas.
>
> A ênfase no "cuidado" não precisa ancorar a marca exclusivamente aos significantes maternos. Isso pode ser reconstituído para mapear os motivos mais recentes, tais como "intimidade", "amor", "proteção"... ou "mordomia".

Um último aviso: *nomen est omen* [o nome é um personagem], seu nome é um sinal, quer você queira ou não. Com um nome como Hermès (o mensageiro dos deuses) será difícil acabar na sarjeta — embora exista uma empresa de logística com o mesmo nome, mas com um visual e uma sensação muito diferentes, é claro. Se você se chama "L'Officine Universelle Buly à Paris", você tem sofisticação e a beleza da complexidade basicamente escrita acima de sua porta (buly1803.com). Ou apenas lembre-se do exemplo da Chobani e de como o nome conta uma história inteira, se ao menos ela fosse compartilhada.

FIGURA 9.2 L'Officine Universelle Buly celebra seu nome e sua herança napoleônica

Fonte: J.P. Kuehlwein (2019)

Para terrenos mais elevados

Como resumido na Parte Um, Mitos são Ueber-Histórias, histórias em terrenos mais elevados — ou que levam você até lá. Elas falam sobre aquilo que as palavras isoladas não conseguem expressar, sobre algo maior e mais significativo do que as próprias histórias. Explicam o mundo e a maneira como gostamos de vê-lo. São nossa maneira de criar sentido quando a ciência e a razão não conseguem.

Os Mitos podem nos deixar "ir além" do óbvio, do físico, do "real", para explicar e tranquilizar; ou podem "nos guiar" em nossas ações e interações, falar de valores e nos mostrar maneiras de estarmos à altura deles. Ambas as direções são bastante interessantes para as marcas e são empregadas diversas vezes, embora raramente com uma intenção clara.

Por consequência, a primeira coisa que você precisa fazer ao escrever seu Mito é decidir qual caminho deseja seguir.

Mitos que vão além

"Permanecer irreconhecível é a única maneira verdadeira de ser conhecido." Colum McCann atribuiu esse maravilhoso *bon mot* [comentário] ao famoso bailarino Rudolf Nureyev (MCCANN, 2003). Não sei se Nureyev era realmente tão eloquente, mas já que estamos falando de mitos... é uma ótima maneira de resumir o ponto e o poder dessa primeira direção que você poderia tomar.

Marcas que tentam "ir além" constroem sua história mítica, explorando aquilo que ainda não pode ser conhecido de forma sincera ou por completo por nós e aquilo que é essencial para nossas vidas. E assim, muitas vezes, preferem ficar envoltas em uma aura de mistério, interagindo em termos mais sutis, às vezes até cerebrais — sem limitar a força de sua proposta. Na verdade, ocorre o oposto: elas nos atraem exatamente porque nos dão uma sensação de conexão com algo sublime. E isso quase nunca acontece com gritaria.

O exemplo por excelência é o Crème de la Mer, a marca de luxo de cuidados com a pele da Estée Lauder; o produto é vendido com base em uma mistura mágica feita de algas do mar, a fonte de toda a vida.

Outro exemplo brilhante é a Swarovski, a líder mundial em cristais. Sem dúvidas, sua superioridade é impulsionada pela tecnologia precisa e inovadora de corte de vidro — altamente funcional, produzida pelo homem, aqui e agora. No entanto, eles não se importam com uma conexão com o fascínio eterno e místico do cristal de rocha formado sob pressão durante eras em montanhas majestosas como os Alpes.

O Swarovski Kristallwelten é um grande "centro de experiência de marca" que indiretamente faz essa conexão e constrói o Mito de Swarovski em uma miríade de facetas, por assim dizer. Desde 2019, foi visitado por 15 milhões de pessoas de todo o mundo e tornou-se um dos principais destinos turísticos da Áustria (WIKIPEDIA, 2020).

De fora, o Kristallwelten (os mundos de cristal) parece ter sido esculpido na montanha. Na verdade, você entra na boca de um gigante — como um herói em um conto de fadas. Por dentro, caminha por uma série de "cavernas" projetadas como versões modernas de gabinetes de curiosidades do século XVIII, todas repletas de instalações artísticas em torno do cristal e seu fascinante brilho e vivacidade. E, embora seja claro que os produtos na "loja de presentes" sejam fabricados, é difícil deixar de imbuí-los com a magia das montanhas, deixando a sensação de que seu brilho é forte e precioso ao mesmo tempo e de que o pequeno pingente que admira iluminará suas mãos, conectando você com algo que normalmente está fora do alcance.

Para ver um exemplo de Mito de Marca que vai além de uma forma radicalmente diferente, na verdade, que nega "um além", leia sobre a marca ATHEIST no próximo box. É uma excelente história, mas também é o caso perfeito para entender o que está no centro dessa direção e algo que você deve conhecer, reconhecer e aceitar: quando segue esse caminho, está explorando a crença das pessoas — ou, como no caso da ATHEIST, a falta dela.

FIGURA 9.3 O Swarovski Kristallwelten permite que os visitantes experienciem o poder místico do cristal na caverna "Wunderkammern", na qual você entra pela "boca do gigante"

Fonte: reproduzido com permissão da Swarovski (2020)

"Ir além" é o oposto da adorada fábula de negócios do participante do mercado como *Homo economicus*. Não se trata de uma tomada de decisão racional. Trata-se de ir direto ao coração, ou melhor, à alma, sem sequer se preocupar com nosso sistema cognitivo — ou pelo menos com aquela parte que o ganhador do prêmio Nobel de economia Daniel Kahneman chama de Sistema 2 (KAHNEMAN, 2011). Trata-se do Sistema 1, a parte rápida e intuitiva do cérebro que não acredita muito em pensar, mas pensa principalmente por acreditar. Trata-se de se conectar com as convicções profundas das pessoas ou com as "verdades" inquestionáveis. E é isso que torna essa ação tão poderosa. Ou você acredita nela ou não. Mas, se acreditar, além de crença, terá lealdade.

"INDO ALÉM" DO AQUI E AGORA: A MARCA DE CALÇADOS ATHEIST

O fundador e CEO da marca ATHEIST, David Bonney, compartilha como construiu uma marca baseada em um mito — ou melhor, a rejeição de um mito, ou seja, Deus

A ATHEIST Shoes é uma marca que caminha na direção contrária. Foi fundada como um ideal — um ideal grande, altivo, polarizador, aterrador, passional e instigador — em primeiro lugar, e o produto veio apenas em segundo lugar. Estávamos ansiosos para criar uma marca em que realmente acreditássemos. E no que nós mais acreditávamos? Em nada.

Queríamos ver mais ateísmo no mundo e, como uma reflexão posterior, associaríamos essa causa a um produto que achamos divertido e que poderia conduzir bem esse ideal.

Poderíamos ter escolhido categorias mais fáceis. Mas, com nossa ingenuidade descarada, escolhemos a categoria de produto mais difícil de comprar on-line e complicada de fazer. Porém, o que transmite melhor sua identidade do que os calçados?

Desde 2012, nossos calçados levam uma mensagem de ateísmo ao redor do mundo, formando amizades entre estranhos, encontros de uma noite e até mesmo alguns casamentos. O capricho contundente gravado nas solas de nossos sapatos — ICH BIN ATHEIST — é um pequeno conector, um convite para se unir a um clube claramente absurdo de descrentes... e as pessoas querem fazer parte.

A marca fala de forma profunda e sincera, com valores fortemente compartilhados por uma minoria de pessoas. Mas, como os autores das Ueber-Brands escrevem, um princípio só é um princípio se lhe custar algo. E nossa marca nos custou bastante. Porém, o que perdemos em número de clientes, ganhamos em profundidade de conexão com aqueles que não nos abandonaram.

Mitos que nos guiam

"Quando uma pessoa (ou uma marca) torna-se um modelo para a vida de outras pessoas, ela se transfere para a esfera do ser mitificado" (CAMPBELL, 1988). Esse é o pensamento por trás das Ueber-Brands que nos guiam com seus Mitos, o segundo caminho que você pode tomar.

Dito de forma simples, trata-se de dar um exemplo de comportamento para que seus fãs e *stakeholders* se mobilizem. É muito mais fácil explicar, compreender e alcançar do que "ir além" com seu Mito. Contudo, é muito mais difícil de executar e manter isso, porque, nesse caso, tudo o que fizer será constantemente verificado em relação ao que se propôs a representar. Você não apenas precisa praticar o que prega, em qualquer lugar e a qualquer momento, mas também deve conferir se sua prática e o que prega ainda estão em sincronia com os valores de sua comunidade e com os últimos desenvolvimentos em sua área. Isso significa que você deve estar literalmente no topo de seu segmento o tempo todo.

E é preciso estar preparado para gerar controvérsia. Porque, para que essa direção seja realmente eficaz, é melhor tomar posições que ainda não são amplamente aceitas. Só então de fato "ativará" aqueles que acreditam em você — veja o caso da ATHEIST, ou pense no caos que mesmo algo tão benigno quanto a interpretação contemporânea da Gillette de "O melhor que o homem pode ser" causou (VIZARD, 2019), sem se importar com o alvoroço da propaganda de Kaepernick realmente decisiva da Nike (reveja anteriormente e KELNER, 2018).

Recentemente, esse posicionamento tem sido muito utilizado no contexto de marcas socioecológicas como a Tesla, a Everlane ou a Brave GentleMan, a marca de moda masculina sustentável de Joshua Katcher. Essa última tem na verdade uma Declaração de Missão bem articulada que também encontrou uma boa maneira de antecipar possíveis críticas ou falhas em sua última frase:

> Não acreditamos que os animais pertençam ao sistema de produção para moda, nem a qualquer sistema industrial... Acreditamos que os ecossistemas não devem ser destruídos para fazer moda. Acreditamos que a velocidade crescente da "fast fashion" é uma manifestação muito visível de um problema bem maior e mais profundo. Não achamos que a Brave GentleMan seja uma solução final, mas é um meio pelo qual se pode substituir sistemas mais problemáticos.
>
> (BRAVE GENTLEMAN, 2020)

Tudo o que ainda falta é traduzir essa Missão em um grande Mito...

Entretanto, isso nos leva a outro ponto importante se você quiser que sua marca se torne um Mito Orientador: nesse caso, normalmente, é menos sobre a história e mais sobre a pessoa. A narrativa é frequentemente conduzida por alguém como prova viva e herói, escrevendo sua história na vida real, em tempo real. Em todos os três casos apresentados, e em muitos outros, o fundador naturalmente se torna essa pessoa, o exemplo que outros querem seguir:

> Preysman [...] encarna o *ethos* da Everlane. Surge de barba aparada e veste a mesma roupa quase todos os dias: calça jeans, camisa preta de manga comprida e tênis pretos. Ele mantém outros aspectos de sua vida igualmente simples. Seu bem mais caro é a cama no apartamento alugado a um quarteirão de distância que divide com a esposa; eles não possuem um carro.
>
> (SEGRAN, 2018)

Porém, é claro que há muitos exemplos que dispensam essa personificação, como a já mencionada Nike, ou a Gillette, a Always, a Dove... E, de qualquer forma, a certa altura, cada marca precisará enfrentar a finalidade de sua face fundadora. A Chanel e a Apple são dois exemplos muito conhecidos e bem-sucedidos que provam que isso é possível. Ambas mantiveram sua chama acesa e seu Mito do Fundador vivos, muito depois da morte do fundador. No entanto, também conseguiram libertar cuidadosamente o Mito de seu herói ou heroína e transferi-lo para a marca em si.

Dessa forma, o conceito de arquétipos pode ser muito útil. Segundo C.G. Jung, que trouxe esse termo para a vanguarda da psicologia, os arquétipos são formas ou temas pré-existentes dentro do subconsciente coletivo que nos ajudam a definir nossas identidades e a dos outros (JUNG, 1936). Em termos simples, são personagens prototípicos que nos ajudam a definir e compreender a nós mesmos, e são literalmente modelos como o herói, o vilão, o sábio, o mágico...

Você pode saber mais sobre arquétipos posteriormente quando abordarmos a definição de Ueber-Target. Por enquanto, basta dizer que essas construções podem ser muito úteis na compreensão do Mito que você deseja projetar — que tipo de personagem mítico quer representar e usar como guia. Melhor, porém, é o que chamamos de "kenótipos", pois são menos limitados e mais específicos da cultura atual. É assim que a Patagonia, por exemplo, apresenta-se como a "exploradora ativista relutante", ou nós definimos a Fekkai como a "amante francesa" em um workshop que ministramos.

Seu Mito de Marca como sua meta-história

O que faz de uma história um mito? Não é você, infelizmente. Ou, pelo menos, não apenas você. Seu público faz isso — ou não. Se eles não "se prendem à crença", abraçam a narrativa como significativa e esclarecedora ou veem-na como aspiracional e relacionada aos seus sonhos, você nunca alcançará o poder mítico, não importa o quão bem desenvolva sua história ou apresente seu guia mítico.

O que nos leva a uma das mais importantes e, infelizmente, também uma das mais desconsideradas tarefas: um Mito não pode se desenvolver sendo desconhecido. Há uma crença generalizada, mas falsa, de que sua Missão ou propósito e com certeza seu Mito são, na melhor das hipóteses, instrumentos para uso interno. Você compartilha-os com seus funcionários, parceiros comerciais ou outros *stakeholders* intimamente ligados, mas não os compartilha com seus consumidores, muito menos com o público em geral. O oposto é verdadeiro.

Isso não significa necessariamente que você deve pegar sua narrativa recém-desenvolvida, talvez com algumas fotos e ilustrações, e colocá-la em seu site. Às vezes os Mitos das Marcas são escritos e concebidos de forma que você possa fazer isso. Entretanto, é mais provável que precise e queira adaptá-lo, dependendo do público e da tarefa em questão.

O Mito de Marca que você está prestes a escrever deve ser visto e escrito como algo de uma meta-história. A história de todas as histórias que você quer contar ou já contou. É a narrativa abrangente de que tudo o que você fará ou comunicará deste momento em diante deve escalar, escrever e estilizar de forma a apelar ao seu sentido, motivar seu pessoal, de funcionários a parceiros, mas também deve captar todos os pontos estratégicos centrais da marca. Como tal, deve ser escrito de forma criativa, mas é, em última instância, um documento de construção do negócio. Geralmente não é tão fácil dominar esse equilíbrio, sobretudo com sua marca ou negócio e a história que deseja contar. A Etsy é um exemplo bastante simples. Sua missão é "Manter a humanidade do comércio". E seu Mito é algo parecido com isto:

> As pessoas tornam a Etsy possível. Proporcionamos um espaço significativo para que os vendedores transformem suas paixões criativas em oportunidades; permitimos que os compradores descubram itens únicos feitos com cuidado; e tratamos nossos funcionários e nossa comunidade com respeito. Estamos aqui porque o mundo precisa de menos do mesmo e mais do especial.
>
> (ETSY, s.d.)

Não é uma verdadeira história mítica. Mas não faz mal, pois ela acerta nos pontos-chave com uma narrativa coesa que faz sentido, é facilmente compreendida e se conecta com a antiga e mítica alta tecnologia "feita à mão = sentimento de humanidade vs. tecnologia desalmada".

Percebeu como resumimos isso usando nosso "jeito de falar"? Você ou outros provavelmente compreenderam de maneira diferente. E tudo bem, na verdade isso é essencial. Todos os *stakeholders* devem conseguir contar essa narrativa — mas com suas próprias palavras. Nunca deve ser algo dado de bandeja, algo que se aprende de cor, como costumávamos fazer com os poemas na escola. Deve ser algo que intuitivamente faça sentido, algo que sintam na hora em que virem seu logotipo ou concluam quando olharem para suas ações e comunicações.

Contudo, nunca dói oferecer algum apoio às pessoas. E, assim, voltando à pergunta "A minha história mítica é apenas para uso interno ou devo colocá-la em meu site?", a resposta é: nenhum dos dois. Ela deve ser amplamente compartilhada e celebrada. Porém, também deve ser adaptada em função do público e do contexto. Isso significa que, em seu site famoso, você pode considerar inserir um pequeno vídeo que conte sua história de uma forma simples e divertida. Na próxima apresentação de vendas, poderia ter um gráfico com o Mito resumido em cinco sentenças. Para o livro de aniversário da empresa, poderia transformá-lo em um conto ilustrado. E, em seu relatório anual, poderia aparecer na forma de um resumo executivo, mais factual e orientado às notícias do que poético e emotivo, ou então como uma retrospectiva histórica, com linha do tempo e tudo mais.

Agora, como você realmente "Escreve seu Mito"? É bem provável que precisará contratar um escritor profissional — embora não necessariamente um redator publicitário. Mas lhe daremos algumas dicas para desenvolver o enredo, ampliado a partir do sistema que compartilhamos antes (SCHAEFER; KUEHLWEIN, 2015).

Sete passos para o céu

Em seu Modelo do Monomito, Joseph Campbell descreve 17 passos em três capítulos, baseados na análise da maioria das grandes histórias míticas do mundo (CAMPBELL, 1978). Isso já mostra que construir um bom Mito — ou qualquer história, aliás — leva tempo. Em geral, há muitas reviravoltas que impulsionam o drama e o mantêm engajado. E isso é importante: sim, você deve ter a versão curta, a apresentação informal que resume tudo em poucas palavras. Como se pudesse resumir qualquer conto de fadas antigo: a princesa entediada encontra um sapo, que se transforma em um príncipe perfeito quando é beijado. Mas isso já se vê: o básico quase nunca é empolgante, você precisa de substância. Só assim pode "perder-se" na narrativa e devorá-la com gosto, deixando para trás seu pensamento crítico. Pode também ser algo a ser lembrado em seu próximo desenvolvimento e teste de comunicação, em que a história é muitas vezes esquecida na tentativa de se "salvar" e se concentrar nos pontos de maior atenção. Simplificando: o atalho é mais rápido, mas você sente falta da história que se revela ao longo do caminho.

Dito isso, seguir 17 passos é um pouco condescendente. É por isso que desenvolvemos uma versão simplificada de apenas sete passos. Ela meio que combina com a teoria generalizada de que existem apenas sete parcelas básicas em todas as histórias que contamos (BOOKER, 2004). E, se você leu *Rethinking Prestige Branding*, sabe como somos parciais à magia dos sete de qualquer forma.

1 CHAMADO

Toda história mítica começa com um "chamado", um desafio que precisa de um herói. Esse é basicamente seu Mito Fundador. E, como sempre, se fizer isso direito, já terá pelo menos metade do seu Mito.

2 INSPIRAÇÃO

O "chamado" é respondido pela "inspiração" — sua ideia de produto ou serviço. Não seu produto ou serviço real em toda a sua glória, que vem depois, mas a ideia por trás disso. YouGov, a empresa inovadora de pesquisa de Londres, é um caso interessante disso. Em seu site internacional, bem como em seu site britânico, você encontrará apenas grandes declarações institucionais como: "Nossa missão é fornecer um fluxo contínuo de dados precisos e uma visão do que o mundo pensa, para que empresas, governos e instituições possam servir melhor às pessoas e comunidades que as sustentam" (YOUGOV.COM).

Curiosamente, em seu site alemão, o mesmo pensamento é expresso de uma maneira muito mais inspiradora e humana: "Desde o início, somos movidos por uma ideia simples: quanto mais pessoas forem ouvidas na tomada de decisões de empresas e organizações, melhores serão as decisões" (YOUGOV.DE, traduzido pelos autores). Essa é uma ideia sobre a qual você pode construir uma grande empresa (e um Mito).

3 DESAFIOS

Essa é a "substância" de que falamos anteriormente, as viradas e reviravoltas necessárias ao drama. Trata-se da "luta" para que sua ideia se torne real, para que seja financiada, traduzida em um produto; de que maneira você quase fracassou, perdeu tudo e conseguiu vencer, no fim das contas. "Ao contar a história de suas lutas contra antagonistas reais, seu público o vê como uma pessoa entusiasmada e dinâmica", diz Robert McKee, um dos professores de roteiro mais conhecidos de Los Angeles (FRYER, 2003). Superar desafios é o que transforma sua narrativa em uma história verdadeira, impede que ela seja branda e a torna crível.

4 CRENÇA

Quando os "desafios" são muitas vezes um desafio para os profissionais de marketing falarem, as próximas três etapas virão muito mais naturais para a maioria. A crença é basicamente a parte em que você forma suas convicções. Falamos sobre isso no Passo 1, "Defina sua Missão". A chave aqui é se ater a uma linguagem "normal" e não fazer declarações de marketing grandiosas. E certifique-se de que sejam únicas para você, questionáveis ou mesmo controversas e que não sejam verdades generalizadas com as quais todos concordam.

5 APOTEOSE

Uma palavra grande, mas apropriada para a posição que marca: é o clímax de que estamos falando, o momento seminal em que sua marca se prova e você se torna reconhecido como o herói que se propôs a ser. É quando, onde, como e o que o tornou famoso, seu primeiro ou mais icônico produto. Seu Porsche 911 ou um sobretudo da Burberry, basicamente. Não é preciso explicar mais, certo?

6 PRINCÍPIOS

É o que gostamos de chamar de "blocos de construção". Tudo o que você aprendeu e aperfeiçoou ao longo dos anos, os padrões que estabeleceu e traduziu em tudo o que faz ou oferece.

Isso não é como as crenças? Sim e não. As crenças são sua filosofia, a maneira como você olha o mundo, o que acha que está certo ou errado. Uma escola charter que é nossa cliente, por exemplo, foi fundada com a forte crença de que uma escola não deveria ensinar apenas cálculo e gramática, mas também moral. Você também poderia chamar isso de um princípio, mas quando dizemos "princípios" aqui, queremos dizer as coisas reais e tangíveis que levam a crença da teoria à ação. No caso em questão, por exemplo, trata-se da forma como recrutam professores (contratam pela índole), da forma como os currículos são preparados para proporcionar o aprendizado sobre valores (integrados e personalizados), dos valores que recitam nos corredores de cada escola e vivem todos os dias (sete!)...

Na maioria dos casos, "princípios" significarão, portanto, as formas únicas de fazer o que você faz, "como" faz as coisas a partir da fonte de seus ingredientes para estruturar sua organização ou estabelecer processos. Por exemplo, o fato de você só produzir regionalmente, de maneira ética e justa, ou a tecnologia inovadora e patenteada que lhe permite lavar tudo de forma mais perfeita do que qualquer outra pessoa, ou seu ofício, os ingredientes inigualáveis, as receitas, a herança, o estilo...

7 FUTURO

Enfim você está de volta ao ponto em que começou, mas realmente vê o lugar pela primeira vez como T.S. Eliot resumiu sua ideia de exploração (ELIOT, 1952). É o mundo de acordo com você, com e por meio de você. Com sorte, um pouco melhor ou pelo menos um pouco mais confortável, conveniente ou colorido. E, claro, nunca é o fim, mas o começo do novo ou do próximo futuro, como Joshua Katcher disse sobre sua marca Brave GentleMan: Não é "uma solução final, mas é um meio...".

FIGURA 9.4 Sete passos para construir seu Mito de Marca, encurtado com base no Modelo do Monomito de Campbell

Fonte: os autores (2020)

RESUMO: TAREFAS — PASSO 2

- Olhe para sua história de fundação, e como fazer dela o ponto de partida ideal para sua jornada de Missão.
- Explore a cultura e a história de sua empresa/marca e escolha os aspectos que poderiam ajudar a construir uma narrativa.
- Conduza um estudo semiótico para descobrir novas maneiras de olhar para sua marca e seus "signos".
- Una tudo em um enredo mítico (trama), seja para "ir além" ou para "nos guiar".
- Escreva-o como sua meta-história — a narrativa para guiar tudo o que você faz e para a qual toda comunicação deve escalar.
- Utilize potencialmente o conceito de arquétipos para definir sua identidade de herói.
- Use fatos e imaginação ao fazer isso, mas permaneça verdadeiro.
- Siga o Modelo de Separação, Iniciação e Retorno — e não abrevie os desafios.

Passo 3: realize seu sonho

"Hoje, os negócios mais bem-sucedidos são os que constroem histórias", afirmou Ty Montague há algum tempo (MONTAGUE, 2013). E nós concordamos cem por cento com ele.

Por mais importante que seja definir sua Missão e transcrevê-la em um Mito (Sonhe) ou encontrar seu Ueber-Target e incitá-lo junto a todos os outros (Ouse), o que falamos nos dois capítulos seguintes (Faça) é provavelmente o mais decisivo para seu sucesso. Se não for implementada, a estratégia não significa nada. Isso sempre foi verdade, mas hoje mais do que nunca.

Hoje, seu comportamento é sua marca. Qualquer discrepância entre Missão e ação ou qualquer erro é imediatamente detectado e reprimido. Sua marca (e seu Mito) deve ser construída de dentro para fora: como você faz o que oferece e como o compartilha.

Aliás, o fato de estes capítulos serem um pouco mais curtos do que os outros não deve iludir você. Está na natureza da ação que falar tem seus limites. E, é claro, não queremos atrasá-lo mais do que o necessário para iniciar o trabalho.

A criação

Antes de começar a agir, é útil conscientizar-se das diferenças entre produtos ou serviços físicos e elementos que representam sua marca de uma forma mais indireta. Com base na famosa tríade semiótica introduzida por Charles Pierce (PIERCE, 1983), distinguimos três tipos diferentes de "signos":

- Ícones: representam diretamente a marca, e são muitas vezes mercadorias ou ofertas "icônicas" famosas, assim como suas fotos — por exemplo, o Porsche 911.
- Índices: indicam a presença da marca, mas não são a marca em si — por exemplo, a fragrância de canela borrifada em shoppings pela Cinnabon para atrair pessoas à loja.
- Símbolos: famosos por sinalizar ou "simbolizar" a marca, estão associados a ela — por exemplo, o logotipo sonoro da Intel Inside.

Não é importante ser pedante no uso dos termos apropriados — invariavelmente você encontrará pessoas falando sobre "ícones" enquanto se referem a símbolos visuais de marcas, por exemplo, como o *swoosh* da Nike ou a maçã da Apple. Porém, é importante entender os diferentes níveis nos quais esses três operam, pois só assim você poderá desenvolvê-los e utilizá-los da forma adequada.

Produtos e serviços

Para as Ueber-Brands, o produto ou serviço não são apenas uma prova de promessa, são a manifestação de seu ideal ou sonho. Soa melodramático? Deveria. Porque, no final, você só se torna "ueber" se seus produtos e serviços estiverem à altura.

Eles não precisam ser perfeitos em todos os aspectos — embora isso com certeza não seja de todo mal. Contudo, você deve assegurar-se de que realmente pratica, ou melhor, produz o que prega, em cada detalhe; isso é essencial para sua Missão.

SELEÇÃO E AVALIAÇÃO

A primeira coisa a se fazer é avaliar todo o seu portfólio, supondo que já tenha um, com sua nova Missão e Mito em mãos. Tudo o que faz e vende realmente está à altura de ambos? E não queremos dizer apenas em termos do produto final, mas de preferência em todos os aspectos das quatro etapas do estilo de vida. Porque mesmo que você não construa sua Missão com base em questões socioecológicas, qualquer marca hoje deve mostrar responsabilidade pelo que faz — do início ao fim. Algumas das perguntas-chave a se fazer são:

- Onde você adquire seus ingredientes? Qualidade? Região especial? Sustentabilidade?
- Como produz? Ingredientes? Metodologia? A H&M, a gigante sueca da moda, agora apresenta total transparência, dando detalhes sobre a produção de cada item em seu site (PATON; MAHESHWARI, 2019).
- Quais benefícios oferece? Como as pessoas realmente utilizam seu produto e como ele melhora a vida delas? Ou o mundo? É possível que você queira se aprofundar um pouco mais aqui, se ainda não tiver "Definido sua Missão". A "codificação cultural" por etnografias ou estudos antropológicos pode, às vezes, trazer insights surpreendentes.
- O que acontece no final? Poderia ser um novo começo? Você já pensou em modelos de negócios de ciclo completo? Um cliente nosso, por exemplo, tem fornecido peças e

serviços de reparo por até vinte anos, muito antes de a UE aprovar um respectivo regulamento em 2019 — uma vantagem competitiva que nunca foi evidenciada.

Uma coisa a se notar ao avaliar o "ajuste de Mito" em seu portfólio: assim como na busca de fatos em "Defina sua Missão", os resultados aqui não são necessariamente apenas altos e baixos. Muitas vezes, tudo o que você precisa fazer é ajustar ou mudar certos aspectos ou olhá-los por um ângulo diferente, para tornar as coisas "compatíveis à Missão". E, com igual frequência, isso pode realmente desvendar uma vantagem competitiva até agora despercebida ou subutilizada.

Para os desajustes completos, você só tem duas possibilidades: a maneira ideal é descontinuá-los ou suspendê-los, até conseguir "corrigi-los" — como a FRoSTA fez como descrevemos na Parte Um, Princípio 7. E, por incrível que pareça, isso não deve ser em detrimento de seu negócio, como já comprovou o famoso exemplo da Patagonia pedindo às pessoas para "não comprar um casaco". A alternativa, é claro, é não as priorizar, se isso for possível do ponto de vista do volume de negócios. Ou, se os "déficits" forem substanciais, pelo menos contextualize-os, para que você reconheça as deficiências do produto e antecipe qualquer crítica como a Patagonia fez, quando se deparou com o problema de que as penas que utilizavam em seus produtos poderiam ser originárias de patos alimentados à força. Levou vários anos para a empresa estabelecer uma cadeia de fornecimento certificada e livre de crueldade, durante os quais alertou os compradores sobre os possíveis problemas (PATAGONIA, 2020).

O que você nunca deve fazer é apresentar essas ofertas "menos que ideais" como seus ícones, seus produtos heroicos. Porém, se você seguiu todos os passos até o momento, não deve haver esse perigo, assim esperamos.

FIGURA 10.1 Mesmo que sua marca não seja construída com sustentabilidade, ela deve agir de forma responsável ao longo de toda a cadeia de valor

Fonte: os autores (2020)

INOVAÇÃO E IDEAÇÃO

Como já mostrado e comprovado recentemente durante a crise da covid, os "problemas" potenciais com os produtos existentes podem na verdade ser uma bênção disfarçada, pois muitas vezes inspiram inovação e novas possibilidades de negócios. Novos desafios de sustentabilidade em particular podem ser um verdadeiro motor de inovação: "Há uma mitologia centenária em torno da ideia de que os materiais derivados de animais são o ápice da qualidade, mas atualmente as empolgantes inovações em tecidos estão estabelecendo uma nova intenção de luxo", disse Joshua Katcher, fundador da marca ética de roupa masculina Brave GentleMan (ABBOTT, 2018).

O importante a observar aqui é: onde tradicionalmente a inovação começou analisando mercados e consumidores em busca de potenciais lacunas ou necessidades não atendidas, as atuais Ueber-Brands costumam começar a idealizar em torno de sua Missão. As perguntas orientadoras são: que produtos servem ao propósito de nossa marca? Para que estamos aqui? Em que nos inspiramos? O que *nós* achamos que o mundo precisa? Em comparação à abordagem clássica, seguem-se perguntas como: o que os consumidores acham que querem? O que o mercado está fazendo? O que são oportunidades de venda com margens máximas de lucro? O que mais podemos produzir com os recursos existentes?

É claro, isso não significa que as últimas questões sejam subitamente irrelevantes. É um negócio básico para garantir que suas ofertas sejam comercializáveis com margens suficientes, que você otimize a produção etc. Entretanto, com marcas que são orientadas pela Missão e pelo Mito, o ponto de partida é diferente. Elas são mais guiadas por ideias ou até mesmo por ideais do que por cálculos comerciais. Essas ainda entram em jogo, mas após a idealização, não para inspirar inovação, e sim para avaliar ideias potenciais em relação à comercialidade e lucratividade.

A melhor maneira de inovar é se as duas direções, Missão da Marca e desejo do cliente, forem naturalmente uma só, por exemplo, sua marca, assim como seus produtos, são inspirados por seus fãs, a comunidade desenvolvida, digamos assim. Um exemplo muito bem-sucedido disso é o já mencionado fenômeno de beleza Glossier com produtos "inspirados pelas pessoas que os utilizam" (INTOTHEGLOSS, 2020). E tem sido um sucesso incontrolável desde então, graças à espiral ascendente de "produtos apresentados em blogs que são elogiados em blogs que apresentam mais produtos", mesmo com seus próprios templos "comunitários" que existem desde 2018 na Avenida Melrose de Los Angeles e na Baixa Manhattan (LAM, 2018). Um caso perfeito de a marca ser seu próprio meio.

Design

Em mercados em que as necessidades funcionais básicas são amplamente atendidas, o design é um diferencial-chave. Mais importante, porém, para as Ueber-Brands, é uma forma de mostrar sua superioridade, bem como sua sofisticação estética. Além das características funcionais, essa é frequentemente a melhor maneira de expressar uma sensibilidade compartilhada com seu Ueber-Target, refletindo seus gostos e estilos evoluídos, assim como seu interesse em se diferenciar.

Entretanto, é claro que seu projeto não deve ser apenas refinado, ele deve principalmente seguir ou, melhor ainda, brotar de sua Missão e Mito. Um bom exemplo é a Camper: "Desde o início, a palavra 'casual' significa algo especial para nós. Criamos estilos despojados, mas refinados, que existem entre os reinos dos tênis e dos sapatos sociais." E ela se agarra a isso há quarenta anos, criando muitos designs que se tornaram ícones, como seus "gêmeos", por exemplo, em que o sapato direito e o esquerdo não são idênticos, mas apresentam variações de um "DNA" compartilhado, como de gêmeos não idênticos. O mesmo ocorre com seu "The Runner" esportivo casual e seu "Pelotas" estilo boliche, que tem 87 bolas em sua sola externa (CAMPER, 2020).

No entanto, o que esses exemplos também mostram é que ter uma linguagem de design distinta não significa ser categorizado ou mesmo previsível. Pelo contrário, você precisa de uma lista clara do que fazer e do que não fazer, uma linguagem de design que defina princípios fundamentais que lhe deem uma direção precisa e permita variações e adaptações. Como disse o famoso designer Joe Doucet em nossa entrevista: "Você deve permanecer atualizado com as possibilidades tecnológicas evoluindo tão rapidamente. Mas também precisa acompanhar as mudanças de estilo de seu público-alvo vanguardista" (DOUCET, 2019).

Nomeando

Já falamos sobre isso no contexto do desenvolvimento de seu Mito. Sua marca é um bem essencial, um símbolo, muitas vezes expressando diretamente, às vezes conotando e, em certos casos, restringindo as aspirações da marca também. O mesmo se aplica aos nomes dos produtos. Cada Ueber-Brand forte tem uma estratégia de nomeação muito clara.

A Apple é um caso bem conhecido. Assim como a Ben & Jerry's — seus nomes de sabores de sorvete como "Cherry Garcia" ou "Empower Mint" não apenas expressam a atitude irônica da marca, mas também sua postura política, muitas vezes de forma absolutamente ativista, a exemplo do "Pecan Resist", que doou cem mil dólares da receita "como forma de resistência pacífica contra a gestão de Trump" (ROSE, 2018).

Há muitos outros exemplos em todas as categorias, desde a marca de beleza Benefit e seus nomes caricatos (BadGalBang ou PoreProfessional), parte de um design geral dos anos 1960, até as novas cervejas artesanais da BrewDog, a Elvis Juice e a Dead Pony Club, ou as "localizações das batalhas" do Fortnite.

FIGURA 10.2 Joe & The Juice apimenta seus produtos — e seus preços — com nomes divertidos e engraçados

Fonte: J.P. Kuehlwein (2019)

Curiosamente, a ausência de um "nome" pode ser uma afirmação bem forte, a exemplo da Muji, que mostra em seus produtos informações apenas funcionais, em linha com sua estratégia minimalista. Ou você pode optar pelos números, como a maioria das marcas de carros de prestígio faz há décadas, expressando tecnologia ao invés de fantasia e, assim, substituindo nomes de estilo de vida muitas vezes de curta duração de seus concorrentes menos prestigiados — onde estão aqueles carros do passado como o Opel Manta ou o Ford Escort?

Uma celebração

Trata-se de dramatizar o que se faz, a forma como se fala e fazer isso parecer realmente especial; esse é um aspecto que é muito mais importante para as Ueber-Brands do que para as marcas regulares. Porque o desafio não é apenas apresentar seus produtos — você precisa colocá-los em um pedestal. Mas não literalmente, porque hoje é preciso encontrar maneiras mais sutis e inteligentes de impregná-los de uma aura significativa e de um senso de superioridade. É preciso ser muito mais inspirador e mais experimental.

Há três formas principais de se fazer isso, de celebrar e elevar seus produtos a *manifestações* de seus ideais em vez de meras realizações funcionais.

De RPA para HPA

RPA é a forma padrão de fundamentar seu produto: a(s) razão(ões) para acreditar em sua superioridade. Estas podem ser materiais especiais, uma tecnologia única, sua habilidade manual... ou simplesmente sua herança ou seu nome e reputação estabelecidos. Entretanto, tenha cuidado: esses últimos são basicamente a exploração de sua marca. Sem renovar e reinvestir em novas RPAs periodicamente, você parecerá muito velho logo. Mitos tornaram-se mitos porque ocasionalmente recebem uma repaginação, uma remodelagem em um contexto contemporâneo, com um novo olhar.

Isso nos leva às HPAs: histórias para acreditar. As Ueber-Brands não falam apenas usando o lado esquerdo do cérebro, não convencem apenas racionalmente. Elas devem atraí-lo emocionalmente. E, para isso, as histórias são muito melhores do que as "razões". O que seu Mito é para a marca em geral, suas HPAs são para seus produtos: histórias que fornecem uma narrativa que encanta corações tanto quanto apazigua mentes críticas.

L'Officine Universelle Buly fala sobre suas pedras para massagem: "Um toque de pureza mineral traz serenidade e equilíbrio ao banheiro: as pedras e seus belos contornos irregulares sustentam virtudes que devem ser sempre utilizadas" (www.buly1803.com/en/54-stones).

Um exemplo muito diferente é a marca de alimentos congelados FRoSTA, que decididamente não é uma marca de cosméticos de luxo francesa: ela fala sobre os produtos como "refeições saudáveis que uma avó aprovaria". Há aí um aspecto emotivo e evocativo, abrindo uma narrativa de uma maneira muito simples com algumas palavras bem escolhidas. Porém, isso melhora. Em vez dizer "sem aditivos, conservantes etc.", como a maioria das outras marcas, ela envolve essas RPAs na história muito conceituada da *Reinheitsgebot*, uma lei de 1516 sobre a pureza da cerveja bávara, que dizia para usar apenas ingredientes naturais não adulterados, sem intensificadores de sabor, substitutos etc., que está profundamente enraizada na cultura alemã e que todos conhecem e apreciam. Você pode ouvir a história completa na entrevista aprofundada com o CEO da FRoSTA no podcast ueberbrands.com (UEBERBRANDS.COM, 2019a). Escaneie o QR code no início do livro para acessar um link direto [conteúdo em inglês].

O que ambos os exemplos mostram é que não é preciso muito para romantizar suas RPAs como HPAs. Basta falar de seus produtos como as pessoas normais fariam; certo, como um escritor decente faria. Nada de jargão institucional ou de marketing ou hipérboles. Você pode se gabar, mas faça-o de maneira mais imaginativa usando metáforas, referências históricas, comparações atrativas... uma linguagem que seja emotiva e humana, mostrando que se importa com seu produto, assim como com a pessoa com quem fala.

Rituais

> Não vou mais à igreja aos domingos, mas tento nunca perder a aula Survivor de Laura Crago na SoulCycle. É tudo o que eu adorava na igreja quando era criança. Primeiro, há a pompa. Entramos num estúdio escuro. As velas estão acesas. A música começa a tocar. As pessoas estão vestidas de maneira engraçada. Seguimos uma pessoa (Laura), que nos conduz por uma série prescrita de atos enquanto está posicionada em uma plataforma sagrada. Isso é teatro!
>
> (VINCENT, 2017)

Não há melhor maneira de expressar o que a "ritualização" pode fazer com seu produto e seus usuários do que essa explicação de um fã da SoulCycle.

O poder dos rituais é que eles podem fazer com que uma atividade diária se pareça bastante extraordinária. Eles podem promover seu produto para o reino de algo quase "sagrado", ou pelo menos importante para você. O seu uso se torna menos um ato mundano ou uma tarefa e mais algo que você preza, porque permite que entre em contato consigo mesmo ou com suas lembranças, dá-lhe uma pausa, estimula-o, acalma-o etc. Os rituais são, portanto, o oposto das rotinas. As rotinas são apenas funcionais, algo que você faz de forma repetitiva e eficiente, sem se preocupar muito; os rituais são muito intencionais e altamente emocionais, atividades com propósito e significado. E transferem exatamente isso para seu produto e marca — e tornam seus usuários leais "além da crença".

A referência anterior da igreja é o exemplo padrão. A religião prospera nos rituais; mas também há muitas atividades mundanas, como a abertura dos Jogos Olímpicos e seus rituais com a tocha, os movimentos que fazemos com os dedos no iPhone, o dinossauro T-Rex aparecendo no Google Chrome quando você não está conectado à internet ou as danças comemorativas do Fortnite. Ou então... o uso de sua marca/produto?

O que você deve fazer para "ritualizar" o uso de seu produto? Bem, é como mitificar sua marca — no fim das contas são os usuários, seus fãs, que o "fazem". Mas você pode inspirá-los. Para isso, deve fazer três coisas:

1 Pense sobre o papel que seu produto e seu uso podem ou não desempenhar na vida das pessoas. Quando ele é usado regularmente? Como? Qual é a sensação? Com o que você poderia compará-lo? Quais os benefícios que ele proporciona? O que ele faz com as pessoas? O que você quer que ele faça com as pessoas? Etnografias ou estudos culturais podem ajudar aqui, assim como sessões de entrevistas prolongadas com seus fãs mais fiéis — possivelmente você mesmo ou seus funcionários e amigos. Em geral, isso pode ser mais bem feito quando são utilizadas técnicas projetivas e associativas, por isso recomendamos um mediador treinado nessa parte.
2 Defina uma técnica especial ou uma sequência de passos a serem seguidos para utilizar seu produto. Pode ser uma inovação tecnológica única, como o *touchscreen* do iPhone, ou uma forma especial de aplicar seu produto, como as marcas de beleza costumam fazer, ou simplesmente a forma como ele é entregue, como os caminhões pretos da Peloton com seus funcionários elegantes, também vestidos de preto. Ou é algo inspirado pelo uso real de seus produtos em certos círculos ou culturas, como a fatia de limão da Corona ou a fatia de laranja/limão da tequila e o ritual do sal.

3 Exponha-o e aprofunde-o — mas com a sensação de uma dica exclusiva. Comece a convencer e "converter" seu Ueber-Target. Inspire-os a compartilhar seu conhecimento "secreto" com outros, tornando-os íntimos à marca e fazendo com que os seguidores que adotam o ritual se sintam como membros do grupo. Mas dê apoio em todo o processo, não se baseie apenas no fato de que ele acontece por si só. Aliás: geralmente é ainda mais convincente se você apresentar o ritual não como algo que inventou, mas como algo "descoberto" por usuários experientes ou pelos profissionais de pesquisa e desenvolvimento etc.

Informação e educação

A terceira maneira de celebrar sua oferta é fornecer contexto e profundidade. Trata-se de informar e educar, mas muito além das habituais instruções de uso ou manuais. Porque não se trata de familiarizar as pessoas com as características ou funções do produto. Isso é importante, mas é principalmente uma questão de dramatização e validação. E, no caso de produtos de fato inovadores ou abordagens de categoria, também é uma questão de transformação — de mudança de atitude e/ou comportamento.

Você quer dar autoridade à sua marca, talvez até imbuí-la de uma aura especial e pelo menos expressar sua superioridade relativa ou especialidade. O efeito colateral muito positivo é que você, portanto, muitas vezes conecta sua marca automaticamente a um nível mais elevado de sofisticação e de espírito empresarial. O que faz com que seu Ueber-Target e seu público-alvo estratégico se sintam um pouco avançados, à frente da massa — em conhecimento e em estilo. E isso é algo pelo qual a maioria das pessoas está disposta a pagar.

Um bom exemplo é a líder mundial em papel de alta qualidade Gmund. "Os seminários que oferecemos não podem ser encontrados em nenhum outro lugar do mundo", afirma o CEO Florian Kohler. E é por isso que muitos diretores de marketing de empresas *blues chips*, da Siemens até a Hermès, viajam para a pequena cidade perto de Tegernsee, em Baviera — e tornam-se contas importantes (MARKERT, 2019).

A FRoSTA é outro caso, embora seu espírito empresarial nunca pudesse ser chamado assim. Aqui se falaria de cuidado e responsabilidade, porque seu objetivo era educar o público, os políticos, reguladores e consumidores sobre os inconvenientes dos alimentos industrializados e sobre alternativas viáveis. O que era e é essencial para o negócio, para fazer com que as pessoas apreciassem seus produtos sem aditivos e estivessem dispostas a pagar a mais por eles. Porém, é claro, a realidade é que ela também se transformou em uma autoridade ao longo do caminho, factualmente, na medida em que aprendeu muito no processo, mas não menos na percepção pública. E isso não apenas tranquiliza seus consumidores agora "educados" sobre a qualidade do produto e a adequação ética da marca; também lhes dá a sensação muito satisfatória de estarem mais à frente e mais conscientes do que o restante.

Outra maneira mais experimental de educar, ou melhor, de oferecer treinamento educacional a seu público-alvo são os centros de experiência de marca, por exemplo, o da Porsche. Seus PECs [*Personal Entrepreneurial Competencies* (competências empresariais pessoais)] de Le Mans a Xangai e Los Angeles, são para muitos "apenas" uma revelação empolgante, semelhante a um parque de diversões para adultos. Mas, além disso, eles são construídos principalmente para alimentar o fascínio com os carros e transformar seus fãs no que eles mais gostam de ser: petrolistas, aficionados por carros, especialistas que são reconhecidos como tal e frequentemente requisitados por seus pares. “Muitos clientes da Porsche são perfeccionistas”, diz Michael Seifert, instrutor-chefe do PEC de Hockenheim. “É por isso que nossos instrutores devem ser muito mais do que bons instrutores de condução. Eles têm que realmente conhecer nossos produtos para responder aos motoristas de Porsche até mesmo as perguntas mais difíceis sobre seus carros, para torná-los cinco por cento mais inteligentes do que os outros” (GIESE, 2019).

FIGURA 10.3 Os "jalecos brancos" da varejista de beleza Kiehl's Since 1851 são conhecidos por darem informações práticas sobre o produto e muitas amostras escolhidas a dedo a seus clientes

Fonte: reproduzido com permissão da Kiehl's Since 1851 (2020)

E, como mostra a citação anterior, educar as pessoas sobre seu produto e, assim, consolidar sua marca, não é fácil ou barato. Isso exige um nível de investimento considerável, certamente persistência e, às vezes, até mesmo ser casca grossa. A campanha educacional da FRoSTA ainda está em andamento, custou muito com o tempo e fez alguns inimigos amargos no setor. O mesmo se aplica à Patagonia. Contudo, as exigências executivas também estão ficando cada vez mais avançadas. Já não é mais suficiente lançar livros brancos, escrever artigos, liberar estudos etc. Mesmo que não se chegue ao extremo de construir custosos centros de aprendizagem e experiência da vida real, as pessoas querem sua atenção despertada e sustentada com vídeos bem-feitos, muitas vezes também chamados de "epivídeos" (vídeos para criar uma epifania), que são mais comparáveis a filmes de ação do que a documentários clássicos. A Milla, por exemplo, uma iniciativa alemã da Modular Interactive Lifelong Learning for All [Aprendizagem modular interativa para todos ao longo da vida], contrata diretores de fotografia ou escritores da Netflix e outros profissionais do entretenimento (FAHRUN, 2019).

Em resumo, "fazer" sua Missão e Mito é muito mais difícil do que os definir ou escrever, mas também mais gratificante. "É uma maratona, não um *sprint*", como disse recentemente o dr. Jens Mueller-Oerlinghausen, especialista em gestão organizacional e de desempenho (MUELLER-OERLINGHAUSEN, 2019). O próximo capítulo provavelmente esclarecerá mais essa questão.

RESUMO: TAREFAS — PASSO 3

- Veja tudo o que sua marca faz pelos olhos de sua Missão e Mito, incluindo ícones, índices e símbolos.
- Avalie seu portfólio de acordo com sua "aptidão para a Missão" ao longo de todo o ciclo de vida.
- Veja todos os produtos e serviços de diferentes perspectivas; os fatos podem ser interpretados.
- Escolha os heróis: melhore os produtos e serviços ambivalentes, desconsidere os "desajustados".
- Descubra bens ocultos e novas oportunidades, "inspirado" pelas necessidades da Missão.
- Idealize e inove com base em seus ideais, se possível de novas formas (financiamento coletivo).
- Defina uma linguagem de design única e faça seu design de acordo com ela.
- Desenvolva uma estratégia de nomear — considere a "ausência de nomes" ou números.
- Evidencie seus produtos com HPAs, em vez de simples RPAs.
- "Ritualize" seus produtos — eleve o papel que eles desempenham na vida das pessoas por meio de técnicas especiais.
- Celebre a superioridade de seus produtos e serviços; desenvolva estratégias de informação e educação.

Passo 4: viva seu sonho

"Não estrague a cultura", disse Peter Thiel, empresário bilionário, capitalista de risco e investidor significativo no Airbnb, quando Brian Chesky, fundador do Airbnb, lhe pediu seu conselho mais importante (CHESKY, 2014). E Thiel não é conhecido por ser sentimental ou agradável.

É sobre isto que falaremos nas páginas seguintes: cultura. O capítulo também abordará outros aspectos, porém, em última análise, é disso que se trata. A cultura da sua empresa ou marca é seu ativo mais importante. Ela resume e ecoa tudo o que você é ou faz, desde a produção até a organização e a identidade. Além disso, informa e define diretamente sua presença e a maneira como o mundo a vivenciará. Tudo o que você faz precisa — deve — ser um reflexo e uma expressão de sua cultura: "À medida que os compradores da geração Z ingressam no mercado, suas compras mostram que eles se preocupam mais com as biografias dos fundadores e com o que uma marca representa e menos se uma linha for categorizada como de 'massa' ou de 'prestígio'" (STRUGATZ, 2019). Ou, como disse Oliviero Toscani, o famoso fotógrafo que criou a primeira campanha para a Benetton, em uma entrevista recente: "Toda empresa é uma instituição sociopolítica, estreitamente entrelaçada com estruturas sociais" (STRASSER,

2020). E, como tal, não pode se esconder atrás de portas fechadas. Especialmente se parte de seu fascínio é construído sobre o estímulo dessas sociedades, mesmo orientando-as ou pelo menos conduzindo-as, como é o caso da maioria das Ueber-Brands.

De dentro para fora

"Antes era tudo sobre o exterior, agora o interior deve ser transparente", disse Michael Burke, CEO da Louis Vuitton (GRIESE, 2019).

As Ueber-Brands irradiam de dentro para fora. Sua "imagem" não é mais apenas isso, uma projeção superficial do que gostam que os outros vejam; ela deve ser fundamentada e baseada pelo modo como elas são. Sua aparência e sua essência devem ser uma só.

Praticamente todos os nossos autores convidados trazem esse ponto em seus capítulos na Parte Três, também — sem que tivéssemos perguntado nada. Portanto, é claro, começaremos esta seção de "Viva seu sonho" com o que você deve fazer e como deve ser internamente — o tipo de empresa que constrói, como organiza e estrutura todos os processos, seu RH, seus KPIs [*Key Performance Indicator* (indicador-chave de desempenho)], sua cultura...

Cultura

A cultura come a estratégia no café da manhã. Porque qualquer estratégia é apenas tão boa quanto sua implementação, e isso significa que é tão boa quanto seus funcionários. Eles devem incorporar sua estratégia para executá-la sem problemas. E, para incorporá-la, devem não apenas a compreender, mas também sentir. É por isso que um de nossos clientes, por exemplo, faz questão de "contratar pelo coração", legitimamente convencido de que é mais fácil ensinar habilidades do que mudar de caráter (REINIK, 2018). Porém, seus funcionários não só devem sentir e se encaixar em sua Missão, como também devem acreditar nela. E, para isso, devem acreditar que você acredita nela, comprovado pela sua cultura. A motivação precisa de confiança e a confiança precisa de honestidade. É simples assim.

Chris Dale, diretor de comunicações e assuntos públicos do YouTube, chama a cultura do YouTube de uma "cultura de expressão" em nossa entrevista na Parte Três, refletindo perfeitamente sua Missão de "transmitir você mesmo". Basta pensar nesse conjunto de palavras aparentemente simples — quão cruciais elas são e quão longe podem alcançar. Como uma empresa poderia se tornar o farol (e o mastodonte) global da autoexpressão, se não fomentando internamente essa exata cultura? Como poderia conquistar os funcionários certos e garantir que eles manterão essa Missão em mente em tudo que fizerem, toda vez que conversarem com alguém, seja um parceiro, um cliente ou o público? Como poderia convencer a todos nós de que a liberdade de expressão não é apenas um direito humano, como também pode ser uma bênção, divertida e enriquecedora, se não a vivessem todos os dias?

O mesmo vale, é claro, para empresas tradicionalmente mais "cultas", como a Ritz-Carlton. É por isso que os funcionários não pensam apenas em si mesmos como "Damas e cavalheiros servindo damas e cavalheiros" (RITZ-CARLTON, 2020); eles na verdade referem-se a si mesmos exatamente assim, uma indicação de quão seriamente a Ritz-Carlton traduz sua Missão em credos e guias operacionais, incluindo suas "três etapas de serviço". Ela se propôs a realmente capacitar os funcionários em vez de gerenciá-los. Liderado por "Tenho orgulho de fazer parte da Ritz-Carlton", os valores de serviço, por exemplo, incluem afirmações como "Tenho poder de criar experiências únicas, memoráveis e pessoais para nossos hóspedes", ou "Sou dono e resolvo imediatamente os problemas dos hóspedes", até "Estou envolvido no planejamento do trabalho que me afeta" (RITZ-CARLTON, 2020). Não é surpresa que a Ritz-Carlton tenha, entretanto, criado uma divisão lucrativa para ensinar e treinar outros negócios de hospitalidade em excelência operacional.

A marca de ciclismo Rapha, por outro lado, adotou seus mantras automotivadores, também conhecidos como valores de uma mentalidade esportiva feroz, incluindo, por exemplo, "Sofra — bom não é o bastante" (RAPHA, 2020), criando uma atmosfera que atrai, mas também encoraja um "espírito ciclista" apaixonado entre seus funcionários, que por sua vez os conectam imediata e profundamente com os Ueber-Targets. Eles praticamente empregam e formam seu Ueber-Target de forma interna para irradiar e atrair com naturalidade seus seguidores e fãs.

E é exatamente por isso que se trata de cultura das Ueber-Brands: sim, é uma questão de credibilidade e transparência, e sim, é também uma questão de atratividade para os funcionários. Porém, em última análise, é a maneira de elas construírem negócios prósperos: celebrando e vivendo as aspirações de seu público-alvo dentro das organizações. Logo, fazem isso não apenas sendo mais autênticas, mas também possuindo mais autoridade sobre o produto, construindo conexões mais profundas e duradouras com os clientes e economizando muito em processo e controle, assim como em comunicação — interna e externa. Sua cultura está diretamente ligada ao valor, a excelência operacional, para elas, deve significar excelência cultural, seu comportamento é sua marca. Peter Thiel entendeu isso desde o começo, ou sentiu isso de maneira instintiva, o que de qualquer forma faz dele o grande homem de negócios que é.

FIGURA 11.1 A marca de investimentos de mulheres ativistas Ellevest inspirou e expressou sua cultura por meio deste comentário do presidente nos pontos de ônibus de Nova York

Tradução da imagem — Mulheres de Nova Iorque: cubram seus traseiros.

Fonte: J.P. Kuehlwein (2017)

Quatro coisas são importantes na construção da cultura certa para sua marca:

1 RECRUTAMENTO

Mais importante do que a perfeita habilidade ou experiência é a mentalidade de seus funcionários, suas atitudes e também seus interesses. Você nunca cria paixão por sua marca se não a tem em sua marca. A Rapha, portanto, contrata apenas os fanáticos por ciclismo. A Netflix procura pessoas que sejam curiosas e corajosas, então "cada profissional na Netflix é alguém que você respeita e com quem aprende" (NETFLIX, 2009). Assim sendo, pergunte-se: que profissionais você escolhe? São pessoas com as quais gostaria de se relacionar? Alguém em quem confiaria?

2 PERMISSÃO

A marca Normcore Everlane construiu sua sede ao lado de uma oficina mecânica no Mission District mais "normal" de São Francisco (SEGRAN, 2018). Estée Lauder e LVMH dão às suas *maisons* (marcas) a maior independência possível, permitindo diferentes culturas entre, digamos, Bobby Brown e MAC, Rimowa ou Louis Vuitton (veja também o box na Parte Um, Princípio 6). Outras empresas oferecem serviços de cuidado infantil para os filhos de seus funcionários ou permitem que os funcionários andem de skate dentro do escritório para manter o espírito jovem (RED BULL). Depois, há uma tendência ao empreendimento estratégico da marca feito por empresas de bens de consumo embalados (CPG) para (re)captar um espírito empreendedor, disruptivo e cultural (VAN RENSBURG, 2014). Seja lá o que faça, sua criação deve permitir as aspirações que você atende e a cultura que está tentando criar. Pense onde deseja estar — na parte alta, no centro, fora da cidade —, que código de vestuário estabelece (se houver), se o escritório terá planta baixa ou alta, se mesas de bilhar e microcozinhas são boas para sua Missão e Mito como são para o Google e o YouTube, ou se sua cultura se beneficiaria mais de elegantes espaços comunitários ou saídas em grupo, como a REI faz.

3 INSPIRAÇÃO

Por falar em REI: além de fazer tudo para possibilitar sua cultura específica, você também deve inspirá-la por atos simbólicos. Um ótimo exemplo é a #OptOutside. Em 2015, a REI começou a fechar todas as suas lojas, inclusive a on-line, na Black Friday, dando licenças pagas para seus funcionários cumprirem a Missão da empresa e passarem um tempo livre com suas famílias em vez de comprar ou vender. O surpreendente é que isso não foi apenas um ato brilhante para sua cultura, foi também um sucesso comercial instantâneo, criando uma enorme conscientização, boa vontade e receita adicional. Semelhante a isso foi a publicação de Elon Musk das patentes da Tesla, não apenas feita para mostrar uma cultura e uma postura de relações públicas, no final, ela ajudou a construir a categoria e, assim, desproporcionalmente o negócio de seu líder, a Tesla (PETERSON, 2016). A cultura precisa de inspiração e isso começa do topo.

4 INTEGRAÇÃO

"Os valores reais da empresa, ao contrário dos valores que soam bem, são mostrados por quem é recompensado, promovido ou dispensado" (NETFLIX, 2009). Nunca foram proferidas palavras tão verdadeiras. E, ainda assim, a realidade é muito diferente. Quantas vezes trabalhamos com clientes em Declarações de Missão, traduzidas em novas estruturas e estratégias, apenas para descobrir que os planos e critérios de RH, *benchmarks* e KPIs permaneceram inalterados — e ainda assim impulsionam ações "antigas", as Antimissões. Se você não pode incentivar ou comparar com uma determinada estratégia, não a pronuncie. Caso tenha que se ater a certos KPIs contra sua Missão, seja pelo menos honesto sobre isso e explique por quê. Se a gestão de sua carreira não permitir a adoção imediata de políticas de congruência e de promoção da cultura da Missão, mostre um cronograma de como chegará lá.

Encerraremos com outra. Encontramos a forma perfeita de expressar o que é essa "cultura" trêmula, por que é tão difícil de entendê-la e por que é tão crucial ao mesmo tempo. Doug Atkins chama a cultura de "a sopa social de suposições compartilhadas que uma organização tem sobre como seus membros devem se comportar, se relacionar e decidir as coisas em conjunto". Agora, se isso não tenta você a ler mais sobre suas experiências e insights no Airbnb, na Parte Três...

Organização

Com qual você se sente melhor: Lyft ou Uber? Com base nos escândalos da Uber em relação ao comportamento do CEO, assim como o tratamento dado aos motoristas e sua estratégia de remuneração que surgiu em 2018/2019, a maioria provavelmente responderá que é a "Lyft". Isso mostra como as decisões organizacionais são importantes, não apenas na criação da cultura desejada, mas também para sua posição pública e sua relevância como público-alvo.

De acordo com o especialista em gestão de desempenho dr. Jens Mueller-Oerlinghausen, avaliar quão longe suas estruturas e processos estão de sua recém-estabelecida Missão e de seu ideal cultural é "muito importante, se não crucial" (MUELLER-OERLINGHAUSEN, 2019). Assim como é importante definir um plano para fechar a possível lacuna.

Caso você precise de um artesanato excepcional, um trabalhador alienado em um país de baixos salários provavelmente não o fará: "Nunca pensaríamos em ter alguém fazendo apenas toda a costura e depois outra pessoa fazendo os acessórios... Você coloca sua marca do início ao fim; ela é sua", diz Céline Rochereau, da Hermès, que organiza seus artesãos (HASS, 2019). Da mesma forma, o fato de a Netflix falar de sua organização como "altamente alinhada, mas com autonomia" faz sentido, considerando seu mantra cultural de "Liberdade com responsabilidade" (NETFLIX, 2009). Contudo, não se trata apenas de estrutura e processos, trata-se também de políticas da Netflix, como a "Nossa política de férias é 'tire férias'". A ideia é assim: como as pessoas trabalham a qualquer hora e em qualquer lugar, também devem ser capazes de se ausentar quando e onde quiserem, desde que realizem seu trabalho. Sem limites, exceto para o seu desempenho. E o "chefe" deve liderar reservando semanas suficientes para que os funcionários retornem bem descansados (NETFLIX, 2009).

Exemplos de conceitos organizacionais mais radicais para facilitar uma cultura e um comportamento empresarial adequados à Missão são os da Freitag, de que já falamos na Parte Um, e os da BrewDog, a marca do culto à cerveja artesanal escocesa. Em 2007, a BrewDog começou a "revolucionar a indústria cervejeira e a redefinir por completo a cultura britânica de consumo de cerveja". Hoje, é uma das marcas de alimentos que mais cresce no Reino Unido; e a empresa é rebelde desde a base. Decididamente independente e voltada para a comunidade, é financiada por mais de setenta mil acionistas, "radicalmente transparentes" em suas operações, bem como em suas finanças, e celebra a cultura punk até mesmo com uma "mesada da cerveja" para cada funcionário (BREWDOG, 2020). Isso é realmente viver e irradiar sua Missão de dentro para fora.

O que todos esses exemplos demonstram é que não é importante apenas repensar sua organização para fazer o que sua Missão exige. Ela pode, ao mesmo tempo, impulsionar a eficiência, aumentar o desempenho dos funcionários, a aceitação da comunidade... e ser muito divertida, além da bagunça e do estresse que uma reorganização sempre causa.

Identidade

A maioria das pessoas conhece a identidade visual clássica da Chanel, em preto e branco, com os Cs entrelaçados. Realmente todos conhecem o logotipo colorido do Google e o espírito divertido e os rabiscos sem fim que ele despertou. Ambos os exemplos mostram como uma Missão clara pode inspirar uma identidade única e marcante, mesmo décadas depois das personalidades fundadoras que os originaram.

Entretanto, essas identidades não apenas irradiam, elas também têm um efeito comprovador sobre as culturas que lhes deram vida. Não são apenas símbolos, muitas vezes também funcionam como atos simbólicos, como os que falamos na discussão sobre cultura, enviando um sinal a todos os funcionários, assim como ao mundo, sobre que tipo de espírito essa marca quer viver. Tomemos os *doodles* do Google como exemplo. Eles comunicam imediatamente criatividade, alegria, liberdade, curiosidade, inovação — tudo de uma maneira lúdica. É um lembrete constante para todos sobre o que essa marca quer representar. E ainda há a história de como tudo começou. Isso faz da empresa uma poderosa mnemônica para cada funcionário da cultura e do espírito que eles nunca querem perder: o primeiro *doodle* foi criado em 1998, quando os dois cofundadores quiseram assinalar sua ausência temporária, participando do festival Burning Man. Tente assimilar isso por um segundo. Ambos os fundadores de uma startup que tinham acabado de fazer uma rodada financeira de um milhão de dólares saíram ao mesmo tempo para festejar o que era então um festival realmente selvagem em todos os sentidos da palavra. Se isso não é um ato simbólico de empreendedorismo ousado e de curiosidade imensurável... o qual é diariamente reafirmado com os *doodles*.

Por falar em símbolos: lembra-se dos três tipos de símbolos baseados em Pierce? A identidade de sua marca vive em três níveis:

1 Nível de símbolo.
É o que a maioria das pessoas quer dizer quando fala sobre Marca ou Identidade Corporativa (IC). O *doodle* do Google ou os Cs entrelaçados em preto e branco da Chanel... Seu logotipo e a aparência e sensação em torno dele, incluindo cores especiais, sistemas de nomenclatura ou formatos particulares (como as bordas arredondadas da Apple).

2 Nível de índice.
Muitas vezes confundidas com as anteriores, o índice são elementos que representam ou indicam a marca. Você já pode senti-la, mas ainda não está a experimentando realmente. Como o primeiro aroma de primavera ou o cheiro atroz das lojas A&F durante o desaparecimento da marca, a trilha do Hôtel Costes em Paris, que ficou famoso por inúmeros CDs e playlists, ou as tendas com listras em espiral do Cirque du Soleil.

3 Nível de ícone.
Agora você está em um nível tangível e empírico. Normalmente aqui você tem produtos icônicos que representam a marca, *pars pro toto* [uma parte do todo], como o jeans 501 da Levi's ou o Porsche 911. Ou os belos rapazes que o atendem nos cafés da Joe & the Juice. Você não pode levá-los para casa, pelo menos não oficialmente, mas eles são parte da diversão, o que atrai as pessoas.

Você deve pensar, projetar e agir com os três níveis. Porém, todos devem começar de um ponto: o caráter de sua marca. Já falamos sobre isso em "Defina sua Missão". O caráter de sua marca faz parte dos "Comos" do seu valor de marca: como você quer se comportar e ser visto? Como quer se conectar? Essa é a personalidade que você define para sua marca.

Muitas empresas utilizam personas para isso, muitas vezes criadas em torno de arquétipos. Elas se definem como "treinador implacável", "herói incansável" ou "criança selvagem", o que geralmente é útil, pois leva a uma "personalidade" mais pronunciada e perspicaz. A alternativa é uma combinação de adjetivos: "maroto, mas simpático" ou "peculiar e excêntrico", que funcionam aqui, pois lhe dão uma ideia bastante clara do tipo de caráter que quer ter. Mas, infelizmente, muitas vezes, você acaba com decisões genéricas, como "confiável e seguro".

Nesse caso, o que você deve fazer é escrever não apenas os adjetivos que deseja projetar, mas também os que rejeita. O que você é e o que não é. E se depois terminar com "confiante, mas sem arrogância", você sabe que não chegou a lugar algum. Qual marca não gostaria de ser confiante? E arrogante — por que não para uma Ueber-Brand? Seria muito melhor se você optasse pelo verso clássico de *Greatest Dancer* da banda Sister Sledge: "Arrogância, mas sem vaidade...".

De fora para dentro

A identidade de uma marca não apenas brilha para o exterior, como também reflete para o interior, lembrando a todos os *stakeholders* internos o motivo pelo qual eles trabalham e esperando que isso continue a acontecer cada vez mais. O mesmo se aplica a seus movimentos de *go-to-market* que dão vida à sua marca, a Experiência da Marca. Seu objetivo principal pode ser externo, ao mercado, mas também são uma forma de seus funcionários verem o resultado de seu trabalho, incutindo orgulho e inspirando os outros. Como atos simbólicos, trabalham em ambos os sentidos, e é por isso que chamamos esta seção de "De fora para dentro".

Presença da marca

A distribuição é importante, não apenas para atingir seus objetivos, mas também para construir o reconhecimento, o tipo certo de reconhecimento. As marcas de luxo sempre souberam disso e, portanto, têm lutado para controlar rigorosamente seu varejo, muitas até hoje, negociando contratos rigorosos e exclusivos de depósito, reduzindo a distribuição do mercado cinza ou colocando os infratores em listas negras, como a Patek Philippe aparentemente ainda faz (KOCH, 2020). Oatly, o leite de aveia de alta qualidade da Suécia, decidiu por essa razão entrar no mercado norte-americano não nas prateleiras dos supermercados, mas nas cafeterias especializadas, recrutando os espaços sedutores assim como seus baristas para "posicionar" a marca adequadamente — e ajudar a educar sobre ela também (WERTHEIM, 2018).

A Nike e a Birkenstock abandonaram a Amazon não apenas por razões econômicas. Ambos os CEOs deixaram bem claro que o fato de a Amazon não proteger e muito menos construir sua marca era o fator-chave (NOVYWILLIAMS, 2019). No caso da Birkenstock, a retirada ocorreu em etapas ao longo dos anos, em grande parte impulsionada pelo fato de a Amazon ser muito indiferente com as falsificações (SALDEN, 2017; T3N, 2017).

De modo contrário, muitas marcas on-line ou que vendem diretamente ao consumidor estão se mudando para lojas físicas, as mesmas que elas ajudaram a eliminar. A excelente marca de óculos Warby Parker foi uma das primeiras. Muitas a seguiram, como a Allbirds, abrindo lojas em cidades metropolitanas como Nova York ou Berlim, todas verticalizando sobretudo para revelar a marca em toda a sua glória. A casa Elyx em Los Angeles, clube de luxo da marca premium Absolut, é com certeza uma das mais interessantes de se observar. Na verdade, é a casa do CEO da Absolut Elyx, Jonas Tahlin. Ou pense na gigante Fortnite realizando campeonatos em estádios reais; mesmo com toda a ação ainda sendo virtual.

FIGURA 11.2 A Allbirds, a empresa de sapatos de lã da Nova Zelândia, está migrando para o off-line com uma notável rapidez

Fonte: J.P. Kuehlwein (2020)

Tudo isso entusiasma Gary Friedman, CEO da Restoration Hardware, que evidentemente investe muito dinheiro em suas brilhantes "casas da marca" de vários andares, muitas vezes clubes e restaurantes de luxo, como no distrito Meatpacking de Manhattan. Em uma recente carta aos acionistas, ele estava feliz com um patrimônio líquido de três por cento em 2019, mesmo indo "contrário à sabedoria convencional", estando pouco preocupado em desequilibrar substancialmente a balança off-line, deixando a Restoration Hardware on-line fracassar, de acordo com a Gartner L2 (DANZIGER, 2019).

Tradicionalmente, havia apenas uma coisa que importava na tomada de decisões de distribuição: alcançar. Conquistar a maior exposição possível para maximizar as oportunidades de vendas. Ao construir uma Ueber-Brand, no entanto, você deve considerar pelo menos três aspectos:

1 Localização?
É claro que o alcance ainda é um fator-chave, mas as Ueber-Brands também estão cientes do que um determinado local diz sobre sua marca. A "empresa de que eles cuidam" é fundamental para construir ou minar seu valor, tornando a Amazon, por exemplo, questionável em alguns casos, como dito antes. E para muitas marcas, se não para a maioria delas, uma presença multissensorial off-line em um ambiente adequado ainda é indispensável, mesmo que seja apenas um ou em poucos lugares do mundo.

2 Penetração?
Como com o alcance, a penetração de mercado não é necessariamente algo positivo para as Ueber-Brands. Ao estar em todas as esquinas, é difícil manter o controle da experiência da marca (veja também o caso da Starbucks

na Parte Três). E isso com certeza não ajuda a consolidar a marca. Mesmo as grandes marcas de luxo precisaram aprender essa lição. Cegas pelos yuans durante a corrida do ouro nos anos 2000, elas abriram lojas em todos os centros comerciais deslumbrantes de Hong Kong ou Xangai, apenas para fechá-las alguns anos depois. Uma estratégia muito melhor seria despontar em lugares encantadores, incorporando-se à vida do público-alvo em vez de procurar por sabe-se lá onde. "Nossos clientes são aves migratórias", disse-nos Simon Sproule, diretor de marketing da Aston Martin, em uma entrevista recente. A Aston tem um número muito limitado de centros de experiência de marca ou lojas-conceito, mas "aparece" com frequência em lugares estratégicos para os Ueber-Targets, como em Courchevel, onde você pode alugar um Aston Martin para um passeio de carro pela montanha, ou em Carmel, onde há um clube com cinema e tudo mais, durante o Monterey Car Show anual. Você também pode ouvir a entrevista completa com Simon em ueberbrands.com. Escaneie o QR code no início do livro para acessar um link direto [conteúdo em inglês].

3 Distinção?
O lugar permite que você se apresente de forma única, segundo sua Missão? Não importa se está considerando criar uma loja autônoma, uma loja dentro de outra loja, uma presença digital ou um verdadeiro empreendimento *cross-channel*, você deve construir sua marca, não apenas vendê-la. Confira a loja-conceito on-line da Hermès, revisada em 2018. É simples, intuitiva, funcional, mas com o jeito elegante e preciso único da marca, incluindo vídeos inspiradores e apresentação de produtos. Ou pense nos clubes pioneiros da Virgin. Depois veja os lounges da

United ou da Lufthansa em seu próximo voo, sim, os mais novos também. Não queremos implicar com a Star Alliance, mas que oportunidade perdida de construção da marca! Será que uma das razões poderia ser que eles não são tão claros sobre sua Missão, Mito e caráter da marca?

Em resumo: a presença da marca deve refletir utilidade, especialmente on-line, e trata-se de memorabilidade; mas, acima de tudo, deve ajudar a construir sua marca. Tudo deve ser visto por seu valor distinto.

Experiência da marca

Já pensou na disposição do seu balcão de caixa? Considerou-o não apenas sob aspectos de eficiência, mas como parte da experiência da marca? Bem, então deveria. Veja as almofadas portáteis mostrando um check-out disponível nas lojas da Trader Joe ou, no outro extremo, as discretas operações de caixa na Prada *et al.*, onde seu cartão platinum é levado em uma bandeja prateada enquanto você saboreia um café em uma confortável cadeira. Ambos os "fechamentos" dizem muito sobre as respectivas marcas. E esse é nosso ponto nesta última seção de "Viva seu sonho": quando criar um ambiente ou ponto de contato para sua marca, certifique-se de que ele não seja apenas bem-feito, acolhedor etc. Certifique-se de que reflita e construa sua Missão e Mito. Todas as suas lojas, postos de serviço, salões de exposição e pontos de venda não devem ser simplesmente aparências, mas sempre verdadeiras experiências da marca.

Certo, concordamos, pode ser um pouco irritante se cada buraco na parede, anúncio, ponto de venda em um shopping ou plataforma de comércio eletrônico mal projetada seja um "centro de experiência de marca" hoje em dia. E não é isso o que queremos dizer. A última coisa que recomendamos é elevar tudo com alguma "experiência" mágica, mergulhando profundamente cada ponto de contato no chocolate da marca, por assim dizer. Porém, recomendamos pensar bem em como fazer com que todas as interações e ambientes de sua marca funcionem melhor para você. Isso é, o modo como você projeta as coisas que precisa em todo caso, de forma a destacar sua Missão e acrescentar mais algumas palavras a seu Mito toda vez.

As almofadas nas lojas da Trader Joe são um exemplo perfeito. São simples, tradicionais, humanas, naturais... tudo que se encaixa perfeitamente com a marca. São a ausência de recursos adicionais supérfluos, o que faz entoar a "canção" da Trader Joe ainda mais alta, de forma silenciosa. A abordagem da Everlane de "pague o que quiser" pelos itens excedentes funciona de maneira semelhante: uma simples reviravolta, que não só faz com que as vendas sejam muito menos "monetárias", mas deixa sua ética e sua Missão brilharem diretamente no coração de seus Ueber-Targets, que muitas vezes acabam "pagando demais". Ou pense na Cire Trudon, a venerável marca parisiense de velas, e como eles inventaram *les cloches*, cúpulas de vidro para conservar o aroma de suas velas-teste e sentir o cheiro ao levantá-las. Uma necessidade extremamente funcional que eleva cada "cheiro" a uma experiência quase espiritual.

Entretanto, dependendo da Missão de Marca, isso também pode significar dar tudo de si na gestão operacional, se você quiser. L'Officine Buly, a já mencionada marca de beleza de Paris, aprecia qualquer coisa barroca. Seus balcões são de mármore Brèche de Bénou, seus sabonetes vêm em pequenas caixas que parecem ser de um antiquário, tudo é embrulhado em um papel personalizado Gazette e há um calígrafo para escrever seus bilhetes pessoais (*mots doux*) em lindos cartões de presente. Pode ser um pouco exagerado, especialmente quando se lê a descrição de um processo de pedido on-line (BULY1803, 2020). Mas, no final, fica exatamente a sensação que a marca quer deixar: produtos artesanais, feitos à mão, de beleza natural, imersos em história e produzidos com "audácia e precisão com um espírito vencedor e inovador" (BULY1803, 2020). Isso simplesmente não pode ser austero.

O importante é pensar sobre aspectos materiais de sua Missão e Mito. E encontrar pequenas e surpreendentes reviravoltas nos processos comuns que podem transformá-los em momentos extraordinários. Momentos memoráveis que se transformam no valor da marca, à medida que a vida continua.

Deixe seus fãs e clientes assumirem o papel principal em seu "jogo", não em sua marca, mas projete o "cenário" e inspire-os (para não dizer "conduza-os") agindo de forma apropriada. Seu comportamento fala mais alto do que qualquer outdoor. Todos os seus atos se comunicam, quer queira ou não. Portanto, é melhor certificar-se de que digam a coisa certa, da maneira como fez Virginie Viard, braço direito de Karl Lagerfeld e sucessora da Chanel. Seu desfile de alta costura na primavera de 2020 no Grand Palais, um ano após a morte de Lagerfeld, definitivamente ficou marcado, ainda de um jeito muito respeitoso e discreto, curvando-se a Karl e iniciando uma nova era ao mesmo tempo. Ela continua a construir o Mito de Marca referindo-se aos anos de formação de Gabrielle na Abadia de Aubazine assim como fala do aqui e agora, e tudo isso com um gesto muito simples, mas grandioso. Missão cumprida.

RESUMO: TAREFAS — PASSO 4

- Observe de perto sua cultura e certifique-se de que ela reflita sua Missão da melhor maneira possível.
- Defina valores e comportamentos desejados, codificando a cultura que deseja que seja vivida.
- Recrute de acordo: faça da paixão por sua Missão um critério-chave.
- Permita a cultura que você procura, com as respectivas estruturas, processos e políticas.
- Desenvolva atos inspiradores e simbólicos que podem realmente estimular seu negócio ao mesmo tempo.
- Adapte seus *benchmarks* e programas de incentivo para refletir seus valores.
- Avalie suas estruturas organizacionais e adapte-se conforme o necessário.
- Defina o caráter da marca e crie sua identidade para refletir a Missão — por dentro e por fora.
- Verifique sua estratégia de distribuição on-line e off-line; avalie não apenas o alcance, mas também o ajuste de valor e a diferenciação.
- Projete suas experiências de marca para viver sua Missão e Mito, começando com aspectos operacionais padrões.
- Concentre-se nos detalhes críticos à história que deseja contar — encontre reviravoltas inesperadas.

Passo 5: encontre seu Ueber-Target

O fato de este tópico ser o penúltimo capítulo não deve ser mal interpretado como "essa é a (segunda) última coisa a se pensar". Nosso público-alvo — e particularmente seu Ueber-Target — deve ser a referência em todo o processo; é para ele que você projeta, por isso também é chamado de "público-alvo de projeto" com frequência.

As Ueber-Brands, como quaisquer outras empresas, devem fazer sucesso e isso significa ser relevante a seus objetivos. Porém, como explicamos em "Comece por você mesmo", uma das principais diferenças das Ueber-Brands é que são mais orientadas à Missão do que ao mercado. Seu ímpeto normalmente não é a pesquisa de consumo definindo uma oportunidade de mercado, mas seus fundadores tendo uma ideia, vendo, descobrindo ou inventando algo que poderia melhorar o mundo ou pelo menos sua categoria. E só depois pesquisando se esse conceito poderia se desenvolver economicamente. Alguns sequer fazem isso, estando tão convencidos e destemidos sobre sua Missão.

Ueber-Brands são construídas de dentro para fora. E foi assim que construímos nosso modelo de "como fazer" — com o público-alvo ao lado do envio de mensagens, onde ele pertence.

Entendendo

> Se o risco para a Patagonia deve ser considerado como o de qualquer outra empresa — que se preocupa tanto com os lucros quanto com o meio ambiente —, então o risco comparável para a North Face é ser associada a pais suburbanos e estudantes universitários que andam de quadriciclo, em vez de corredores de trilha, alpinistas e ocasionalmente rappers bem-vestidos.
>
> (MELTZER, 2017)

Isso capta bem o enigma da maioria das marcas de preços premium. E é aqui que entram os Ueber-Targets. Eles ajudam a mitigar o equilíbrio entre distância e proximidade, tão essencial para as Ueber-Brands. Eles são cruciais para tornar sua marca aspiracional, mas mantendo-a acessível. Dê-lhe credibilidade e autenticidade, sem nunca deixá-la se tornar tão "autêntica" a ponto de perder todo o apelo.

Como tal, seus Ueber-Targets são muitas vezes as pessoas mais próximas à sua marca, seus adeptos ou fãs mais antigos, aqueles que realmente gostam de você desde o início. De certa forma, poderia chamá-los de "as alternativas mais fáceis". Contudo, o que faz deles um Ueber-Target é que eles são na verdade "as alternativas mais difíceis", as que fazem sua marca brilhar ao sol. Eles simplesmente caíram diante de seus pés.

Que público-alvo?

Distinguimos dois tipos básicos de público-alvo: seu Ueber-Target e seu público-alvo estratégico. Esse último pode ser subdividido em público-alvo principal e público-alvo mais abrangente. A diferenciação entre usuário e não usuário é paralela a isso, em um nível diferente.

Parece mais complicado do que é, como mostra a Figura 12.1. Seu público-alvo estratégico é formado basicamente por todos que poderiam comprar seu produto ou requerer seu serviço. Pode ser dividido em público-alvo principal, aqueles em que você deve se concentrar como os mais promissores, rentáveis, suscetíveis de serem conquistados com menos esforço/despesas; e público-alvo mais abrangente, os mais distantes, que são menos interessantes porque usam seus produtos com menos frequência e demoram muito para serem convertidos.

Seu Ueber-Target é o público-alvo dos sonhos de sua marca e o público-alvo estratégico dele, são suas musas — as pessoas que você provavelmente tinha em mente quando concebeu sua marca e que personificam muito bem seu usuário ideal. E as pessoas pelas quais seu público-alvo estratégico inspira-se, aquelas que eles consideram como as mais competentes e descoladas no contexto de sua Missão.

Você pode ter usuários inseridos nesses três tipos de público-alvo, mas provavelmente menos no público-alvo mais abrangente, em especial no início de seu ciclo de vida. Para não usuários ocorre o inverso: o ideal é ter bem poucos em seu Ueber-Target, porque seu Ueber-Target só pode desempenhar seu papel se estiver usando seu produto ou serviço. À medida que avança com seu público-alvo estratégico, você realmente quer ter uma porcentagem decente de não usuários, pois eles são sua fonte de oportunidades de negócios e crescimento.

FIGURA 12.1 Seu Ueber-Target lidera todos

Fonte: os autores (2020)

Uma boa marca para exemplificar isso é a Rapha, a marca premium de ciclismo. O Ueber-Target da Rapha é o "ciclista sofisticado", também chamado às vezes de "ciclista cavalheiro". Tais ciclistas são atléticos, cultos e adoram o ciclismo porque ele combina fisicalidade com sofisticação, permitindo-lhes descobrir novos países e culturas enquanto pedalam colina acima. Muitos são profissionais ou semiprofissionais do ciclismo.

Seu público-alvo estratégico, por outro lado, é formado por todas as pessoas que andam de bicicleta e estão dispostas e aptas a gastar com seus equipamentos — é simples assim. Seu público-alvo principal é o que alguns chamam desdenhosamente de MAMILS (*middle aged men in lycra* [homens de meia-idade usando lycra]). Muitas vezes, é preciso acrescentar, são homens de classe média alta com vontade de reacender a juventude, de boa forma atlética e estética, com diferentes graus de sucesso. O público-alvo mais abrangente inclui todos que andam de bicicleta, mesmo quem só pedala ocasionalmente ou vai ao mercado orgânico mais próximo da cidade, usa e-bikes e não costuma gastar muito com equipamentos caros.

É importante distinguir de tudo isso os influenciadores, defensores ou embaixadores (IDE). Influenciadores são pessoas que atuam nas mídias sociais e têm um número bastante elevado de seguidores. Defensores são especialistas da categoria que falam muito bem de você. Embaixadores podem ser ambos, mas são pagos por você. Naturalmente, tanto seu Ueber-Target quanto seu público-alvo estratégico pode ser ou se tornar qualquer um desses três, porém isso não é essencial. Eles operam em diferentes níveis. Os IDE são táticos — você observa-os para fazer sua marca crescer e impulsionar o reconhecimento e o alcance. Seu Ueber-Target, por outro lado, é estratégico — você observa-o para construir sua marca, como inspiração e aspiração para si mesmo e para seu público-alvo estratégico.

Entretanto, às vezes você tem sorte e tudo isso se sincroniza. Exemplo disso é a On, marca suíça de tênis que está se tornando global. Roger Federer vem sendo parceiro e fã da marca há algum tempo; e, como uma lenda esportiva estilosa, era claramente um Ueber-Target para a On. Agora ele também se tornou um "investidor, contribuindo com o design do produto, e representante da marca" (PATON, 2019). É literalmente uma situação de muita sorte: Roger Federer é agora Ueber-Target da On, influenciador, defensor e embaixador, tudo ao mesmo tempo. O fato de ele também investir na empresa poderia funcionar de qualquer maneira — aumentando sua credibilidade, já que ele "arrisca a própria pele", ou enfraquecendo o valor de seu apoio sendo parcial.

Há mais uma coisa antes de passarmos à pesquisa de público-alvo: a maioria das marcas tem um tipo de Ueber-Target para ajudar a focar a marca. Entretanto, às vezes, é na natureza da Missão ou na categoria que você (deve) ter dois ou múltiplos Ueber-Targets. Um exemplo do primeiro é a Aston Martin, que vê "velhos colecionadores ricos" e "curadores ativos jovens" igualmente como Ueber-Targets (UEBERBRANDS.COM, 2020). Um caso de múltiplos públicos-alvo é o YouTube, cujos criadores e conteúdo são tão variados quanto o mundo, forçando-o assim invariavelmente a subdividir públicos-alvo estratégicos e Ueber-Targets, como explica Chris Dale, do YouTube, em nossa entrevista na Parte Três. Entretanto, dividir seus Ueber-Targets revela-se difícil e ineficaz na maioria das vezes. Você se sai muito melhor se focar um só grupo, que seja aspiracional acima de tudo.

Quem e como eles são? E quantos são?

Seu principal trabalho neste ponto do processo é entender e definir claramente seu Ueber-Target, pois tudo mais, inclusive seu público-alvo estratégico, deve "acompanhá-lo" a partir daí. Mas, como já viu, tudo está conectado, e você compreenderá muito melhor um ao compará-lo ao outro.

O melhor e mais fácil lugar para começar a investigar a realidade e a psicologia de seu público-alvo é sempre sua comunidade, caso já tenha uma. Se estiver apenas começando, também podem ser seus amigos e seguidores pessoais, aqueles tão obcecados com a categoria ou conceito quanto você; ou é o tipo de grupos e fóruns que gostaria de conquistar. De qualquer forma, as pessoas dentro de sua comunidade real ou imaginária são aquelas que você deve verificar e ouvir primeiro — pessoalmente ou por meio das mídias sociais. Elas não são apenas uma grande pilha de dados a serem mastigados e analisados. Elas podem realmente ensiná-lo e inspirá-lo se olhá-las e ouvi-las com atenção, de olhos e ouvidos bem abertos.

Foi exatamente assim que a Seedlip descobriu seu Ueber-Target. A Seedlip é uma maravilhosa Ueber-Brand. Sua missão é "mudar o modo como o mundo bebe, oferecendo também opções sem álcool de elevada qualidade" ou em melhores palavras: "Resolver o dilema a respeito do que você vai beber quando não está bebendo" (SEEDLIP, 2020). Como Ben Branson, fundador e CEO da Seedlip, nos disse na fase inicial da marca, enquanto ele estava tentando entender mais sobre seu ainda limitado número de compradores, notou um lugar em particular encomendando quantidades desproporcionais do produto, então entrou no carro e dirigiu até lá para conferir. O que descobriu foi uma revelação, depois, um conceito muito novo: *daybreakers* [festas ao amanhecer] para pessoas que gostam de dançar, mas não de beber, e, de preferência, fazer isso antes de ir ao trabalho, como uma aula divertida de exercícios matinais. O Ueber-Target da Seedlip ficou claro a partir daquele momento: pessoas que gostam de festas e que não precisam ou não querem se divertir com álcool. Você pode ouvir a entrevista que fizemos com Ben em ueberbrands.com (UEBERBRANDS.COM, 2016e). Escaneie o QR code no início do livro para acessar um link direto [conteúdo em inglês].

É claro que normalmente não é tão fácil assim. Funciona melhor com uma missão polarizadora e apaixonante como a da Seedlip. Você geralmente tem mais seguidores, as conversas são mais profundas e o comprometimento é maior. Mesmo assim, muitas vezes é difícil chegar realmente às nuances e compreender as mentalidades, motivações e contratempos, ou ter um Ueber-Target aparecendo na sua frente, como no caso da Seedlip.

Contudo, o que a escuta social e a tentativa de analisar suas comunidades pode quase sempre fazer é ajudar a desenvolver ideias iniciais e hipóteses de como agrupar ou segmentar seu público-alvo.

SEGMENTAÇÃO

Dificilmente conseguiríamos transformar isso em uma aula de pesquisa de consumo ou de mercado; na verdade, nem mesmo gostaríamos de fazê-lo. Mas algumas particularidades são importantes, então, as apresentaremos.

Estudos de segmentação geralmente são caros. Para analisar o mercado, que é seu objetivo, eles precisam de um número bem grande de entrevistados. Quanto mais particular for o mercado ou o consumidor, menor será a incidência, e mais caro e menos provável que você o encontre facilmente disponível. Muitos institutos, como o TNS ou o Euromonitor, fornecem segmentações sociais gerais ou de consumo para compra e há muita pesquisa temática ou de mercado específico disponível on-line, algumas pagas, outras gratuitas. Antes de investir em um estudo personalizado, é com eles que você deve começar. Sua validade e confiabilidade podem ser às vezes duvidosas, mas isso não é tão importante para nossos propósitos. Estamos procurando inspiração, não validação. Ou seja: não queremos saber neste momento o tamanho exato de nossos objetivos, quanto potencial eles têm ou em que geografia ou demografia encontraremos a maioria deles. Primeiro, queremos identificá-los. Ter uma ideia de quem poderia ser nosso Ueber-Target e como nosso público-alvo estratégico poderia ser moldado. Você fará o resto quando tiver uma hipótese clara, porque isso é muito mais barato do que procurar agulhas no palheiro global de 7,8 bilhões de pessoas.

Às vezes, você tem muita sorte e se depara com um estudo que faz com que sua visão embaçada do público-alvo salte logo na sua frente, prontamente pesquisada e vividamente rotulada. Os "aspiracionais" eram algo assim para um cliente nosso (GLOBESCAN, 2019), coisa que os "HENRYs" eram inicialmente para a Acqua di Parma (DANZIGER, 2019).

É mais provável encontrar uma segmentação social ou de categoria em algum lugar que não seja bem dividido e agrupado de acordo com seu conceito. Mas isso inspira algo, uma forma de olhar para seus objetivos. E muitas vezes isso é tudo do que você precisa para restringir a busca ou conseguir um melhor senso de direção.

O que você precisa fazer, então, é desenvolver isso ainda mais por meio de pesquisa on-line ou discussão em grupo. Imagine quem essas pessoas poderiam ser, o que amariam ou odiariam, como vivem, o que compram... E com isso, como sua tarefa, você pode então ir a uma boa empresa de pesquisa para discutir em detalhes, qualitativos e/ou quantitativos.

QUALITATIVA

Essa é a parte em que você quer se aprofundar, compreender uma motivação intrínseca, descobrir a verdade por trás de um comportamento ou atitude pública, a psicologia de uma categoria... é por isso que é chamada de qualitativa. E também porque você olha para uma amostra muito limitada, não representativa, de forma relativamente expansiva.

Muitos pulam essa etapa porque se sentem esclarecidos sobre os dados "psicográficos" de seu público-alvo, mas, pela nossa experiência, isso é uma pena. Mesmo uma sessão de grupo ou uma dúzia de netnografias muitas vezes produzem insights surpreendentes que podem iluminar seu pensamento sobre seu público-alvo bem como seus negócios. E, além disso, essa etapa é um bom regulador para verificar seus ideais desenvolvidos ou objetivos fantasiosos de Ueber-Targets em contraste às realidades.

Há muitas metodologias diferentes, desde entrevistas individuais a grupos focais até investigações culturais ou antropológicas. Recomendamos investir em um especialista treinado em psicologia, experiente no uso de técnicas associativas e projetivas e que saiba como moderar em vez de transcrever palavra por palavra.

QUANTITATIVA

Este é o ponto principal da pesquisa quantitativa: sua amostra deve ser grande o suficiente para permitir a subclassificação e a tabulação cruzada. Digamos que esteja pesquisando algo como o "herói do churrasco": nesse caso, você precisa de uma faixa etária bastante ampla, pois quer ver qual é a segmentação de mercado por meio de coortes (ferramenta de pesquisa *cohort over-indexes*). Você precisa pesquisar famílias jovens e pessoas acima de cinquenta anos. Você precisa pesquisar homens e mulheres, pois as tendências de gênero podem diferir entre grupos etários ou regiões; você precisa pesquisar tanto ricos quanto pobres; você precisa ver quem são aqueles que compram grelhas de alta qualidade e aqueles que são "apaixonados, mas pragmáticos" com suas ferramentas, o primeiro possivelmente como o público-alvo principal, e o último como o mais abrangente... E a lista continua.

Isso é o que torna a pesquisa quantitativa muitas vezes bastante cara. Portanto, use-a com cautela. É cara e, se você fizer de qualquer jeito, pode acabar causando problemas para si mesmo. Os números podem enganá-lo apresentando precisão e confiabilidade onde não há, como já dito.

A boa notícia é que a pesquisa on-line diminuiu substancialmente os custos. Porém, mais uma vez, tenha cuidado. Perguntas complicadas em geral não são adequadamente respondidas com métodos simples. Se seu orçamento é limitado, é melhor tentar validar seu público-alvo de modo indireto. Você pode olhar os estudos existentes e conferir se corroboram suas ideias. Pode também tentar deduzir o tamanho e o valor de seus grupos a partir de outras pesquisas de categoria. Pode aproximar, usar o bom senso... ou solicitar a um instituto um estudo que cubra seus interesses, se eles puderem pesquisar seus dados e procurar respostas a perguntas específicas. Eles geralmente o atendem com prazer, se os estudos existentes não forem personalizados. E os custos ainda são muito mais baixos do que encomendar sua própria pesquisa.

O que é realmente mais interessante em termos de percepção e efetividade são as opções inventivas quali-quantitativas, como a metodologia CAPO da &Equity (EQUITY, 2020). Elas unem a validade quantitativa com a profundidade da pesquisa qualitativa, pelo menos até um certo nível.

Um último ponto: ainda não é o foco, mas você com certeza pode aprender muito sobre os potenciais influenciadores e defensores ao longo desse processo, talvez até mesmo identificar um ou outro imediatamente.

Personalizando

Quando tiver uma boa ideia de seu público-alvo, em especial seu Ueber-Target, e ele tiver sido examinado e representado em escalas, é hora de trazê-lo à vida. Transcreva os resultados da pesquisa e o tipo de pessoa que ela revelou a algo que pareça real e inspire todos os seus participantes a seguir em frente.

Porque é para isso que serve este próximo passo: desenvolver seu Ueber-Target para ir em frente. Deve-se desenvolver um tipo distinto de personalidade e um formato para compartilhar. A referência a ser consultada sempre, em todas as etapas — desde suas inovações, sua produção até sua comunicação. A "pessoa" a quem você sempre perguntará se tiver dúvidas se algo deve ou não ser feito e de que forma.

Para que isso aconteça, tudo deve ser suficientemente vívido e detalhado. Seu Ueber-Target deve ser criativamente inspirador o suficiente para instigar a mente e o coração de seus designers e profissionais de marketing; mas também deve ser real e específico o suficiente para que sua P&D seja direcionada ou seus parceiros comerciais mais econômicos o "vejam". Ele deve conduzir muitas pessoas e profissões diversas com muitas perspectivas e perguntas diferentes durante um longo tempo. E, para isso, deve ser bastante robusto.

Há muitas maneiras de fazer isso. Eis um instrumento que pode ajudá-lo a refinar suas ideias de Ueber-Target.

Arquetipagem/Kenotipagem™

De acordo com C.G. Jung, que trouxe esse conceito à Psicologia moderna, arquétipos são formas ou temas pré-existentes dentro do subconsciente coletivo, que usamos para nos orientar a viver nossas vidas, bem como para definir nossas identidades e olhar para os outros (JUNG, 1936). São padrões de comportamento, cenários prescritos que nos ajudam a agir mais rápido e, ao que parece, de forma mais intuitiva em qualquer situação, pois estão profundamente enraizados. Não pensamos em tudo, mas funcionamos no piloto automático.

Nesse mundo dos negócios guiado pela eficiência, essa teoria bastante estratificada e complexa é muitas vezes reduzida a um conjunto de personagens prototípicos, basicamente modelos, como o herói, o vilão, o sábio, o mágico... (veja entre outros: MARK; PEARSON, 2001).

Como eles podem ajudar? Duas coisas: primeiro, você deve olhá-los como parte de um curso intensivo de psicologia humana, mapeando diferentes estruturas motivacionais e tipos de personalidade. É um bom exercício que o força a pensar mais profundamente sobre o que impulsiona seu Ueber-Target ou em que tipo de alma sua marca tem. Basta ter em mente que o número de motivações arquetípicas (porque o conceito se aplica não apenas a personagens, mas também a eventos, situações, cenários) é ilimitado e não se resume aos 12 muitas vezes citados; e, com frequência, os arquétipos são misturados. Somente em histórias mal-escritas os personagens são unidimensionais. Na realidade, somos muito mais complexos, para melhor ou pior. Ninguém é constante e exclusivamente, digamos, o herói, em dada situação, muito menos ao longo da vida. Misturamos e combinamos diferentes conceitos arquetípicos como um pouco de herói com cara de bobo, uma dose de sábio e um cenário caótico.

FIGURA 12.2 Os 12 arquétipos mais comuns são um bom ponto de partida, mas não restrinja seu pensamento a eles

Criativo	Atleta	Rebelde	Cuidador	Visionário	Majestoso
Artista	Espiritual	Influenciador	Explorador	Advogado	Intelectual

Fonte: os autores (2020)

E é exatamente isso que você precisa fazer para que os "arquétipos" sirvam ao seu segundo propósito e ajudem a definir seu caráter de marca ou a personificar seu Ueber-Target. Use os 12 arquétipos icônicos apenas como ponto de partida, para inspirar seu pensamento, mas misture-os e combine-os com seu gosto ou necessidades, dê-lhes dimensões adicionais ou reviravoltas contemporâneas. Caso contrário, não chegará a lugar algum, especialmente em nossa era pós-moderna, em que o cenário eclético, híbrido e cheio de camadas predomina. Além do fato de que ter um número tão limitado de arquétipos, muitas vezes apenas três ou quatro, que se encaixam em uma determinada categoria, tornaria bastante difícil diferenciar as marcas.

Então, em nosso trabalho, desenvolvemos um pouco mais o conceito dos arquétipos de Jung para o que chamamos de kenótipos™, em cooperação com Dominic Pettman, professor de cultura e mídia. *Keno* é um termo grego para "novo", e é isso que os kenótipos são — misturas comuns de arquétipos que você encontrará na cultura de hoje, pesquisadas em diferentes países. Elas podem contemplar uma gama de figuras diferentes: da Garota Zen à Rainha do Gelo, até a Alma Gêmea. E você pode mapeá-las e acompanhar sua evolução.

Na última contagem, tínhamos em torno de trinta mulheres. Ainda um número controlável, mas que evita a construção de clichês. Além disso, mesmo essas são constantemente desenvolvidas, combinadas ou aprimoradas. É um sistema vivo, tal qual nossas sociedades.

Outra maneira interessante de alinhar o conceito de arquétipo com a cultura atual é o que fez o professor dr. Jens-Uwe Pätzmann da Universidade Hochschule Neu-Ulm. Com sua equipe, ele analisou cinquenta dos mais recentes filmes blockbuster para ver como os doze arquétipos tradicionais se apresentam (PÄTZMANN; HARTWIG, 2018).

Você também pode fazer isso. Não se preocupe com Jung, arquétipos e tudo mais se acha que é muito complicado. Basta prestar atenção às séries mais populares da Netflix ou aos filmes de Hollywood ou, melhor ainda, ler bons romances. Você encontrará muitos personagens bem-construídos para inspirá-lo e dar ideias de como definir seu Ueber-Target. Além disso, sempre é possível olhar os avatares reais desses personagens fictícios, as celebridades. Entre elas, encontrará muitos exemplos que podem dar vida ao seu Ueber-Target.

Imaginando

Na verdade, a parte mais importante da imaginação é o nome. O nome ou título que você dá ao seu Ueber-Target, e também ao seu público-alvo estratégico, é cerca de setenta por cento do que precisa fazer nesta etapa do processo. Porque, lembre-se, estamos construindo uma personalidade orientadora, um personagem conceitual para que a organização inteira incorpore. E isso nem sempre é revelado e examinado lendo um livreto de dez páginas ou assistindo a um vídeo de dois minutos. Muitas vezes, é apenas indicado por uma abreviação: o nome.

O outro aspecto é que, se as imagens apresentam um panorama completo, as palavras permitem que você crie o seu. O lado positivo disso é que é menos limitante e força as pessoas a usarem sua imaginação, que é o ponto principal. A desvantagem é que isso ainda não lhe dá um senso de direção compartilhado em poucas palavras. E isso é difícil.

Por essa razão, esta parte provavelmente tomará o maior tempo e gerará a maior discussão. Afinal, pode fazer uma enorme diferença se você chamar seu Ueber-Target de "usuários de metrô", "inquietos", "precursores", ou dizer "trabalhe mais, viaje mais ainda", como debatemos recentemente com um cliente. Um bom exemplo para um nome evocativo, porém direto, é "trabalhadores na cozinha", que a marca de cozinha Haven's Kitchen usa para seu Ueber-Target; são pessoas que gostam de cozinhar, mas também têm outras obrigações e, dessa forma, gostam de algum apoio, dicas ou atalhos às vezes. Você pode ouvir nossa entrevista com a fundadora da Haven's Kitchen, Alison Cayne, em ueberbrands.com (UEBERBRANDS.COM, 2019e). Escaneie o QR code no início do livro para acessar um link direto [conteúdo em inglês].

Porém, é claro que, por mais importante que o nome seja, ele não é suficiente por si só. Precisa de uma base, um apoio ou, melhor ainda, de uma descoberta do maior número possível de detalhes e aspectos de seu Ueber-Target. Os aspectos fundamentais que você precisa abordar em geral são:

- perspectiva geral sobre a vida;
- estilo de vida, demografia;
- situação familiar;
- interesses e hobbies culturais e comerciais ("ávido fã de ópera e comprador *hardcore* da TJ Maxx");
- relacionamento com a categoria em questão.

A esses aspectos, você pode acrescentar muitos detalhes que podem ser interessantes ou esclarecedores para seu caso particular. Uma boa ideia é juntar todos os aspectos importantes, contando uma pequena história, como "Um dia na vida de fulano".

É importante ter em mente que, mesmo que tenha pesquisado tudo e consiga preencher todos os detalhes e informações sobre essa pessoa, não o faça! Deixe espaço para a imaginação, pois é para isso que esse Ueber-Target é mais necessário.

Ademais, não se preocupe muito em estar cem por cento "correto" o tempo todo. Não há problema em exagerar aqui e ali, por efeito criativo ou clareza, desde que isso não se torne uma paródia ou uma sátira. Você não está fazendo reportagens aqui, está criando sua musa, então tudo bem ter um pouco de licença poética.

Em termos de formatos: vale qualquer coisa. Depende muito do tipo de organização, ou seja, qual formato funciona melhor para quem, mas também o tipo de Ueber-Target do qual você fala. A forma como apresenta sua persona também diz muito sobre ela. Se estiver falando de um público-alvo erudito e sofisticado, um minilivro feito de linho pode ser uma boa ideia. Se estiver falando de um público-alvo jovem e belo, uma conta de Instagram fantasiosa seria provavelmente um formato melhor.

Escolha o que dá mais vida ao seu Ueber-Target. *Mood boards* ou vídeos (produzidos com material existente) são comuns e sempre funcionam. Esses últimos, além de serem mais divertidos e compartilháveis digitalmente, também lhe dão mais duas dimensões para revelar seu personagem: som e movimento.

Contudo, novamente, não custa nada ser um pouco mais criativo, como gravar uma pequena história em vídeo, criar um *flip-book*, produzir um livro lenticular ou um livro pop-up... até criamos salas 3D para clientes, para que os gestores e vendedores pudessem literalmente mergulhar na vida de seu Ueber-Target.

RESUMO: TAREFAS — PASSO 5

- Defina o seu Ueber-Target em contraste com o seu público-alvo estratégico.
- Alinhe-os com os usuários existentes ou desejados, assim como os não usuários.
- Comece olhando e ouvindo as comunidades existentes — as suas próprias ou as que deseja conquistar.
- Confira os estudos de segmentação existentes para analisar o seu mercado e desenvolva-os para "imaginar" seu público-alvo.
- Use a pesquisa qualitativa para se aprofundar; enriqueça e justifique sua imaginação.
- Use pesquisas quantitativas para validar suas ideias, usando estudos existentes ou encomendando sua própria pesquisa.
- Reúna informações e pensamentos sobre potenciais influenciadores em todo o processo, bem como sobre os embaixadores da marca.
- Transforme tudo isso em uma persona — possivelmente aplicando o conceito de arquétipos.

Passo 6: instigue seu público-alvo

Você chegou ao último passo da construção de sua Ueber-Brand: compartilhá-la com o mundo. Em parte, esse já era o tema de "Viva seu sonho", no sentido de fazer a curadoria de presença e experiências de sua marca. No momento, trata-se de instigar e engajar seus públicos-alvo, do Ueber-Target ao público-alvo mais abrangente. E, na verdade, não apenas esses, mas todos os *stakeholders*, desde funcionários até investidores. Além do fato de que tudo o que diz e faz se comunica muito além dos "públicos-alvo" pretendidos; de qualquer forma, você obviamente tem muito mais grupos que interagem além de seus consumidores.

Entretanto, vamos nos ater a esses por um segundo. Não gostamos muito do termo "público-alvo". É muito agressivo. Está desatualizado, implicando uma relação sujeito-objeto. É simplesmente errado, como se você quisesse agredir ou até mesmo matar alguém, mas não conseguimos pensar em nada melhor — "audiência" ou "destinatários" são igualmente passivos, "*stakeholders*" é massivo, pior ainda é "parceiros de comunicação".

Por isso, ficamos com público-alvo. Porém, ressaltamos que nas interações com as marcas hoje, nenhuma das conotações da palavra é mais válida; seus opostos são. Já começa com "interações". As relações com marcas hoje, incluindo as comunicações de massa, são, de modo geral, interativas, elas são o herói do comercial de trinta segundos de ontem. Porém, essas interações também se tornaram mais complexas nos últimos anos. Em particular, espera-se que as Ueber-Brands se conectem com o público por meio de experiências inspiradoras e compartilhadas. As proclamações são reservadas para notícias realmente grandes, que mudam o mundo, de preferência relativas à sustentabilidade.

Contudo, hoje em dia, o público-alvo também oferece mais em troca das mercadorias do que apenas seu dinheiro suado: conhecimento, credibilidade, status, moeda social, seguidores, defesa... A boa e velha transação "mercadoria — dinheiro" realmente se transformou em uma interação multidimensional.

Além de tudo isso, as Ueber-Brands sempre precisam atingir seu público-alvo de uma forma não convencional. Seu estilo deve estar à altura da sofisticação que almejam. Elas devem seduzir. Porque vender, assim como encontrar seu público-alvo, é muito direto e banal... nada experimental.

Outro dia, vimos um belo anúncio da Chaumet que, embora fosse um pouco contido, resumia de um jeito quase parecido com o de Emily Post o que as pessoas querem de suas "Ueber-Brands" e o que falaremos nos capítulos seguintes de qualquer maneira: graça e personalidade. Boa sorte!

De Mito a histórias

O primeiro desafio é como levar seu Mito de Marca para a comunicação real. Porque esse é o objetivo em relação à comunicação tradicional da marca, que muitas vezes é tática demais. Seu Mito é a meta-história de que tudo o que você diz ou faz deve te levar para cima. Todas as suas comunicações devem contar mini-histórias que são parte ou derivam de seu Mito geral.

Isso não significa que você deve dizer sempre o mesmo. Você perderia a relevância em pouco tempo se dissesse. Não significa nem mesmo que precisa ser completamente coerente o tempo todo. A previsibilidade não é muito empolgante, e é por isso que muitas Ueber-Brands têm muitos "ativos suaves" para utilizar — sinais icônicos, cores, formas... que tornam a comunicação de sua marca marcante, mas não previsível.

Não, sua comunicação não deve ser consistente, mas coerente. Deve haver uma narrativa de conexão que percorre tudo, unindo tudo, sempre levando a seu Mito de Marca. Ao mesmo tempo, porém, deve sempre parecer nova e surpreendente, deixando as pessoas verem sua marca e seu Mito de novas maneiras. Assim como uma boa novela, basicamente, que tem um tema e um elenco claros, mas que ainda assim pode apresentar novas viradas e reviravoltas para manter a audiência interessada. De certa forma, estamos voltando ao início da publicidade na TV... a novela 2.0, por assim dizer.

Um bom BC (briefing criativo)

Não importa se você trabalha com parceiros externos ou equipes internas, o trabalho que você colhe sempre tem a mesma qualidade que o briefing que você faz.

Existem centenas de formatos de briefing no mundo do marketing, começando com a forma de chamá-los: briefing criativo, que tradicionalmente dá sentido à sigla BC? Briefing de comunicação, reconhecendo que não se trata apenas de um desafio criativo? Ou briefing de marca, porque a comunicação pode ser apenas uma solução, ao lado de uma ação etc.? E isso é apenas o começo.

Gostamos de "briefing criativo", porque criatividade é o que você sempre quer: uma solução criativa, não importa se é uma campanha, uma promoção ou a inauguração de uma loja. Ele deve ser estrategicamente inteligente e pontual — bem, esse é o objetivo do briefing.

Em relação ao formato: realmente não faz diferença. Se a agência com que trabalha, por exemplo, é parcial em relação a um formato em particular, continue com ele. Se você já usou algum no passado, tudo bem. Há cinco coisas, no entanto, sobre as quais cada briefing precisa falar — mesmo que seu formato lhe dê apenas três opções:

1. Objetivo: por que estamos escrevendo isso? O que queremos?
2. Público-alvo: a quem estamos nos dirigindo? Quem nós queremos que faça, pense ou sinta?
3. Insight: o que sabemos sobre eles? O que os inspira, envolvendo-os?
4. Mensagem: que informação, ideia, ato, fato... poderia mais afetar esse público-alvo? Como poderíamos conduzi-lo em direção ao objetivo?
5. Aspectos técnicos: manuais de estilo, cronogramas, orçamento...

Já trabalhamos antes com o exemplo mostrado na Figura 13.1. É um pouco mais elaborado do que apenas os cinco requisitos anteriores, mas, ainda assim, é bastante simples. O que gostamos particularmente é que ele coloca ação e comunicação em pé de igualdade, não presumindo que a comunicação seja a única solução. Além disso, ele inclui perguntas sobre nossa eficácia, como avaliaremos o sucesso ou o fracasso.

O bom de escrever um briefing não é apenas que quem o recebe ganha uma direção. É quase mais importante forçar aqueles que criam o briefing a pensar bem nas coisas. É uma ação que queremos incitar ou uma atitude que queremos mudar? A comunicação é realmente o melhor caminho a seguir? Somos realmente claros sobre os objetivos? Quais são os nossos KPIs? Ou o sucesso se manifesta nos colaboradores de sua empresa?

Outra coisa é esquecida muitas vezes: como quem fez o briefing, você é responsável pelo projeto e deve conduzi-lo durante o tempo todo, sustentando-o com informações adicionais, respondendo perguntas, fazendo o check-in, discutindo possíveis reflexões... Um briefing nunca é o fim de um trabalho, é sempre o início — "deles" e seu.

FIGURA 13.1 Exemplo de um briefing criativo que inspira pensar além da comunicação como a única solução

MISSÃO

Por que a marca existe? Qual é a sua história?

Tudo o que fizermos deve promover a nossa missão e refletir o nosso mito.

Qual é o problema?

Para que fizemos esse briefing afinal? Qual é o problema do negócio?

ABORDAGEM

Como vamos resolver o problema?

Trata-se de a marca tomar medidas para dar vida à sua missão?
Ou trata-se de levar outras pessoas a agir? Fazê-las comprar/aderir?
Ou trata-se de fazer o mundo ouvir? Confrontar uma atitude?

Lembre-se: a solução pode não ser (apenas) a comunicação.

PESSOAS

Com quem queremos nos envolver?

Quais aspectos que sabemos sobre eles são importantes neste contexto?
Alguma percepção? Obstáculos? Tradições?

GRITO/ESTOPIM DE GUERRA

Qual é a principal ideia, inspiração ou insight?

Qual pensamento parece mais importante do que qualquer outro? Qual é a melhor inspiração que temos neste momento? Pode ser uma ideia, um exemplo ou um esboço...

Há algum apoio para esse "fator" principal?

Mostre-nos por que ele é importante.

SUCESSO

No final, o que queremos alcançar? O que queremos que as pessoas façam, pensem ou sintam?

Qual é o nosso objetivo final? Como isso é diferente do que o nosso público-alvo faz, pensa ou sente hoje?

Como vamos medir o sucesso?

Novos comportamentos, vendas, divulgação gratuita em jornais, novos clientes, fama... há muitas medidas possíveis... melhor usar uma variedade delas.

Algo mais...?

Espaço para inspiração aleatória, formas de ingresso, instintos, observações sobre a competição, alertas...

Fonte: os autores (2020)

Agenciamento ou marketing interno?

Isso não costumava ser uma questão, mas com a comunicação se tornando cada vez mais diversificada e digitalizada, e com as marcas se tornando sua própria mídia, as coisas mudaram. Muitas empresas não têm mais um ou dois principais parceiros externos ao longo do tempo, mas trabalham com muitas agências, desde o design até a publicidade e o desempenho, muitas vezes até mesmo com concorrentes em um determinado campo. E elas começaram a fazer o marketing interno e/ou a criar equipes de marketing personalizadas, cobrindo todas as áreas exclusivamente para elas, como uma equipe interna terceirizada.

O que aconselhar, então? De modo geral, somos salomônicos: misturar os dois é a melhor opção. Faz sentido manter a comunidade e a gestão de conteúdo próximos, o marketing interno ou personalizado, conectados a longo prazo. O conhecimento necessário e adquirido é tão vital para sua marca, que não faz sentido terceirizar por completo. Quem mais, senão você, poderia responder melhor a postagens críticas em fóruns? Quem, senão sua equipe, tem todo o know-how interno para decidir o que compartilhar e quando? Além do fato de que sua mídia social e sua gestão de relacionamento com o cliente (CRM) devem estar intimamente ligadas de qualquer forma, alimentando-se mutuamente. Duas engrenagens, com sua organização como transmissora.

O mesmo se aplica aos parceiros estratégicos. Seu valor aumenta com o tempo. Quanto mais souberem sobre você e sua categoria, melhor poderão ajudar.

Entretanto, para solavancos criativos e, com certeza, para os "grandes trabalhos", faz mais sentido obter o calibre necessário externamente. Além do fato de que você não pode se comprometer e pagar certos colaboradores permanentemente, é mais difícil pensar fora da caixa quando se está nela o tempo todo. O valor de suas equipes internas é seu envolvimento e intimidade com a marca; mas isso dificulta esquecer tudo, sair do contexto e pensar diferente e de novo.

Internalizar traz profundidade, de mente e coração, conhecimento e compromisso. De preferência. Externalizar lhe dá amplitude, perspectivas e horizontes, inspiração e estímulo. É tão simples quanto parece.

Atores e atos simbólicos

Por que "atores e atos simbólicos"? Porque é isso que os influenciadores etc. são: eles agem em seu nome. E é isso que todos os *stakeholders* devem fazer, agindo em favor da marca — não importa se trabalham, falam ou investem para ela ou a compram. Uma comunidade de "agentes" mais ou menos ativos, inspirados por uma Missão e Mito compartilhados.

Para conseguir isso, sua marca, entretanto, precisa agir primeiro. Precisa produzir e prover para valer, mas também inspirar, nos chamados atos simbólicos. Isso pode ser qualquer coisa, desde a realização de grandes eventos como o Dreamforce da Salesforce, o simpósio anual sobre mudança realizado em São Francisco, até a transformação da vila de seu fundador em um museu, como a Louis Vuitton fez em Asnières (LOUIS VUITTON, 2020), ou o patrocínio do Festival de Cinema de Tribeca (Montblanc) e o apoio a uma causa. É preciso preparar o palco, por assim dizer, com cenários e adereços, para que toda ação em seu favor ocorra.

Aliás, falamos de "ação" e "atores" porque a comunicação de hoje é mais visual e empírica do que oral. Trata-se de mostrar, provar e fazer coisas, em vez de apenas proclamá-las. Porém, a comunicação ainda importa, é claro. Mas deve ser um pouco mais barulhenta, como as imagens supostamente são. E mais envolvente, como se espera que os atos sejam.

Empregados, embaixadores e influenciadores

Sempre é melhor quando os outros falam sobre você. De preferência, sem segundas intenções, como um contrato de endosso. Mas isso é difícil e requer muitas coisas boas e inspiradoras a serem feitas, como os atos simbólicos mencionados antes. Para ressoar, você precisa ser um agitador, precisa perturbar, incentivar, oferecer cultura em geral ou pelo menos a categoria em que você se encontra (ver também "Interação"). Para gerar boca a boca, você deve dar às pessoas algo para falar ou dizer algo significativo e inédito. Ou você tem sorte e tem um produto que cria uma paixão excepcional, incluindo o desejo de compartilhar essa paixão.

PAPÉIS E CÍRCULOS DE INFLUÊNCIA

A matriz na Figura 13.2 detalha os diferentes papéis que todos esses "atores em seu nome" podem assumir.

Olhando de perto, você concluirá facilmente que um bom funcionário cobre todos os quatro quadrantes. E é exatamente por isso que sempre dizemos que as Ueber-Brands devem irradiar de dentro para fora.

Seus funcionários são seus melhores porta-vozes; embaixadores, influenciadores, especialistas e defensores, todos reunidos em um só. Isso se você contratar bem, isto é, escolher aqueles que não estão apenas procurando uma carreira, mas que se preocupam com sua Missão. A história de Tom sobre a TerraCycle na Parte Três é um exemplo perfeito de como construir um verdadeiro movimento de funcionários para parceiros ao redor do mundo.

Um de seus funcionários é você, é claro, o CEO e/ou fundador. O chefe da empresa é seu maior influenciador, e deve agir como tal também. Isso sempre foi verdade para as relações B2B ou de investidores e se torna cada vez mais esperado também nas relações B2C. No entanto, isso às vezes pode complicar, especialmente quando a comunicação não é a habilidade mais forte dessa pessoa.

FIGURA 13.2 É importante esclarecer qual papel um influenciador desempenhará para sua marca ou com ela.

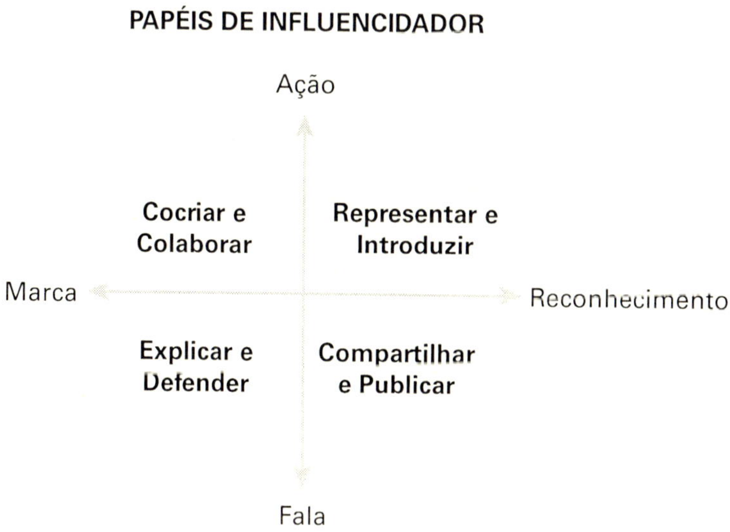

Fonte: os autores (2020)

A próxima parada são seus clientes, particularmente os Ueber-Targets. Supondo que a satisfação de seus clientes seja boa, os usuários da marca são os embaixadores mais convincentes. No entanto, são regularmente subutilizados. O WornWear da Patagonia é um ótimo exemplo de como criar um fórum para seus fãs e suscitar histórias de defesa deles. É tudo uma questão de reparo e reutilização/reciclagem das peças de vestuário da Patagonia, tão plena da Missão de Marca, mas ela vem com muitas histórias de aventuras do "primeiro estágio da vida" do produto, mostrando sua durabilidade e a diversão que você pode vivenciar ao longo do caminho.

Desse grupo, você deve de preferência escolher também seus influenciadores "profissionais", selecionados pela experiência ou alcance, ou ambos, para endossar sua marca. Todos já sabem que essas pessoas são pagas por sua comunicação favorável, assim como os endossadores de marcas ou aqueles que dão depoimentos sempre foram. Então, não tente fingir o contrário. O que ainda pode tornar o conceito crível é quando eles são verdadeiros fãs/usuários da marca ou especialistas competentes da categoria, que conceitualmente poderiam ser usuários — sem que sejam insensatos e vigaristas que usam o marketing em excesso, é claro.

Cada vez mais, no entanto, é aconselhável optar por micro ou macroinfluenciadores. Os "macros" não passam de depoimentos de celebridades — tão caros e eficazes como sempre foram, ou não. Os "micros", por outro lado, ainda têm a conexão social com seus seguidores, a perícia e a credibilidade, o que permite que o conceito todo tenha tanto êxito.

FIGURA 13.3 As Ueber-Brands devem irradiar de dentro para fora.

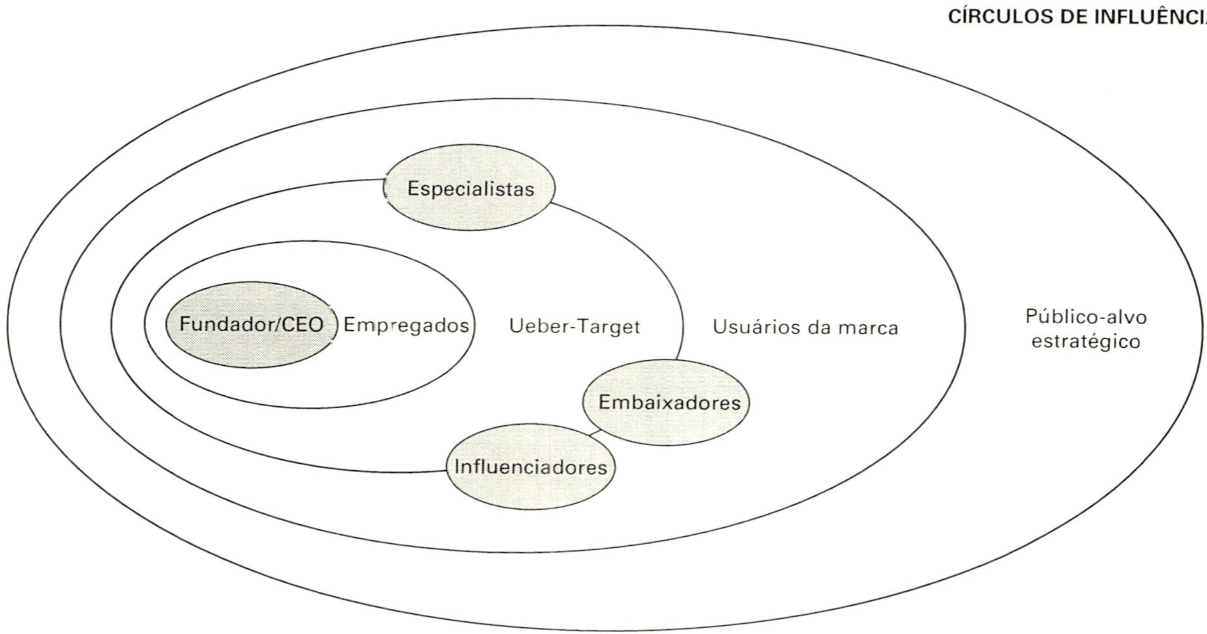

Fonte: os autores (2020)

E isso basicamente nos leva de volta ao porquê de seus funcionários e usuários serem seus microinfluenciadores definitivos. Eles são os mais confiáveis, acessíveis e estão socialmente conectados com usuários "normais", além de serem bem menos caros.

HIERARQUIAS DE ACESSO

Caso queira aprender sobre a forma como nossas sociedades se reúnem em torno de deuses e gurus, e também marcas nesse sentido, o livro *Living With The Gods* [Vivendo com os deuses], de Neil MacGregor, é um ótimo ponto de partida (MACGREGOR, 2018). Entre outras coisas, o autor mostra como todos os cultos são construídos com base em diferentes graus de acesso. O acesso direto ao Santo Graal só é concedido aos sacerdotes, seus funcionários, por assim dizer. Eles deveriam ser recrutados de preferência pelo seu Ueber-Target, como as Virgens Vestais, que cuidavam do fogo sagrado em Roma e sempre eram escolhidas de famílias "fundadoras", conhecidas por se preocuparem com a continuidade.

Um exemplo mais contemporâneo e mundano é a marca de ciclismo Rapha. Já explicamos seu Ueber-Target, o "ciclista sofisticado", e como ele se insere no mercado de ciclismo em geral ("Viva seu sonho"). Agora, vamos ver como ela cria diferentes graus de acesso — e admiração — pelo que chamamos de "corda de veludo" (ver Parte Um, Princípio 2).

Simon Mottram, que fundou o negócio em 2004 em Londres, inspirou-se pelo mundo sombrio, mas cavalheiro, das corridas de ciclismo de estrada nos anos 1960. O nome da marca em si é emprestado de uma equipe um tanto mística, mas de curta duração, do Tour de France (1959-61). Mottram criou roupas de alta performance com uma estética moderna e única que reflete a "personalidade esforçada e gratificante" de seu esporte favorito e rapidamente descobriu que muitos outros entusiastas compartilhavam de seu sentimento. E é aqui que a corda de veludo é colocada — como em frente a qualquer clube de respeito, separando os que estão "dentro" dos que estão "fora".

Do lado de "dentro", estão os membros comprometidos do Rapha Cycling Club (RCC) que se reúnem regularmente em lojas de todo o mundo e organizam "corridas de cavalheiros" como a "Não deixe nenhum cavalheiro para trás, Bavária" (SCHOTT, 2014). Eles se denominam "Raphia" e inspiram muito mais ciclistas ocasionais a tornar-se membro do RCC, comprar muitos equipamentos da marca e a aderir à filosofia, símbolos e rituais: seu lema é *ex duris gloria* (glória pelo sofrimento). Sempre ajudam os membros com dificuldade de subir uma colina e reconhecem suas subtribos por bonés personalizados no guidão e na cabeça, disponíveis apenas para membros do RCC (RICHARDSON, 2017).

No lado de "fora" da corda de veludo, os membros da Rapha são às vezes chamado de MAMILs, e outros ciclistas debocham quando os veem se preparar com o que consideram equipamentos inusitados e caríssimos. No entanto, ainda estão ligados à marca, porque fazem parte dela. Eles formam os seguidores *hardcore* dos quais os próximos iniciantes, também conhecidos como membros do RCC, serão escolhidos. Portanto, os membros da Rapha exercem "influência" sobre todos aqueles que estão de fora, à margem, aqueles que estão atraídos pelo espetáculo, mas principalmente os espectadores, quase nunca os atores. Na língua do marketing: são nosso público-alvo mais abrangente ou os compradores ocasionais.

Parece loucura? Mas funciona, como ocorre desde o início da cultura humana.

O exemplo da Rapha ou dos Raphia explica muito bem outra coisa: assim como você deve escolher seus influenciadores para seu compromisso com a marca, não pode olhá-los apenas como um meio para atingir um fim. Deve respeitá-los e, de preferência, envolvê-los como parceiros para ser realmente eficaz. Juergen Habermas, o sociólogo preeminente, chama isso de "ação comunicativa" (HABERMAS, 2011), significando que você discute com respeito mútuo, em busca da melhor solução, em vez de tentar forçar sua opinião e direcionar os outros. O que é ideal, é claro, mas vale a pena lutar para que isso aconteça. E isso pode ser realmente divertido e pragmático. A marca de moda Alexander McQueen faz isso em sua loja-conceito em Londres, onde às vezes abre o segundo andar, normalmente privado, para estudantes criativos (de design) discutirem e "migrarem de um espaço muito exclusivo e talvez muito transacional para um espaço altamente inclusivo e inspirador", como diz o CEO Emmanuel Gintzburger (AMED, 2019). O novo nível de construção da Ueber-Brand envolve os *stakeholders* e especialmente os Ueber-Targets na criação e evolução da marca, como também podemos ver na entrevista do YouTube na Parte Três. A marca não apenas parece "feita para mim", mas é "feita comigo".

Patrocínios e RSC

Os termos "luxo positivo" ou "luxo consciente" referem-se a marcas de ponta que abraçaram a sustentabilidade como parte da nova qualidade. E o mundo da massa não está muito distante: a maioria das marcas já entendeu que certos padrões éticos e ecológicos devem ser mantidos para não se tornar o próximo escândalo e arriscar perder a simpatia de seus seguidores, especialmente o público-alvo mais jovem. O sucesso sustentável é quase impossível hoje em dia sem um certo nível de sustentabilidade.

As fronteiras entre patrocínios e a responsabilidade social corporativa (RSC) se tornaram confusas, se já não eram antes, e é por isso que as juntamos.

Tradicionalmente, patrocínios eram atos de apoio, uma forma de "retribuição" por aqueles abençoados com sucesso, de preferência de forma pública. Eram usados de forma aleatória e mais tática. Internamente, eram classificados como relações públicas, geralmente em nível corporativo e não de marca. As conexões com a empresa ou o propósito da marca muitas vezes eram quase inexistentes ou muito vagos, porque o propósito principal da maioria das empresas era simplesmente lucrar. E os patrocínios eram uma forma de legitimar esse lucro, bem como as ações menos agradáveis presumivelmente necessárias para alcançá-lo.

A responsabilidade social corporativa (RSC), por outro lado, surgiu com mais princípios. Inspira-se na filosofia Kyosei concebida nos anos 1990, que exige das empresas a construção de relações simbióticas. A ideia é que uma empresa tenha certas responsabilidades para com as sociedades em que vive — e das quais consome para viver. O conceito é, por definição, mais integral, contínuo e estratégico. Não é algo que se possa escolher fazer ou não, como patrocinar. É algo que você deve olhar e se comprometer, pelo menos em um certo nível.

E tudo isso se tornou uma coisa só. Porque o conceito de ter uma Missão ou propósito exige que você olhe além dos balanços e se comporte de acordo com sua Missão — tanto comercial quanto socialmente. Pelo menos no caso das Ueber-Brands. Isso não significa que todos nós devemos nos dispor a mudar o mundo, erradicar a pobreza ou limitar o aquecimento global. Simplesmente mudar ou elevar seu mundo, ou seja, sua categoria, ainda pode ser um assunto importante e um grande negócio. Mas isso significa que as Ueber-Brands precisam viver sua Missão internamente, na forma como produzem e se organizam (RSC), bem como externamente, por atos simbólicos (patrocínios).

REI, a marca de roupas outdoor, devolve oitenta por cento de seu lucro às comunidades que vivem ao ar livre. É uma porcentagem incrivelmente pesada, mas quando se olha para ela como um reinvestimento, parece inteligente e não tão espantoso. Esses "patrocínios" ou "atos de RSC" ajudam a REI a criar um marketing boca a boca muito mais eficaz e direto nos lugares certos. Esse engajamento não é arbitrário ou irrelevante para seus negócios. Está diretamente ligado à Missão da empresa, criando consciência e engajamento, marca e venda, de uma vez só. É um investimento de construção de negócio e definitivamente não é um tipo de patrocínio.

A Chobani, por outro lado, ainda segue um modelo mais tradicional. Dez por cento de seus lucros líquidos após os impostos vão regularmente para suas fundações, apoiando refugiados, imigrantes e geralmente aqueles menos favorecidos. Existe uma conexão entre esses "patrocínios" e a marca, mas somente na forma de background pessoal do fundador e o nome da marca "Chobani", referindo-se aos pastores nômades das montanhas do Curdistão. Porém, quase ninguém sabe disso. Não está entrelaçado à Missão e ao Mito, e com certeza não está no marketing do produto. Encontra-se nas letras miúdas na parte inferior da página da Chobani, talvez de um jeito mais nobre, mas definitivamente menos eficaz.

Um detalhe importante para você, no caminho para consolidar sua marca em uma Ueber-Brand: escolha sabiamente sua Missão (veja "Defina sua Missão"). Não se desvie muito do que está realmente fazendo, não vá muito longe, pois terá dificuldade em criar atos simbólicos (por exemplo, patrocínios) que de fato se conectem e promovam seus negócios como a REI faz. Teste sua Missão verificando que tipo de patrocínios, compromissos ou apoios você assumiria — e pense se isso está no seu coração, assim como no da marca.

É claro que você pode vender sorvete como um meio de promover sua agenda socioecológica ou sapatos para defender o ateísmo. Mas, também é provável que precise apresentar uma complexa Missão em três partes, como a Ben & Jerry's faz com sua "Missão de produtos inter-relacionados, Missão econômica e Missão social" para conectar tudo isso. E, ainda assim, será algo sempre frágil e questionável. Longe da efetividade de uma Missão bem articulada que une os interesses comerciais e sociais, como mostra Jim com a Burt's Bees na Parte Três.

FIGURA 13.4 O modelo "O Bem maior" da Burt's Bees conecta o produto, o lucro e a missão social

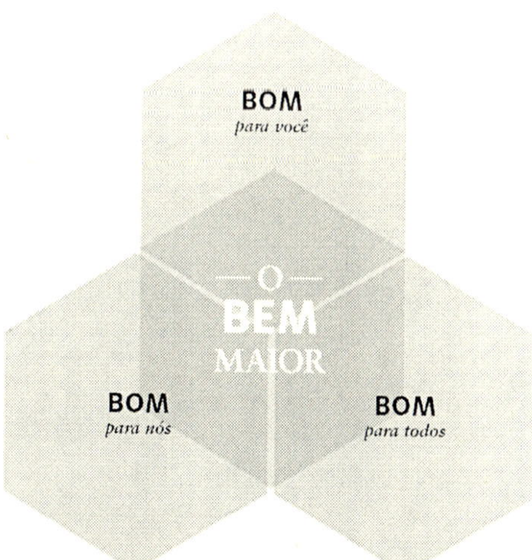

Fonte: reproduzido com permissão da Burt's Bees (2020)

Interação

A "coragem vem do cuidado", disse Lao Zi, supostamente. E ele estava certo etimologicamente, mesmo sem falar inglês. Coragem vem de *cor*, termo em latim para "coração", como ainda é evidente em nosso idioma "fazer alguma coisa de coração".

Por que estamos dizendo isso? É bom para conversas informais em festas. Mas, além disso, também capta bem este último capítulo sobre a elevação de sua marca: quando você é conduzido por uma Missão e segue suas convicções, naturalmente "usa o coração" para fazer as coisas, o que pode parecer ousado para os outros. As Ueber-Brands crescem com facilidade para ir a lugares que outros não ousam ir; elas fazem o novo, o menos esperado, a opção corajosa. Lideram e desafiam todos nós a segui-las. E essa deve ser sua atitude na concepção de suas interações.

Um bom caso em questão é a recente colaboração entre a venerável marca alemã de porcelana Meissen e a Supreme, a famosa marca de moda *streetwear* (WATERS, 2019) mencionada na Primeira Parte. Não há a menor sobreposição entre os públicos-alvo das duas marcas. E suas ações são, na melhor das hipóteses, dissonantes. No entanto, a Meissen concordou com esse empreendimento controverso, provavelmente com o intuito de recuperar alguma vantagem e um público mais jovem, como fez a Supreme, ostentando seu poder de colaboração e tentando trazer conteúdo artístico, presumimos. E adivinhe só — parece ter funcionado. Não importa que os cupidos de porcelana em uma camiseta da Supreme, que já não eram exatamente baratos a mais de quatro mil euros no varejo, já sejam oferecidos por mais de sete mil euros em leilões. Todas as relações públicas e a conscientização que isso acumulou são inestimáveis, pelo menos para a Meissen, com a Supreme sendo vista como uma queridinha da mídia. A Meissen é citada, apresenta-se como corajosa e mostra-se disposta a reafirmar seu papel há muito perdido na cultura contemporânea, e não apenas do tipo elevado.

Tom de voz

Em *Rethinking Prestige Branding*, falamos muito sobre como as Ueber-Brands devem “não vender”. Isso apenas significa que a comunicação excessivamente promocional costuma ser evitada para que se crie um ar descolado. Aplicar técnicas mais sedutoras, como ficar um pouco velado e misterioso, ter um tom altamente confiante — até mesmo arrogante para alguns —, ser corajoso e provocador e, ao mesmo tempo, se conter. Ser difícil de conseguir em vez de ser vendido com dificuldade. E, se precisar ser mais insistente aqui e ali, pelo menos seja atrevido ao fazê-lo.

Isso basicamente deixa dois grandes caminhos para o tom de voz, assim como a mistura deles, se você quiser “Ueber” sua marca: “Seja forte” ou “Seja silencioso” como diz Molly Flatt (FLATT, 2012). Contudo, antes de entrarmos nesse assunto, vamos olhar para uma Ueber-Brand que estragou tudo, não fazendo nenhum dos dois e criando um grande caos, incluindo uma queda de 15 por cento das ações.

“É apenas um comercial terrível” (MAUTZ, 2019). Essa é uma das manchetes escritas sobre o anúncio de Natal da Peloton de 2019. E resume tudo isso muito bem. Não queremos nem mesmo entrar no debate sobre se o anúncio é realmente sexista (é), misógino (é), gordofóbico (é), paternalista (é)... a lista poderia continuar. O que mais nos preocupa é que essa peça de comunicação é tão de mau gosto, tão fora de contato com a cultura contemporânea, que nem poderia sequer ser imaginada. No entanto, é exatamente a isso que as Ueber-Brands deveriam aspirar, e o que a Peloton realmente faz na maioria das outras coisas.

Discordamos de verdade de Mark Ritson e dos "Sharpists" (RITSON, 2019), que afirmam que a relevância é tudo o que importa na comunicação. Isso pode ser discutível para marcas de massa regulares, mas com certeza não é para marcas de prestígio como a Peloton. Os detalhes e o design são mais importantes para as Ueber-Brands do que para as marcas regulares. Como elas fazem — ou dizem que fazem — é algo tão importante quanto o que realmente fazem. Seu apelo é fortemente influenciado por sua percepção de sofisticação e novidade cultural. E qualquer coisa que ponha isso em questão é potencialmente letal. Afinal, ou você tem estilo sempre, ou não tem.

SEJA FORTE

Provavelmente a melhor e mais eficaz forma de comunicação das Ueber-Brands é a Missão completa, com coração e coragem.

Square, o sistema de pagamento móvel, faz isso de uma forma encantadora e engraçada em seu comercial (graças à canção homônima dos anos 1940) que é quase um hino "esquecido" (TVADMUSIC, 2018), que celebra os artesãos e artesãs muitas vezes ignorados e seu valor para nossa vida cotidiana. Sua série de pequenos empresários e retratos da cidade leva isso mais longe e conta histórias com mais profundidade, proximidade e humanidade. Em tudo isso, traz à vida sua Missão: "Acreditamos que todos devem participar e prosperar na economia... acreditamos na justiça e na igualdade" (SQUARE, 2020); e o faz de uma forma inteligente, humorada, comovente e até mesmo artística.

A BrewDog, uma rebelde marca escocesa de cerveja, é outro ótimo exemplo. Muito mais desordeira em estilo, mas igualmente fiel à sua Missão, ela mostra um dom para a (sub) cultura de hoje e para os ideais e aspirações de seu Ueber-Target. Confira sua análise da "Década do Cão" de sua história mítica no YouTube e entenderá (YOUTUBE, 2020). Depois veja seu vídeo mais focado no produto "This punk's for you" e você verá como vender sem vender, incluindo uma falsificação muito eficaz no que é chamado de "ingrediente pornográfico" na linguagem de marketing.

SEJA SILENCIOSO

Naturalmente, nenhuma marca pode se dar ao luxo de permanecer completamente silenciosa. Afinal, marcas são criadas para nos movimentar, e movimentar suas mercadorias. Mas ser um pouco enigmático ou mesmo esotérico pode fazer muito bem a uma Ueber-Brand, em especial se for artística e luxuosa.

Jil Sander, a marca de moda conceitual de ponta, contratou o famoso diretor de cinema independente alemão Wim Wenders para criar cinco curtas-metragens para sua coleção de 2018 e 2019. Bonito, mas certamente sem ser apelativo. O restante de sua "comunicação" é semelhante, bastante cerebral, às vezes surreal, sempre artística — completamente alinhada com seu valor, mas longe das noções tradicionais de publicidade.

Esses são exemplos de como o "silêncio" pode valer ouro no caso das Ueber-Brands. Agir de forma controlada imprime uma aura de controle, falar com suavidade faz com que as pessoas ouçam, ficar longe da gritaria constrói autoridade. Além disso, tais fatores também são ideias que funcionam, e a ação mais silenciosa sempre falará mais alto do que o megafone mais poderoso.

FIGURA 13.5 Este quadro está vazio porque o Burning Man não considera culturalmente apropriado compartilhar fotos em contextos de "marca", como eles nos disseram. "Descomoditização" é um de seus princípios fundamentais para conter a comunicação do evento e sobre ele

MARCAS COMO MÍDIA

"O meio é a mensagem." Quando Marshall McLuhan cunhou esse famoso mantra do marketing no final dos anos 1960, referia-se mais aos aspectos sociológicos da mídia, ou seja, a TV. Porém, isso se aplica também às Ueber-Brands de hoje. O "como" é tão crucial para eles quanto "o quê". Isso significa canal e contexto, tanto na construção de sua presença, como na escolha de seus meios de comunicação.

Como uma Ueber-Brand, você nunca pode avaliar nada somente com base na eficácia, incluindo sua mídia ou escolhas de canais. Você sempre deve considerar como isso reflete sobre seu valor, qual mensagem sua mídia envia.

É por isso que revistas como a *Vogue* ou a *Architectural Digest* ainda fazem muita publicidade. Ser visto ali traz prestígio; é o equivalente do mundo da moda e do design ao selo *Good Housekeeping*. É também por isso que as marcas cada vez mais têm se tornado sua própria mídia. Às vezes, disseminam-se em "grandes" campanhas de alcance e ampla conscientização, mas tentam principalmente atrair seus seguidores por sua Missão ou comunicação não tradicional e autodisseminada, interessadas em interações mais envolventes com o público-alvo e na construção de valor. Essa última é frequentemente chamada de conteúdo nativo, sobretudo quando parece ter "nascido" on-line, não é muito "vendável" e traz uma sensação menos polida e caseira. "Não tradicional" significa "postagens iradas" ou outras ações criativas feitas ao ar livre e cooperação.

Dessa forma, a comunicação está realmente se tornando seu próprio meio. A RedBull é o definitivo e mais famoso caso. Sua divisão de mídia (Red Bull Media House) tomou uma proporção tão vasta que há rumores de que poderá se extinguir em breve. Mas também há outras maneiras de se fazer isso, como criar seu "mundo" para mostrar sua marca e deixar seus fãs mergulharem nele. Como fizeram a Swarovski Kristallwelten e os Porsche Experience Centers, dos quais já falamos. Outros exemplos são lojas-conceito de varejo com restaurantes, café ou bar; ou marcas que se aprofundam na hospitalidade, como a Armani, a Bulgari e a Mini fazem. Uma iniciativa recente veio da Shinola, uma marca de relógios e acessórios de Detroit, que recentemente abriu seu hotel butique. Entretanto, tenha cuidado, esses investimentos são pesados e podem facilmente parecer arbitrários e gratuitos se a ligação entre a oferta de "hospitalidade" e a Missão de Marca não for tão óbvia, como no caso da Rapha, por exemplo. Você "empresta juros" e, portanto, não acha que sua marca e oferta original sejam suficientes.

A questão em tudo isso é: por mais que esteja criando sua marca com base em sua Missão e em suas crenças, você deve se comunicar de maneira original e idiossincrática. Isso inclui suas escolhas de mídia — ou melhor ainda, sua própria mídia.

Tudo é digital

Alguém disse recentemente: "Ter um diretor digital é como ter um diretor de eletricidade." Nas últimas décadas, nossas vidas, e com certeza o mundo das marcas e do marketing, foram digitalizados a tal ponto que não faz mais sentido ter um "departamento digital" separado — ou um capítulo sobre o digital. Tudo é digital, pelo menos em um determinado momento. Sua maravilhosa experiência pessoal naquela padaria tradicional em uma rua de paralelepípedos de Gamla Stan, em Estocolmo, termina com o recibo enviado por e-mail, seguido de newsletters, descontos... uma série interminável de CRM. A tigela artesanal de madeira que você comprou naquela "galeria" do SoHo tem um QR code para assistir a um vídeo sobre como o produto é feito em uma cooperativa de mulheres quenianas. A cartela personalizada de cores que te torna único está disponível apenas na DTC on-line, assim como o amor de sua vida ou seu próximo encontro.

Isso não significa que tudo deve parecer digital, como uma fileira desalmada de zeros e uns. De forma alguma, como mostram tendências como o "tecnomisticismo" ou a "netromancia" (WORTHAM, 2015). Nossa raiva tecnológica criou o oposto, uma mudança para o artesanal, o manual, o comovente, o natural e o tradicional.

Isso com certeza não deve significar que seu orçamento deve ser alto em marketing de desempenho ou social, como já discutimos. Entretanto, significa que tudo que você faz como uma Ueber-Brand não deve mais seguir uma mentalidade binária — on-line vs. off-line, massa vs. prestígio, velho vs. novo, homens vs. mulheres. Em vez disso, abrace sua Missão e Mito autocriados, cruzando canais, cruzando culturas. A única coisa que importa é ser fiel a si mesmo e a seus seguidores.

RESUMO: TAREFAS — PASSO 6

- Traduza seu Mito em muitas histórias para contar, ou fazer.
- Seja coerente em todas as suas atividades; mas não necessariamente consistente.
- Sempre desenvolva briefings criativos claros — isso não é menos importante para se disciplinar e pensar as coisas estrategicamente.
- Decida o que fazer internamente e o que terceirizar; provavelmente uma mistura de ambos.
- Escolha influenciadores e embaixadores e decida suas respectivas funções.
- Comece por você e seus funcionários, depois seus usuários do Ueber-Target.
- Estabeleça diferentes "hierarquias de acesso", alinhando-as ao longo da corda de veludo.
- Defina e desenvolva "atos simbólicos" — muitas vezes patrocínios ou atividades de RSC.
- Esteja ciente de seu "estilo"; para as Ueber-Brands, o "Como" é essencial.
- Seja forte e interaja com coragem; ou seja silencioso, exibindo uma autoridade discreta.
- Seja sua própria mídia, integrada digitalmente.

Resumindo

O Modelo de Ueber-Branding

Aqui resumimos todos os passos e seus pontos de ação estruturados nas três fases: Sonhe, Faça, Ouse. Porém, como dissemos no início: esse é o fluxo lógico em teoria. Na prática, as coisas muitas vezes acontecem em paralelo. E não há problema, porque, em última análise, todas estão inter-relacionadas, como mostra a Figura 14.1.

FIGURA 14.1 As três fases (seis etapas) de nosso Modelo de Ueber-Branding reúnem todos os sete princípios das Ueber-Brands, conforme disposto na Parte Um

Fonte: os autores (2020)

SONHE

Passo 1: defina sua Missão

- Investigue sua marca/empresa com a mente aberta.
- Mergulhe em seus arquivos: se acha que não tem nenhum, vasculhe no armário de guardar "tranqueiras".
- Entreviste os *stakeholders*-chave — do nível executivo ao operacional, da classe sênior à júnior, interna e externamente.
- Compare com suas realidades: fornecimento/produção, organização, orçamento...
- Resuma em cinco a dez crenças, o mais únicas e controversas possível.
- Analise o mercado e a concorrência: onde você faz/pode fazer a diferença?
- Compare com seus consumidores e tendências, categoria e cultura em geral.
- Discuta tudo no Workshop de Missão e idealize as direções da Missão.
- Escreva as Declarações de Missão, grandes e ousadas, mas específicas e próprias.
- Traduza em valor total de marca — incluindo "O quê" e o "Como".
- Opcional: recolha o feedback da equipe chave que ainda nao está envolvida.

Passo 2: escreva seu Mito

- Veja sua história de fundação, e como fazer dela o ponto de partida ideal para sua jornada de Missão.
- Explore a cultura e a história de sua empresa/marca e escolha os aspectos que poderiam ajudar a construir uma narrativa.

- Conduza um estudo semiótico para descobrir novas maneiras de olhar para sua marca e seus "signos".
- Una tudo em um enredo mítico (trama), seja para "ir além" ou "nos guiar".
- Escreva-o como sua meta-história — a narrativa para guiar tudo o que você faz e para a qual toda comunicação deve escalar.
- Utilize potencialmente o conceito de arquétipos para definir sua identidade de herói.
- Use fatos e imaginação ao fazer isso, mas permaneça verdadeiro.
- Siga o Modelo de Separação, Iniciação e Retorno — inclua os desafios.

FAÇA

Passo 3: realize seu sonho

- Avalie seu portfólio de acordo com sua "aptidão para a Missão" — ao longo de todo o ciclo de vida.
- Veja todos os produtos e serviços de diferentes perspectivas; os fatos podem ser interpretados.
- Escolha os heróis: melhore os produtos e serviços ambivalentes, despriorize os "desajustados".
- Descubra bens ocultos e novas oportunidades, "inspirado" pelas necessidades da Missão.
- Idealize e inove com base em seus ideais; valide-os em seguida.
- Defina uma linguagem de design única, incluindo os nomes.
- Evidencie seus produtos com HPAs, em vez de simples RPAs.

- "Ritualize" seus produtos — eleve o papel que eles desempenham na vida das pessoas.
- Celebre a superioridade de seus produtos e serviços; desenvolva estratégias de informação e educação.

Passo 4: viva seu sonho

- Observe de perto sua cultura e certifique-se de que ela reflita sua Missão da melhor maneira possível.
- Defina valores e comportamentos desejados, codificando sua cultura.
- Recrute de acordo: faça da paixão por sua Missão um critério-chave.
- Viabilize a cultura que você procura, com as respectivas estruturas, processos e políticas.
- Desenvolva atos inspiradores e simbólicos que podem realmente estimular seu negócio ao mesmo tempo.
- Adapte seus *benchmarks* e programas de incentivo para refletir seus valores.
- Avalie suas estruturas organizacionais e adapte-se conforme necessário.
- Defina o caráter da marca e crie sua identidade para refletir a Missão — por dentro e por fora.
- Verifique sua estratégia de distribuição on-line e off-line; avalie não apenas o alcance, mas também o ajuste de valor e a diferenciação.
- Projete suas experiências de marca para viver sua Missão e Mito, começando com aspectos operacionais padrões.
- Concentre-se nos detalhes críticos à história que deseja contar — encontre reviravoltas inesperadas.

OUSE

Passo 5: encontre seu Ueber-Target

- Defina o seu Ueber-Target em contraste com o seu público-alvo estratégico.
- Alinhe-os com os usuários existentes ou desejados, assim como os não usuários.
- Comece olhando e ouvindo as comunidades existentes — as suas próprias ou as que deseja conquistar.
- Confira os estudos de segmentação existentes para analisar o seu mercado e desenvolva-os para "imaginar" seu público-alvo.
- Use a pesquisa qualitativa para enriquecer e justificar suas ideias.
- Use pesquisas quantitativas para validar suas ideias; usando estudos existentes ou encomendando sua própria pesquisa.
- Reúna informações e pensamentos sobre potenciais influenciadores em todo o processo, bem como sobre os embaixadores da marca.
- Transforme tudo isso em uma persona — possivelmente aplicando o conceito de arquétipos.

Passo 6: instigue seu público-alvo

- Traduza seu Mito em muitas histórias para contar, ou fazer.
- Seja coerente em todas as suas atividades; mas não necessariamente consistente.
- Sempre desenvolva briefings criativos claros — isso não é menos importante para se disciplinar e pensar as coisas estrategicamente.

- Decida o que fazer internamente e o que terceirizar — provavelmente uma mistura de ambos.
- Escolha influenciadores e embaixadores e decida suas respectivas funções.
- Comece por você e seus funcionários, depois seus usuários do Ueber-Target.
- Estabeleça diferentes "hierarquias de acesso" — alinhando-as ao longo da corda de veludo.
- Defina e desenvolva "atos simbólicos", muitas vezes patrocínios ou atividades de CSR.
- Esteja ciente de seu "estilo"; para as Ueber-Brands, o "Como" é essencial.
- Seja forte e interaja com coragem; ou seja silencioso, exibindo uma autoridade discreta.
- Seja sua própria mídia, integrada digitalmente.

GOSTOU DO QUE LEU? — QUER SABER AINDA MAIS?

Lembre-se que você pode acessar materiais multimídia relacionados ao conteúdo deste livro, bem como estudos de caso adicionais ou atualizados, entrevistas em podcast, comentários e mais em nosso site, www.ueberbrands.com ou simplesmente escanear o QR code a seguir para ser conduzido diretamente à página de Material Bônus deste livro [conteúdo em inglês].

SCAN ME

Valorizamos seus comentários sobre os modelos, métodos e casos que compartilhamos no livro e gostaríamos de ouvir sobre suas próprias experiências em consolidar marcas. Encorajamos você a discutir com a comunidade Ueber-Brands em nosso blog da página ueberbrands.com ou a escrever diretamente para authors@ueberbrands.com. É provável que queiramos entrevistá-lo para o podcast ou para nosso próximo livro.

PARTE TRÊS

Lições: Ueber-Branding em ação

Perspectivas e insights dos profissionais

Na Parte Um, resumimos e ilustramos os sete princípios que encontramos para conduzir o sucesso das Ueber-Brands, por meio de nossa pesquisa. A Parte Dois forneceu uma revisão profunda das três fases de elevação da marca e seis passos associados que recomendamos para chegar a esse ponto, com base em nossa própria experiência e na dos melhores pares da categoria. Para a Parte Três do livro, convidamos sete profissionais para falar diretamente sobre aspectos-chave da elevação da marca e como eles são trazidos à vida em suas empresas.

Você lerá do fundador da TerraCycle sobre como ele transformou a Missão da empresa de reciclagem em um Mito e um movimento. O CEO da prestigiosa marca de beleza Aqua di Parma fala sobre como a essência mítica lhe permite elevar o valor e os negócios da marca, concomitantemente. A Burt's Bees tem um preço premium, mas atualmente faz parte de um grande grupo de bens de consumo e atua no segmento popular. No entanto, a marca tem obtido sucesso em aumentar os propósitos e lucros com harmonia até hoje, como conta Jim Geikie, diretor-geral durante toda a transição.

A Starbucks tornou-se uma marca global, e isso exige que o DNA da marca se mantenha forte enquanto cresce, como explica a ex-diretora de marketing da Europa, Samantha Yarwood, responsável pelo projeto. Como você "brilha de dentro para fora"? Como nos disse o então chefe global de comunidade do Airbnb, definir um propósito para o Airbnb era uma coisa, mas lançá-lo e vivê-lo realmente como uma organização é outra coisa bem diferente. Você lerá como eles conseguiram fazer isso. Lakrids é o sonho dos amantes de alcaçuz que se tornou realidade. Mas como escalar tal sonho, interna e externamente? É isso que o diretor global de vendas de doces de alta qualidade na época nos contará.

E, finalmente, olhamos para um futuro de marcas como mídia e como plataformas cooperativas. Para isso, recorremos a nada menos que Chris Dale, diretor de comunicações do YouTube, para aprender como ser uma marca quando você não é uma, mas muitas.

Cada uma das sete histórias é apresentada à sua própria forma e estilo para registrar as experiências e insights únicos de maneira mais genuína. A maioria foi escrita pelos próprios profissionais; outras, no entanto, são recontadas ou transcritas por nós, e uma delas é até mesmo um diálogo direto.

Em todas as sete, pedimos a nossos colaboradores que fornecessem um breve resumo para facilitar ainda mais as coisas para você.

Aproveite e inspire-se!

Caso 1: TerraCycle

Da Missão ao Mito ao movimento, ou: como "eliminar a ideia de desperdício"

Muitas empresas B2B não vão muito além da busca de uma identidade visual marcante, quando se trata de construção de marca. O foco muitas vezes técnico de suas ofertas, bem como as supostas relações mais funcionais entre marca e cliente parecem estar em desacordo com os esforços mais emocionais ou mesmo sedutores de marketing ou de construção de marca. A TerraCycle é uma das provas de que isso está errado. A empresa de reciclagem e, portanto, aquela que está literalmente no fim disso tudo, evolui para se tornar uma Ueber-Brand de sustentabilidade, aplicando a maioria de nossos sete princípios, do Mito ao Ueber-Targeting, para irradiar de dentro para fora. Dessa forma, ela conquista os corações e mentes de seus funcionários, empresas de bens de consumo embalados, fornecedores e público em geral, reunindo-os em torno de sua Missão de "eliminar a ideia de lixo".

Neste artigo, Tom Szaky, o icônico fundador da TerraCycle e líder torcedor conta em primeira mão como ele e seus fervorosos funcionários preocupados com resíduos fazem todos aderirem à reciclagem de materiais e se juntarem à causa para criar um movimento global. Você também pode ouvir uma entrevista que fizemos com Tom em ueberbrands.com (UEBERBRANDS.COM, 2019c). Escaneie o QR code no início do livro para acessar um link direto [conteúdo em inglês].

Tom Szaky

Tom era um calouro de dezenove anos quando abandonou a Universidade de Princeton para se dedicar totalmente à sua ideia de transformar resíduos alimentares em "fertilizante de coco de minhoca" e usá-los para encher garrafas recicladas de refrigerante para vender. Vinte anos depois, Tom pode se declarar o CEO da "startup mais legal dos Estados Unidos" (BURLINGHAM, 2016), porém, o mais importante, é que pode ser considerado o engenheiro e líder de uma aliança apaixonada que une consumidores, "grandes CPGs", recicladores e cerca de duzentos milhões de voluntários por trás da Missão da TerraCycle, transformando-a em um poderoso movimento. A seguir, ele compartilha essa incrível jornada e o que ela lhe ensinou sobre o Ueber-Branding.

O que separa o lixo do ouro é uma questão de perspectiva. Nossos maiores desafios (e realizações) não têm sido necessariamente encontrar a fórmula adequada para transformar escovas de dentes em parques infantis, mas criar uma mística de marca que atraia as pessoas para cumprir nosso propósito. Usando o Mito como estratégia de marca, conseguimos tornar o lixo legal, aspiracional, até mesmo sexy, despertando a curiosidade com conceitos e histórias muito visuais, memoráveis e fáceis de entender, que são ao mesmo tempo especiais e acessíveis.

Atualmente, corporações, municípios, pequenas empresas e consumidores individuais levam os programas da TerraCycle a 21 países, enquanto fabricantes os utilizam para obter materiais únicos e baseados em histórias para sua produção. Com mais de duzentos milhões de pessoas coletando lixo hoje, a empresa manteve quase oito bilhões de objetos de material tradicionalmente não reciclável fora dos aterros sanitários até o momento.

Como construir uma organização próspera: transformando Mito em cultura

Há três *buckets* centrais de constituintes aos quais a TerraCycle vende sua marca, todos os quais devem aderir para que possamos fazer o verdadeiro e impactante trabalho de reciclagem, gestão de resíduos e criação de novos sistemas para a economia circular. O primeiro são nossos funcionários, pois é essencial atrair, reter e motivar os talentos a cumprir nosso propósito. E não temos nos saído mal. Somente no último ano, a TerraCycle duplicou seu número de funcionários no mundo inteiro (incluindo a expansão de nosso departamento de recursos humanos!).

Quem na Terra gostaria de trabalhar com lixo? Eu, o primeiro empregado da TerraCycle, para começar. Uma publicação recente se referiu a mim como o "fundador enigmático de cabelos desgrenhados" da empresa (IDLE, 2019), o que eu suponho ser perfeito até certo ponto. Moro perto de uma floresta, não tenho nenhum terno, sou conhecido por vestir camisetas e moletons e estou sempre na linha de frente, viajando "a algum lugar" para vender.

Criar uma cultura de empresa próspera remete implicitamente aos valores fundamentais estabelecidos por seu criador e, sem ego, posso dizer que faço parte do DNA da TerraCycle e, mais importante ainda, de sua mística de marca. O mundo adora a história de alguém que largou a faculdade (muito parecida com a dos respectivos fundadores de uma determinada rede social e empresa de tecnologia), e quer eu quisesse ou não, é uma história que inspira e atrai.

FIGURA 15.1 O "messias da reciclagem" Tom Szaky — parte do Mito de Marca e da difusão do evangelho entre seus *stakeholders*

Fonte: reproduzido com permissão da TerraCycle (2020)

Muito antes de eu ter trancado meu segundo ano da faculdade para me concentrar na TerraCycle, nasci em 1982 na Hungria comunista, filho de dois médicos. Pouco tempo depois, o acidente de Chernobyl desestabilizou a região, e deixamos o país como refugiados políticos. Fugindo para a Alemanha e Holanda antes de me estabelecer no Canadá, onde ainda sou cidadão, foi na América do Norte capitalista que frequentei a escola pública, aprendi a codificar sozinho aos 14 anos e estudei negócios e empreendedorismo.

Tendo vindo de um país com pouco para um mundo em que o consumo excessivo era a norma, fiquei surpreso com as coisas que as pessoas jogavam no lixo; o primeiro aparelho de televisão que vi na vida estava sendo jogado fora. Fiquei fascinado com o lixo.

Esse tipo de "Mito da Criação" é uma peça essencial para qualquer marca de sucesso. Seja um evento, a invenção de uma máquina ou um super-herói em uma história em quadrinhos, as pessoas querem saber como começou e que aspecto humano desencadeou essa série de eventos. Com essa história de origem vem uma promessa de autenticidade, acessibilidade e verdade que ajuda as pessoas a se sentirem conectadas a uma Missão de Marca.

E a história continua: no início, a maioria de nossos funcionários eram invertebrados; eram tratados como lixo, e não lhes pagávamos um centavo... porque eram minhocas! Originalmente, a TerraCycle converteu lixo coletado de lixeiras de cafeterias em fertilizante orgânico, dando-o para minhocas, pegando os dejetos e transformando-os em um produto. O vermicomposto da TerraCycle, que meu amigo no Canadá comprovou ser um fabuloso fertilizante vegetal, foi submetido ao Concurso Anual de Plano de Negócios do Clube de Empreendedorismo da Universidade de Princeton, que chamou minha atenção pelo grande prêmio de cinco mil dólares.

Ao atrair e reter pessoas com propósitos específicos, criamos uma marca involuntariamente desde o início. Isso aconteceu de uma forma quase tão orgânica quanto o fertilizante que estávamos produzindo. Naquele período inicial, coco de minhoca dava pouco dinheiro. Porém, éramos podres de ricos — trocadilho intencional — de autenticidade e pessoas encantadas com a missão de tornar o lixo o herói. Além disso, era muito divertido! Nos anos iniciais, o lugar onde trabalhávamos parecia uma grande festa.

Com o dinheiro de nossos primeiros investidores, alugamos nosso primeiro escritório na rua Nassau, onde equipamos o espaço com móveis descartados que eram lixo, no que diz respeito à maioria. Organizamos festas de arte nos fins de semana, o que nos dava dias de folga e exaustão, e às paredes, alguma cor.

Conforme a demanda crescia, precisávamos de mais espaço, mas o design do nosso local de trabalho continuou sendo uma expressão de nossa Missão e Mito. Fotos de nossos escritórios revelam plantas abertas e salas de conferência temáticas; a "sala de viagens" apresenta um mapa-múndi feito de rolhas, e a "sala de mídia" possui uma mesa sustentada por equipamentos de mídia como videocassetes e aparelhos de som. De fato, todos os nossos escritórios ao redor do mundo são projetados inteiramente a partir de itens "residuais" reestruturados e atualizados. Lixo, basicamente.

Nossas mesas são feitas de portas, há tapetes de segunda mão nos pisos, e nossas paredes externas e internas são cobertas com grafites de artistas locais que sempre mudam. O cascalho de nosso "pátio de rolhas" na sede é feito de rolhas e pedaços de chinelos reutilizados como cascalho macio e colorido onde, com concreto, usamos garrafas recicladas de cerveja e de vinho como muros de contenção para canteiros de jardim. Nossa "sala de garrafas" é um dos maiores espaços de conferência, seus muros são construídos inteiramente com garrafas PET suspensas por arames no teto, de modo que se movimentam e você pode caminhar entre elas. Meu próprio escritório é construído de forma semelhante, assim como o do diretor financeiro e o do setor jurídico, criando um ambiente de transparência literal para a equipe executiva.

Atualmente, a maioria das pessoas que trabalha para a TerraCycle não abandonou a faculdade, mas optou por trabalhar aqui saindo de vários outros lugares. Nosso principal cientista de P&D passou seis anos na Johnson & Johnson, trabalhou na The DuPont Company e na Xerox Corporation e detém três patentes norte-americanas e sete patentes da

Organização Mundial da Propriedade Intelectual (OMPI). Nosso diretor financeiro vem da Cruz Vermelha norte-americana e também trabalhou na Clorox e na Procter & Gamble, grandes conglomerados com os quais fazemos parceria hoje. Jovens estagiaram aqui enquanto estavam na faculdade, acordaram com seus departamentos para estender o tempo de estágio e aceitaram ofertas assim que saíram da faculdade.

FIGURA 15.2 Vivendo a Missão e desenvolvendo o Mito: uma sala de reuniões da TerraCycle com paredes feitas de garrafas PET e uma mesa feita de portas recicladas. Mais simbólico do que prático

Fonte: reproduzido com a permissão da TerraCycle (2020)

A mística da marca TerraCycle é atrativa em um mundo repleto dos "negócios banais". Mas essa atração não significa nada sem retenção, e há muitos aspectos de nossa cultura que se somam a isso. O aspecto pet-friendly é um grande aliviador de estresse (eliminar a ideia de lixo é intenso!), e, voltando ao meu cabelo, nosso *dress code* é muito casual, não se vê ninguém de terno; eu não me importo nem um pouco com o que as pessoas usam no escritório, desde que o trabalho delas seja bom.

As sessões semanais de "Faça um tour com a TerraCycle" convidam os diferentes departamentos a apresentar o que fazem para fomentar um senso de pertencimento e compreensão para os novos e antigos funcionários. Nosso programa alimentar recentemente fez a transição para um programa completamente vegetariano, cinco dias por semana, para demonstrar nosso compromisso com a ação climática, assim como com a preferência da maioria.

Os projetos são conhecidos por ocorrer em horários estranhos (com nossas equipes internacionais e clientes em fusos horários diferentes, as reuniões acontecem fora do horário comercial norte-americano), e prazos urgentes surgem, mas com um grande pacote de benefícios, incluindo um bom plano de aposentadoria, 22 dias de folga voluntária, licenças-paternidade e maternidade, plano de saúde e programas de desenvolvimento. Investimos em nossos funcionários e valorizamos seu tempo.

Essas são coisas reais e importantes que consideramos eficazes na venda de nossa marca aos nossos mais importantes *stakeholders*: nossos funcionários. Alavancar o Mito e a mística da marca nos permite inspirar as pessoas e ser uma mercadoria valiosa em um mercado de trabalho competitivo.

Como conquistar clientes e seus negócios: traduzindo o Mito em benefícios

Ousados o bastante para fazer as coisas de maneira diferente, nossos clientes são organizações que trabalham conosco em soluções para a economia circular. Incluem algumas das maiores empresas do mundo — fabricantes, varejistas e corporações

— e consumidores que veem nossos serviços como um valor agregado em um mundo ansioso para votar com seus dólares por um futuro com menos desperdício.

Parceiros famosos incluem Gillette, Herbal Essences, Bausch + Lomb e Febreze, que trazem acesso nacional a soluções de reciclagem para itens municipais não recicláveis por meio de envio e descarte. As principais cadeias de supermercados e lojas como CVS, Walgreens, Walmart e Kroger, nos EUA, e Carrefour e Tesco, na Europa, trabalham conosco para fornecer estações de reciclagem nas lojas, promoções de varejo e etiquetas de descarte baixáveis.

Conquistar esses clientes é uma questão de fazê-los ver o valor da reciclagem, assumindo a responsabilidade pelo que produzem, abordando as crescentes preocupações de seus próprios clientes e/ou de todos os itens anteriores. E o que faz com que nossos clientes queiram trabalhar conosco é o fato de que envolvemos os indivíduos. Nossos programas tocam as pessoas. Essa é a parte mais importante do nosso Mito de Marca. Você não pode lucrar sem pessoas, e nós temos mais de duzentos milhões coletando conosco ao redor do mundo.

Por exemplo, para aumentar o fornecimento de garrafas usadas (a coleta de lixo só lhe trará algumas), iniciamos a Brigada de Garrafas, que forneceria o modelo para a divisão de "resíduos patrocinados" agora conhecida como Programas Nacionais de Reciclagem, nossa maior, mais reconhecida e lucrativa linha de negócios hoje.

Em 2007, lançamos nosso primeiro programa patrocinado com a Honest Tea, nossa parceira de marca mais antiga. Embalando seus sucos para crianças no popular formato de saquinho, a marca quis oferecer a seus clientes uma solução para o item multicomposto, uma combinação de folhas e diferentes tipos de plásticos.

Sem ter certeza de como seria recebido pelo público, orçamos cem contas para os programas, o que significa que apenas cem pessoas poderiam se inscrever com seu e-mail. Todas as 100 confirmaram no prazo de 24 horas! Naquele ano, várias outras marcas de alimentos e bebidas seguiram o exemplo.

As pessoas querem fazer a coisa certa, mas estão ocupadas. Elas se acostumaram com a conveniência, o preço e a função de muitos produtos descartáveis no mercado hoje, e, apesar de estarem preocupadas com a poluição e o desperdício, se a solução não for fácil de entender e disponível a baixo custo, elas não se envolverão.

Uma das promoções mais reconhecidas da TerraCycle é o "Desafio do Playground Reciclado", patrocinado por um de nossos maiores parceiros da marca em todo o mundo. Por meio desse concurso de reciclagem e votação voltada para escolas primárias e secundárias, a marca doa um playground feito de itens de higiene bucal reciclados e coletados pelo programa para a escola que recebe mais "créditos de playground" durante a promoção.

Isso recompensa o consumidor e cria um investimento na empresa patrocinadora como patrona dos produtos e de uma causa beneficente. Torna-se possível colher recompensas reais e tangíveis quando as empresas administram iniciativas que pedem ao consumidor para fazer mais do que apenas comprar o produto, mas também se envolver em fazer algo de bom para sua comunidade. O sentimento gratificante de retribuir ajuda a fechar a lacuna entre valores e ação.

O concurso ocorre há vários anos nos EUA com iterações na Europa e cria uma conexão entre as coisas que jogamos fora e o que elas podem se tornar, especialmente para as crianças, nossas futuras administradoras.

Além da reciclabilidade, um dos fatores mais importantes que os consumidores citam em sua seleção de produtos ecologicamente corretos é o uso de conteúdo reciclado, especificamente reciclado pós-consumo (post-consumer recycled — PCR), que a TerraCycle está preparada para fornecer a partir de nossos programas de coleta (PIERCE, 2017).

Atualmente, as empresas de CPG geralmente utilizam materiais reciclados genéricos (ou seja, "rPET" ou "rHDPE") agregados de uma ou muitas instalações de reciclagem municipal. Eles contêm plásticos de muitos tipos diferentes de produtos e embalagens, vêm de vários lugares e não têm rastreabilidade de volta ao produto original ou ao local onde o material foi gerado ou coletado.

Entretanto, a TerraCycle consegue oferecer a seus clientes materiais especiais que contam uma história, proporcionando uma oportunidade excepcional para que os fabricantes e grandes marcas se diferenciem. O componente de "história de origem" rastreável pode ser comunicado de forma clara e eficaz aos consumidores de hoje, que encontrarão valor em sua capacidade de se relacionar com o produto e a história por trás dele.

O ponto alto de nosso trabalho com o plástico armazenado é nossa divisão de plástico encontrado na praia. Ela começou quando trabalhamos com a Procter & Gamble para criar o primeiro frasco de xampu do mundo completamente reciclável feito com plástico encontrado na praia para a Head & Shoulders, a marca de xampu número 1 do mundo. Coletado à mão por uma miríade de ONGs dedicadas e organizações voluntárias de limpeza que já coletavam lixo em praias, o plástico originalmente destinado a aterros sanitários foi usado para estabelecer uma nova cadeia de fornecimento.

Uma vez que as pessoas entenderam que poderiam abrir enormes oportunidades com a logística reversa, nossas ONGs parceiras fizeram o necessário com entusiasmo e dedicação incansável. O plástico marítimo e costeiro é um problema ambiental ao qual elas se conectaram, por isso ajudaram a P&G a integrá-lo em nossas embalagens — e elas continuam a fornecer nossa produção até hoje.

Vendida na França, a garrafa foi feita em colaboração com a SUEZ, a maior empresa de gestão de resíduos da Europa, desempenhando um papel fundamental na coleta, classificação e, finalmente, no fornecimento de pellets plásticos de alta qualidade. O projeto ganharia um prêmio das Nações Unidas, que tivemos a honra de compartilhar com nossos coletores.

Conseguir ajudar as marcas a reciclar e ser recicladas é uma grande parte da magia da TerraCycle para as pessoas, o planeta e o lucro, mas quando se trata de eliminar o desperdício, procuramos ir mais fundo. A reciclagem soluciona o sintoma do desperdício, mas não chega à causa do desperdício: o descarte.

A Loop, a nova plataforma de compras "lixo zero" da TerraCycle, trabalha com empresas (muitas das quais também têm um programa de reciclagem conosco) para criar versões duráveis de suas próprias mercadorias anteriormente alojadas em embalagens de uso único. Os produtos são oferecidos em uma combinação de vidro, aço inoxidável, alumínio e plásticos projetados para durar pelo menos cem usos; quando se desgastam, a TerraCycle consegue reciclá-los.

FIGURA 15.3 Reunindo os *stakeholders* por trás de uma Missão e Mito compartilhados: clientes da TerraCycle e voluntários coletando plástico na praia

Fonte: reproduzido com permissão da TerraCycle (2020)

Esses tipos de colaborações estreitas e contínuas criam uma posição forte para benefícios e lucros. Conciliar inovação e crescimento a curto prazo com sustentabilidade não é fácil, e requer ousadia acima de qualquer investimento. O diálogo com todos os *stakeholders* (as marcas não podem ter sucesso com a Loop ou com os programas de reciclagem da TerraCycle se não houver cooperação no varejo) produz informações e reduz ou elimina o risco do empreendimento.

O marketing e as relações públicas sempre foram uma força integral para a construção de nossos negócios, proporcionando credibilidade e gerando retorno sobre o investimento para nossos clientes. No ano passado, cerca de 21 mil aparições na mídia incluíram a TerraCycle globalmente (tanto as que geramos quanto as que ganhamos), o que nos fez economizar com a divulgação de *releases* ou com o impulsionamento de postagens nas redes sociais como o Facebook; nenhuma delas foi paga.

Os parceiros da marca que postam sobre nossa parceria em mídias sociais recebem taxas mais altas de engajamento em conteúdos da TerraCycle e da Loop em comparação com suas postagens regulares, com um número drasticamente maior de curtidas, comentários e compartilhamentos entre as plataformas.

Essas métricas e feedback são exemplos do que temos descrito desde então no desenvolvimento de novos negócios como a "mágica da TerraCycle" — ela influencia a percepção dos clientes, impulsiona o engajamento do público e aumenta o valor da marca... além disso, ajuda nossos clientes a obter muitas e muitas "curtidas".

Esse benefício social cria uma mística em torno da TerraCycle que faz com que as pessoas queiram fazer parte do movimento. Da mesma forma que as marcas de luxo e estilo de vida podem reivindicar preços elevados e representar um conjunto aspiracional de valores, temos sido capazes de comercializar um Mito que traz um significado real para a vida das pessoas.

Nossos clientes, fabricantes e marcas sempre procuram novas maneiras de envolver o mundo com os produtos e serviços que as pessoas querem comprar. Simples e direto, esse é o propósito do negócio: ser um reflexo de nossos desejos. Ao trabalhar conosco, nossos clientes B2B permitem que seus compradores façam parte de algo grande.

Como unir e ativar parceiros: compartilhando o Mito

Criatividade e comunidade estão no centro do que fazemos porque resolver os complexos problemas do desperdício é resultado de colaboração. Trabalhamos com vários processadores, fornecedores de plástico, produtores e desenvolvedores para fazer a magia acontecer e engajar mais de duzentos milhões de coletores, incluindo empresas, escolas e indivíduos, reciclando no mundo todo.

A empresa líder em reciclagem em todos os países em que operamos possui uma participação majoritária em nossas operações. Na Europa, é a SUEZ, que trabalhou conosco na garrafa de plástico encontrado na praia para a Head & Shoulders e comprou trinta por cento da TerraCycle na França, Reino Unido, Suécia, Finlândia, Bélgica e Holanda.

Essas parcerias podem não parecer tão glamorosas quanto as com grandes marcas e varejistas que geram um burburinho na mídia, mas são algumas das nossas mais importantes. A reciclagem e a gestão circular de recursos sofrem devido à enorme fragmentação dos sistemas em todo o mundo. Com o objetivo comum de melhorar a reciclagem prática, nossos parceiros unem a gestão complementar e a experiência logística para produzir soluções de primeira linha.

Uma vez coletados, os itens precisam ser agregados, classificados e processados, a fim de prepará-los para a reciclagem. É aí que entra nossa rede de depósitos e processadores de materiais. Devido à natureza complexa de nossos programas de coleta de produtos e embalagens que requerem manuseio especial, as pessoas com quem trabalhamos precisam ter capacidade para lidar conosco.

Nosso programa de cigarros é um bom exemplo, pois o tabaco, o papel e outros produtos orgânicos, como as cinzas, precisam ser separados dos plásticos de acetato de celulose para compor e reciclar as respectivas partes. Quando os resíduos são "conferidos" em seu depósito receptor, eles devem ser pesados a fim de rastrear os dados da quantidade reciclada pelo programa, bem como alocar a quantidade adequada de pontos TerraCycle ao coletor que os enviou.

Lançamos os primeiros programas nacionais para itens como lâminas de barbear e embalagens de cola industrial, que têm necessidades únicas de orçamento, faturamento, gestão de dados, preços e assuntos regulatórios. Cada processador é diferente, e trabalhamos com vários fornecedores com sistemas diferentes que são aplicáveis para várias partes do negócio. Alguns são mais manuais ou automatizados do que outros, já que alguns fluxos de resíduos exigem mais manuseio e contabilidade.

Manusear fluxos complexos de resíduos requer soluções personalizadas, e isso dá muito trabalho! Nossos parceiros fornecedores precisam ser criativos, ágeis, adaptáveis e, sobretudo, pacientes. Eles não fariam o trabalho se não fôssemos um valor agregado para eles.

Ter um cliente regular como a TerraCycle é um ponto positivo em um mercado competitivo como o de processamento de materiais, que muitas vezes se resume ao preço. As empresas com as quais trabalhamos podem reivindicar um preço elevado e reportar aos clientes potenciais e *stakeholders* seu trabalho com uma organização orientada por propósitos, e muitas vezes exigente.

Alguns dos fornecedores das operações com os quais trabalhamos também lidam com nosso preenchimento de recipientes de coleta seletiva, assim como o programa de reciclagem de lâminas de barbear e nosso sistema abrangente de reciclagem sem desperdício. Para os recipientes sem desperdício em particular, temos pessoas encarregadas de atender aos consumidores, assim como a grandes parceiros como a Subaru e outras empresas que utilizam nossos recipientes no dia a dia de suas operações.

Os produtores de embalagens, fabricantes de máquinas peletizadoras e fornecedores de madeira nos ajudam a criar parques infantis a partir de escovas de dentes, embalagens de cuidados pessoais e de beleza a partir de lixo de praia, e bancos a partir de cigarros. Trabalhar com materiais não convencionais é sempre um risco, e pode ser difícil manter a qualidade, mas, como acontece com nossos processadores, nossas relações foram feitas para ambas as partes aprenderem, e essa é a magia do trabalho colaborativo.

Uma coisa importante a ser lembrada é que as cadeias de abastecimento envolvem pessoas, não apenas processos. O interessante é que quanto mais alto você sobe a hierarquia de resíduos (do descarte ao aterro sanitário, da energia a partir do lixo, à reciclagem, reaproveitamento e reutilização), mais empregos gera no processo. Em termos de valor agregado na mudança da economia linear para a circular, esse é um ponto positivo com o qual a maioria de nós concorda.

Em última análise, criar uma mística para nossos coletores e permitir que eles compartilhem de nossas histórias é nosso maior trabalho. Com todo o processamento, separação, agregação, fiação, extrusão e moldagem por injeção acontecendo por trás do cenário de nossa reciclagem, conseguimos criar experiências agradáveis e unificadas para as pessoas que coletam. Contudo, também protegemos os segredos comerciais sobre nossas operações, ao mesmo tempo em que nos mantemos transparentes. Porque isso ajuda com nossa mística de marca, que é importante para nossos clientes, fornecedores, vendedores e investidores interessados. Nenhuma outra empresa faz o que fazemos porque não tem os mesmos relacionamentos. Nós somos abertos sobre o que fazemos, mas não revelamos todas as nossas cartas.

Os consumidores são então capacitados e educados, bem como intrigados e seduzidos. A TerraCycle permite que o mundo ensine uns aos outros sobre as fissuras do nosso sistema mundial, fornece as ferramentas para iniciar a discussão sobre responsabilidade e oferece um mapa para fora da confusão — no entanto, o sistema nunca é totalmente revelado e compreendido, sendo a complexidade e o mistério nossos maiores atrativos.

Quais outras empresas de lixo são tão amplamente cobertas pela mídia? Credibilidade e prestígio vêm de nosso alto valor, marketing de "custo negativo" e, cada vez mais, os sucessos de imprensa de alto valor vêm de veículos como *Vogue*, *Harper's Bazaar*, CNN, NPR e *The Washington Post*, trazendo nossa Missão a mais pessoas diariamente. Tivemos a oportunidade de transformar a gestão de resíduos em algo legal.

Por exemplo, nosso reality show *Human Resources* (já descrito como uma mistura de *The Office* com *Project Runway*) utilizou o apelo em massa do formato para desoperacionalizar a gestão de resíduos e tornar a reciclagem acessível. Ele trouxe os telespectadores aos bastidores e ao ambiente de rápida movimentação do escritório da TerraCycle. Filmado no local, apresenta funcionários reais (incluindo eu) e não usa roteiros. Definitivamente, parece mais com *Na Real* do que com *Uma Verdade Inconveniente.*

Por meio de meus livros e blogs, criei acesso ao CEO de uma empresa em crescimento, permitindo que as pessoas se empatizem, se conectem e se inspirem em nossa Missão. Nossa presença nas escolas e lojas faz com que sejamos parte da vida do consumidor médio, mas somos vistos como um destruidor no espaço. Trazemos grandes conceitos à tona e transformamos algo sobre o que a maioria de nós tenta não pensar, lixo, em herói.

Vender é o oposto de seduzir. Não é sexy. Deixar a mensagem falar por si sem grandes gastos com publicidade nos permitiu construir nosso negócio a partir do zero e a baixo custo. Nossos coletores nos percebem como autênticos, legais, engenhosos e pioneiros, e nos tornam uma marca de prestígio em todos os níveis.

FIGURA 15.4 Unidas em sua missão, mãe e filha coletam "resíduos de brinquedos" para serem enviados à TerraCycle para reciclagem. A fabricante de brinquedos Hasbro é uma das patrocinadoras corporativas do programa

Fonte: reproduzido com permissão da TerraCycle (2020)

Ter um propósito forte e claro não custa nada e tem o potencial de significar tudo para as pessoas. A TerraCycle faz um trabalho real para eliminar o desperdício resultante de um número considerável de objetos despejados em aterros sanitários, milhares de dólares de material coletados e um significativo aumento de vendas.

Esperamos, enquanto continuamos a crescer (e ainda estamos crescendo!), que a magia de nosso Mito de Marca mudará de forma na luz e continuará atraindo a energia das pessoas que tornam tudo isso possível.

RESUMO: TERRACYCLE

Os princípios que impulsionam o sucesso da TerraCycle em alavancar o Mito para fazer da reciclagem um movimento:

- *Tenha uma boa história de origem.* Saber de onde algo vem envolve uma pessoa, um lugar, ou uma coisa com credibilidade, autenticidade e confiança.
- *Traga ideias fantasiosas para a realidade.* As pessoas anseiam por pertencer, compreender e aprender coisas novas que lhes permitam conectar-se com os outros e com o mundo ao seu redor. Faça o complexo parecer simples, o intelectual parecer acessível e o impossível parecer possível.
- *Transforme o tabu em algo interessante.* Tabu é apenas aquilo que as pessoas não entendem, e está a apenas um passo de ser legal.
- *Seja compartilhável...* É possível criar acesso mantendo o mistério.
- *...mas não mostre todas as suas cartas!* Atenuar sua linguagem ou credo para ser compreendido e apreciado não é o caminho a seguir, assim como não é interessante ser exageradamente explícito sobre por que você é importante. Contar seus segredos não criará a intimidade que você procura ter com seu público. Permita que a força da Missão fale por você e tenha sangue frio em relação às mensagens em torno do Mito, e todos os *stakeholders* que você está tentando alcançar pedirão para compartilhá-las.

Caso 2: Acqua di Parma

O poder de uma essência mítica, ou: como construir seu negócio e seu valor ao mesmo tempo

A Acqua di Parma começou como uma colônia muito pessoal de um homem nobre de Parma e cresceu ao longo de mais de cem anos, tornando-se uma marca realmente icônica e global. Hoje, ela contempla desde o *eau de toilette* que celebra o Éden Mediterrâneo, até as reflexões artísticas sobre ingredientes raros, desde produtos de cuidados pessoais até acessórios e serviços feitos com a alma. Desde 2001, a Acqua di Parma faz parte da LVMH.

Em 2017, a CEO da Acqua di Parma, Laura Burdese, pediu à agência de construção de marcas premium Select World para ajudar a reacender essa lenda icônica italiana. Wolfgang Schaefer liderou o projeto ao lado da agência como diretor de estratégia. A maneira como essa grande marca icônica foi (re)fortalecida e expandida em torno da clássica Colonia, é uma história fascinante. Ela prova mais uma vez que uma forte Missão e Mito o libertará e, ao mesmo tempo, manterá tudo junto, levando seus negócios mais longe a cada passo enquanto aproxima a marca de sua essência.

A seguir, apresentamos trechos de uma conversa entre Laura e Wolfgang na qual Laura compartilha insights exclusivos sobre estratégia e processo e razões pelas quais a nova linha Barbiere, bem como o projeto como um todo, são considerados um grande sucesso.

Laura Burdese

Em uma carreira de mais de duas décadas, depois de completar seus estudos em economia internacional, Laura adquiriu uma vasta experiência na indústria da beleza (com experiências de marketing na Beiersdorf e na L'Oréal). Ela, então, entrou no negócio de relógios e joias ingressando no grupo Swatch, onde desenvolveu com sucesso sua carreira por mais de 18 anos, assumindo diferentes cargos antes de ser nomeada presidente e CEO da Calvin Klein Watches e da Jewelry Co, em 2012. Em outubro de 2016, foi nomeada presidente e CEO da Acqua di Parma.

Wolfgang Schaefer (WS): Bem-vinda, Laura. Por que você não começa contando aos nossos leitores um pouco sobre a situação de quando iniciamos o projeto? Quais foram os maiores desafios para você?

Laura Burdese (LB): Na pesquisa que fizemos, ficou muito claro que a Acqua di Parma tinha alguns ativos incríveis. Antes de tudo, nossa bela cor amarela icônica, o logotipo em si e um produto incrível. Além disso, tinha um forte legado — uma longa história de mais de 103 anos. Mas o principal desafio era claramente como trazer esse belo diamante bruto de volta à luz e à vida novamente. Sentimos que os anos tinham quase encoberto sua beleza e que a marca se tornara incapaz de mostrar plenamente seu poder e expressar seu potencial. Estávamos diante de um desafio: usar esse incrível legado como um trampolim, não como uma jaula, trazendo a marca para outro nível, mantendo uma base forte de clientes fiéis e, ao mesmo tempo, atraindo uma nova clientela.

WS: Recrutar novos clientes mantendo os antigos é sempre o maior desafio, por isso montamos um processo que na verdade foi bastante robusto.

LB: Sim, demorou muito tempo e demandou esforços. Mergulhamos profundamente na marca com estudos e entrevistas. Entrevistamos muitos *stakeholders* da marca, clientes fiéis e novos clientes, os maiores funcionários, gerentes de lojas, jornalistas, clientes VIPs e líderes de opinião em diferentes países. A pesquisa resultante destacou os pontos fortes e os ativos, mas também as áreas que precisavam de melhorias. Esse processo foi importante para começar a criar uma base sólida. Penso que, sem esses meses de pesquisa e estudos, não teríamos conseguido os resultados muito positivos que temos hoje.

WS: Os clientes muitas vezes se perguntam se todo esse trabalho inicial realmente vale a pena; se de fato acrescenta algo ou apenas diz coisas que você já sabe.

LB: Não tenho dúvidas de que era absolutamente necessário, por isso valeu a pena de verdade. De fato, alguns dos pontos e suposições foram confirmados, mas também descobrimos muitos aspectos novos interessantes. Penso que, sem esse processo, não teríamos conseguido criar essa bela história, essa nova narrativa de maneira tão sólida, relevante e significativa. Acredito que faria de novo, exatamente da mesma maneira. Lembro que naquela época estávamos sob pressão, porque queríamos começar a reconstruir e a reformular a marca o mais rápido possível. Além disso, tínhamos um prazo, que era o lançamento da Colonia Pura em apenas seis meses. No entanto, os poucos meses passados estudando a marca, fazendo pesquisas e entrevistas, foram essenciais para entender que bens valia a pena desenvolver, o que precisava ser mudado, o que precisávamos parar de fazer e o que tínhamos que começar a fazer em termos de valor e fundamentos da marca. Graças a esse processo conseguimos ter uma visão, uma Missão e um valor de marca muito sólidos, relevantes e significativos em um período muito curto.

WS: A primeira coisa que precisávamos fazer era esclarecer seu Ueber-Target...

LB: Encontrar o público-alvo certo para abordar foi provavelmente uma das coisas mais desafiadoras. Na época, havia uma grande lacuna entre as pessoas com quem estávamos realmente conversando e as pessoas que queríamos abordar. A marca era destinada a consumidores que estavam na casa dos quarenta e poucos anos e que moravam principalmente na parte ocidental do mundo, em especial, na Europa. Lembre-se de que nem estávamos presentes na Ásia três anos atrás, mas hoje estamos. Queríamos chegar a um cliente diferente, mas não sabíamos exatamente quem era. Sabíamos que a Acqua di Parma provavelmente não atrairia consumidores da geração Z e millennials por uma simples razão: a Acqua di Parma nasceu há mais de cem anos como uma colônia pessoal, para uma geração madura de bons conhecedores dos produtos. Pelo design, é uma marca atemporal e sem gênero. Simplesmente, é uma marca para pessoas que conhecem as fragrâncias e como escolhê-las. É por isso que também gostamos de chamar a Acqua di Parma de "A Universidade das Fragrâncias", o que significa que você chega à marca depois de ter feito a escola primária e o ensino médio. Portanto, a Acqua di Parma é uma espécie de validação acadêmica para consumidores exigentes. E é por isso que nós estabelecemos os "HENRYs", "High Earners, Not Rich Yet [Ganhamos bem, mas ainda não somos ricos]" como nosso Ueber-Target inicial. Os "HENRYs" correspondiam ao público com o qual *queríamos* falar, mas, ao mesmo tempo, não estavam muito longe de nossos clientes leais de costume. Decidimos, portanto, que tudo o que faríamos devia ser dirigido a eles. No início, a definição de "HENRYs" era um pouco ampla, mas depois, pelo processo, conseguimos chegar a uma descrição mais precisa que nos ajudou a nos posicionar e nos abrir a um Ueber-Target específico para uma ativação de marketing mais precisa.

FIGURA 16.1 Além da herança e autenticidade da Acqua di Parma, o fato de ser até hoje produzida à mão em grande parte do processo é um conector-chave para o Ueber-Target da marca

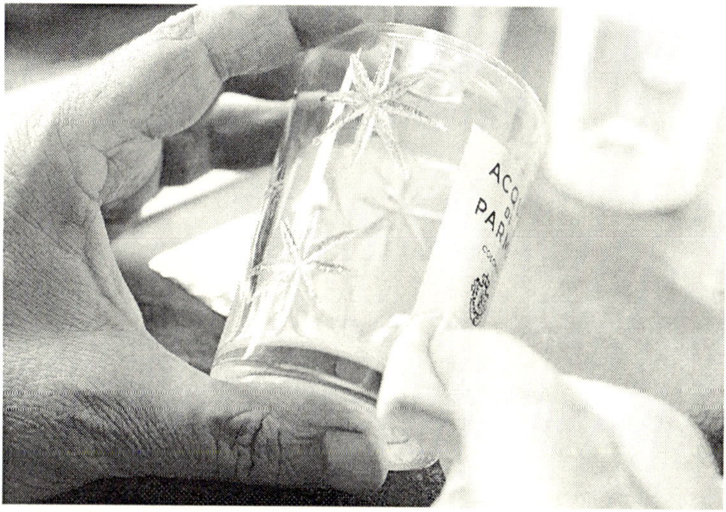

Fonte: reproduzido com permissão da Acqua di Parma (2020)

WS: Uma das razões pelas quais achamos os HENRYs interessantes é que eles têm esse desejo por marcas que sejam autênticas ou que tenham uma história para contar. São muito rápidos para descobrir se algo é apenas um artifício de marketing ou se é realmente feito com paixão e tem uma história autêntica. É verdade?

LB: Isso está absolutamente correto. Porque a Acqua di Parma não nasceu como uma marca a ser "promovida". Ela foi criada por um homem, o sr. Magnani, para si mesmo e seu círculo interno de amigos e familiares. Enquanto viajava pelo mundo, Magnani sentia falta da Itália, de Parma, da sua família e do sol italiano. Ele não queria criar uma marca, mas algo pessoal. Assim, desde o início, o DNA da marca tinha essa sensação "não promocional". A Acqua di Parma nunca foi concebida como uma "criatura do marketing", por isso, com o passar do tempo, tornou-se uma experiência essencialmente italiana para todas aquelas pessoas que procuravam uma marca autêntica, transparente e genuína que representasse algo de verdade.

WS: Quais outras descobertas da Acqua di Parma você consideraria mais interessantes?

LB: Descobrimos pontos diferentes. Um dos mais importantes — e eu poderia considerá-lo um dos pilares de nossa estratégia para o presente e o futuro também — é que, pelo DNA, a Acqua di Parma é uma marca unissex, sem gênero. É verdade que o produto original fora criado por um homem para si mesmo e, durante décadas, vendido exclusivamente por alfaiates para homens. Mas ao longo de um século e por seu cheiro neutro de gênero, a Acqua di Parma evoluiu para uma marca unissex, sem gênero. Nossas fragrâncias são todas feitas com ingredientes selecionados e cuidadosamente escolhidos, cultivados sob o sol italiano, mas não foram feitas para homens ou mulheres, e sim apenas para serem as melhores do mercado.

Dito isso, pelo design, somos um pouco mais "masculinos" e inclinados aos homens. A sofisticação masculina está enraizada no DNA da marca e é isso que a torna autêntica e única em comparação a todas as outras fragrâncias de nicho ou a marcas de fragrâncias de estilo de vida, que muitas vezes têm um viés feminino. Porém, isso não significa que somos "apenas para homens" — assim como as marcas tradicionalmente femininas têm negócios de fragrâncias masculinas de muito sucesso, uma herança "masculina" pode ser muito atraente para as mulheres também. Em nossa estratégia, portanto, decidimos colocar os homens em primeiro lugar, sim, mas fomos sempre bem claros que somos, em última análise, uma marca unissex com uma base de clientes feminina muito sólida e grande.

WS: Como tantas vezes, o mais difícil na definição de nossa Missão foi encontrar as palavras certas. Definimos "Celebrar a leveza sofisticada da Itália" para registrar que não somos apenas uma marca de fragrâncias, mas algo muito maior, que defende a elegância simples do homem italiano, aquela que muitas partes do mundo aspiram, e a tranquilidade de seu maravilhoso estilo de vida italiano em si. Você pode explicar esse conceito a partir de seu ponto de vista?

LB: A marca refere-se à excelência, à arte e ao estilo italiano desde 1916. E sim, queríamos celebrar a leveza sofisticada da Itália, pois a Acqua di Parma significa essa "leveza". Apesar disso, tivemos longos debates sobre a palavra "leveza" porque ela tem significados diferentes em línguas diferentes. Em inglês, a palavra tem duas dimensões, ambas de grande relevância para a marca: leveza [*lightness*] indica algo que não é pesado, algo fino e sem fardo, o que se conecta à "leveza" do estilo italiano; mas também fala de algo luminoso, a luz do sol em particular. E isso também é parte da essência da marca. Nossas fragrâncias são, antes de tudo, "fragrâncias de luz solar", não são muito fortes nem muito concentradas; são luminosas e brilhantes, feitas de frutas, flores e ervas italianas amadurecidas ao sol. Portanto, esse termo "leveza" realmente abrange tudo: desde a leveza do estilo masculino italiano até a luminosidade de nossos perfumes que nunca se sobressaem demais ou confundem, mas sempre deixam a essência brilhar. O termo era, portanto, a palavra perfeita para expressar realmente a alma da marca.

No entanto, infelizmente em muitos outros idiomas, no italiano por exemplo, há duas palavras diferentes para essas duas ideias: *leggerezza* [leveza] e *luminosità* [luminosidade]. Não há um termo que abranja as duas. E, mais importante ainda, no início tivemos medo de que o termo pudesse ter conotações negativas, já que algo leve também pode ser percebido como superficial, como algo que não tem substância e profundidade. Foi por isso que decidimos elevar a palavra e criamos o conceito de "leveza sofisticada", representado pelo amarelo que é nossa marca registrada. Uma tonalidade de cor que representa um trunfo icônico e muito importante: ela alude ao sol italiano, representado pela caixa de chapéu redonda da Acqua di Parma, o presente perfeito. E como a arte é uma característica importante de nossas embalagens (as etiquetas ainda são aplicadas à mão), nossas caixas de chapéu redondas unem os três conceitos — o sol italiano, a alma e o estilo —, os três valores e pilares fundamentais da marca.

FIGURA 16.2 A ideia de celebrar a "leveza sofisticada da Itália" levou a uma forma distinta de usar a técnica chiaroscuro da fotografia, brincando com a luz e a sombra, como nesta foto de componentes

Fonte: reproduzido com a permissão da Acqua di Parma (2020)

WS: Você às vezes até usa a metáfora "sol italiano engarrafado" quando fala da Acqua di Parma. Acho isso uma estenografia adorável, mas também sempre me incomodo um pouco, porque a marca é muito mais do que "apenas uma fragrância".

LB: Sim, isso mesmo. A Acqua di Parma nasceu como uma fragrância, porque o sr. Magnani queria criar um perfume para si mesmo para lembrá-lo da Itália, de Parma e da sua família, mas depois tornou-se algo muito maior do que uma marca de fragrâncias. É um ícone global do estilo italiano e é exatamente isso que a Acqua di Parma é hoje. No entanto, tudo ainda leva ao Colonia, que representa o sol no universo da Acqua di Parma. Nós realmente giramos em torno desse sol italiano, desse calor e luminosidade italianos. Tudo o que fazemos e fizemos realmente irradia a partir desse centro. Esta foi na verdade outra grande descoberta de nossa pesquisa: a Colonia é nosso pilar e está localizada no cerne, é um elemento-chave de nossa estratégia. Todo o resto irradia da Colonia, mesmo o que não está realmente relacionado a fragrâncias; tudo vem de lá.

WS: A marca é um pouco como um sistema solar em que se tem o sol no centro, literal e figurativamente na forma da Colonia, e tudo irradia de lá. E eu concordo, essa foi uma das decisões estratégicas mais inteligentes. As marcas são muitas vezes tão apaixonadas pelo novo, e não menos importante, impulsionadas pelo mercado, que deixam seus ícones para trás. Mesmo assim, nós seguimos a direção totalmente oposta, o que compensa.

Outro ponto estratégico importante é traduzir sua Missão e sua estratégia em uma história simples, convincente e própria, de preferência um Mito, para que todos o "entendam" imediatamente e a marca e seus produtos "conversem" com você. O Mito da Acqua di Parma que reelaboramos é um dos meus favoritos e está muito ligado à herança da marca. Quais foram os aspectos mais interessantes que encontramos quando nos aprofundamos na longa história da marca?

LB: Havia muitos elementos diferentes. Um dos pontos mais importantes era a ideia de atemporalidade. Embora precisássemos reformular e remodelar a Acqua di Parma de forma mais contemporânea, sabíamos que a Acqua di Parma tinha essa alma atemporal, o que era muito importante para nós. Essa ideia de atemporalidade foi, portanto, crucial desde o início. Queríamos ser contemporâneos, mas definitivamente não seguimos as tendências da moda. Em torno disso, posicionamos outros pontos importantes — naturalidade, transparência, luminosidade e simplicidade. A Acqua di Parma vem da natureza, e a Colonia é a fragrância mais natural. Todas essas ideias de naturalidade: a ligação com a terra, com a Itália, com o mar Mediterrâneo e com o planeta; os melhores ingredientes, cultivados sob o sol italiano e depois colhidos à mão e cuidadosamente manuseados por artesãos italianos, todas essas ideias foram pontos-chave da marca que se transformaram em outros pilares.

Houve também outro conceito que surgiu e que estava de alguma forma ligado à atemporalidade: conheci muitas pessoas que me disseram que podem ter usado a marca uma vez ou nunca a usaram, mas todos a adoram. Isso acontece porque a marca ressoa com as pessoas, algo que me encanta de verdade. Isso significa que a Acqua di Parma realmente tem alguns valores, design e essência que lembram às pessoas uma história compartilhada, partes em que nossa herança e a delas estão entrelaçadas. Isso repercute no desejo de essencialidade, de naturalidade, de coisas verdadeiras, que você encontra em todas as gerações, inclusive nos millennials; algo que realmente me impressionou, e eu percebi que poderíamos usar esse forte elemento para alavancar. Assim, reinterpretamos a ideia de que a marca é "velha" e passamos a usar essa nostalgia como algo que nos falta no mundo de hoje e em nossas vidas. Combinamos todos esses elementos — atemporalidade, nostalgia, essencialidade e respeito aos valores — de uma nova maneira, descobrindo que eles são ainda mais importantes hoje do que eram ontem.

Eu poderia listar outro ponto que deveria ser acrescentado a essa lista e que é a autenticidade e o lado íntimo da marca. Acqua di Parma significa valores autênticos; como disse antes, não é uma "criatura" do marketing, mas é uma marca genuína que ressoa com pessoas que procuram autenticidade, conteúdo, substância, e não apenas uma história de marketing. Todos esses pontos podem parecer diferentes, mas, no final, todos se relacionam com um único universo, e são a base da estratégia que está por vir. Celebramos a natureza, a sinceridade, a generosidade; um modo de vida em sua forma mais sofisticada, abraçando o tempo e as gerações. Uma filosofia de herança, elevando um ritual a um rito de passagem.

WS: Para mim, um dos aspectos mais importantes da Acqua di Parma é que foi criada como uma fragrância para uso pessoal, não para a venda. Isso dá à marca uma certa intimidade e veracidade, algo que você dificilmente encontra hoje em dia. Durante os primeiros setenta anos, a Acqua di Parma jamais era vendida em lojas de fragrâncias, era comercializada apenas por alfaiates, porque o sr. Magnani, que originalmente desenvolveu essa fragrância para si mesmo, tinha licença para vender sobretudos da Burberry e sapatos da Church para alfaiates. Os alfaiates gostavam da fragrância e começaram a usá-la sempre que terminavam um terno. Eles borrifavam o terno com Acqua di Parma para tirar o cheiro da oficina e fazer com que parecesse novo e pessoal. Acho que é uma história maravilhosa que dá real profundidade ao produto, elevando-o para além de qualquer outra fragrância. E, mais uma vez, deixa muito claro que você não é apenas uma fragrância, é um ícone do estilo italiano.

FIGURA 16.3 A herança dos alfaiates da Acqua di Parma solidifica seu status como um ícone do estilo italiano

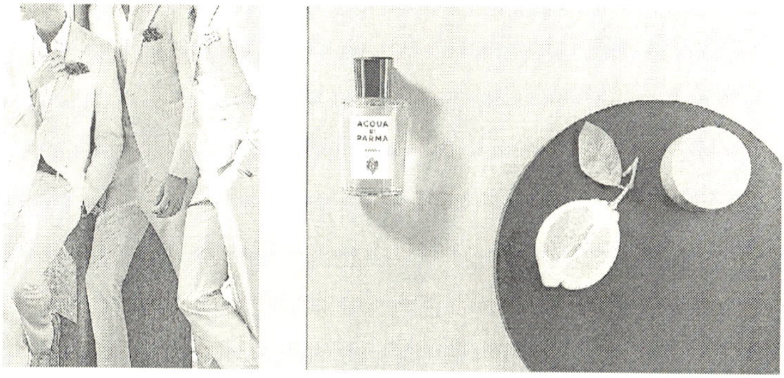

Fonte: reproduzido com permissão da Acqua di Parma (2020)

LB: Você está certo. A fragrância era usada por alfaiates e se tornou o último toque de acabamento antes de entregar um terno a seus clientes, principalmente os nobres daquela época. Era uma maneira de consolidar seu ofício, como se estivessem dando um presente para os clientes. A propósito, ela ainda é usada hoje por alfaiates selecionados na Itália, porque faz parte de nossa história.

WS: Pode nos dizer mais sobre a estratégia de crescimento que vocês estabeleceram? Como a marca evoluiu depois da Colonia?

LB: Antes de tudo, o trabalho estratégico que fizemos no início para relançar a marca, a chamada "Brand Epic"*, estabeleceu o caminho, levando a Acqua di Parma da alma para o futuro; nós a consideramos nossa Bíblia, e ela se tornou um pilar estratégico sobre o qual construímos. Um dos pontos-chave da estratégia que nos permitiu crescer de forma rápida e constante nos últimos três anos foi colocar a Colonia realmente no centro. Quando reformulamos a marca, tínhamos tantos produtos e categorias, incluindo *lifestyle* e artigos de couro. Sentimos que tínhamos que começar não do zero, mas desde o início, para reformular o tema geral. Então, pegamos a Colonia e a transformamos em nosso produto herói, e fortalecemos seu mundo. Também decidimos realçar a cor amarela por representar calor e poder. A partir daí, lançamos uma versão mais contemporânea da Colonia, chamada Colonia Pura, e iniciamos uma plataforma de comunicação com essa nova fragrância. Tudo o que desenvolvemos a partir de então foi colocado sob a estrutura da Colonia e codificado por cores com nossa tonalidade amarela, que é marca registrada. Pode-se dizer que tudo em nossa estratégia precisa ser visto através das lentes amarelas da Colonia. O sucesso da estratégia foi comprovado pelo fato de que a Colonia vem crescendo com dois dígitos e se tornou nosso principal produto.

O passo seguinte foi cuidar de nosso universo: a Acqua di Parma também tem a linha Blu Mediterraneo, outro pilar superimportante da marca. Esse foi o segundo maior desafio. Em alguns países, o Blu Mediterraneo é ainda mais conhecido do que a Colonia, mas é uma fragrância mais leve e delicada. É também um pouco mais jovem e, embora unissex, permanece um pouco mais feminino, por isso é diferente da Colonia, pois representa o Jardim do Éden italiano ao longo do Mar Mediterrâneo. Portanto, decidimos trazê-lo para a órbita do mundo da Colonia e sob a moldura amarela da Acqua di Parma, dando-lhe um novo papel. Se a Colonia representa o núcleo, o Blu Mediterraneo é a porta de entrada para a Acqua di Parma. Os resultados mostram que essa estratégia foi novamente muito bem-sucedida.

Como último passo, após reforçar a essência e oferecer aos clientes uma nova porta de entrada para nosso universo, tivemos outra tarefa: elevar todo o catálogo da Acqua di Parma. Planejamos construir uma linha superior como uma interpretação artística de nossa Colonia: Signatures of the Sun. Porém, alguns dos produtos existentes que queríamos migrar para essa linha eram vendidos em embalagens marrons. Felizmente, tais produtos eram ótimos e muito apreciados, mas, outra vez, tivemos que trazê-los de volta para a embalagem amarela, preta e branca e dotá-los com a identidade visual atual da marca. Lançada há dois meses, a coleção já é um sucesso. Para resumir tudo, eu diria que um dos principais sucessos por trás do crescimento recente foi dar à Colonia o papel de produto principal, transformando o Blu Mediterraneo em uma porta de entrada e empregando a coleção Signatures para aprofundar a abordagem geral da Acqua di Parma. Seguiu-se a reformulação do restante do portfólio, incluindo produtos *lifestyle* e de decoração doméstica, como velas e a linha Barbiere.

FIGURA 16.4 A linha Blu Mediterraneo é mais leve, mais acessível e mais unissex. É distinta, ainda que em parte, do mundo do Colonia, por exemplo, pelo estilo fotográfico e pelo uso da cor amarela

Fonte: reproduzido com permissão da Acqua di Parma (2020)

WS: Barbiere! Por favor, diga-nos como você começou a expandir os serviços de cuidados pessoais *barbiere* e como isso fortaleceu a marca.

LB: Barbiere era uma linha separada no catálogo da Acqua di Parma, caracterizada por uma cor e um design diferentes. Não tinha perfume e era muito pequena. Mas demos a volta por cima graças a nossos serviços de barbearia. Tínhamos uma barbearia em nossa butique de Milão, que estava indo muito bem, mas era pequena e não era muito consistente no formato da nova estratégia. No entanto, era claro que tinha potencial por diferentes razões: começou como uma tendência entre hipsters, mas, com o passar dos anos, os cuidados pessoais masculinos tornaram-se parte de uma sólida rotina para homens em todo o mundo. Esse é um mercado em rápido crescimento e fazer parte dele foi outro ponto importante. Mais uma vez, percebemos que, para reforçar a linha Barbiere, tínhamos que trazê-la para a estrutura da Colonia. Portanto, passamos a embalar os produtos com nossas caixas de tonalidade amarela e lhe demos um aroma que lhe permitisse fazer parte da família Colonia. Também acrescentamos alguns novos produtos para os cuidados pré e pós-barba e para estilo.

A Barbiere também foi relançada com uma nova e bela campanha que usava a mesma linguagem poética que a Colonia, mas adaptada para essa linha. Para a campanha geral, assim como para a narrativa de barbearia, usamos uma família real — um homem, uma mulher e seu filho. Era uma mensagem poderosa e comovente, pois havia uma química verdadeira entre eles. Uma marca forte deve ser capaz de transmitir emoções às pessoas, e, quando começamos a estudar a situação da Acqua di Parma, percebemos que a marca não alcançava os consumidores emocionalmente. A construção de um forte vínculo emocional também foi outro ponto-chave e, com a campanha Colonia Pura e depois com a da Barbiere, conseguimos fazer isso. A Acqua di Parma sempre se baseou em transmitir valores de uma geração para a outra: o sr. Magnani criou a Colonia e depois a deu a seu filho, que a transmitiu. A história da Barbiere gira em torno de um pai e de um filho e do barbear como um ritual transformador, um rito de passagem de pai para filho, por isso, conta uma história maravilhosa que fala ao coração dos consumidores.

FIGURA 16.5 Voltar à essência da marca abriu uma nova perspectiva em sua linha de barbear e serviço, expandindo a marca para um novo negócio global

Fonte: reproduzido com permissão da Acqua di Parma (2020)

WS: Exatamente como tudo começou na República Romana, em que os homens barbados eram "bárbaros". Assim, começar a se barbear não era apenas um sinal de crescimento de menino para homem: o homem também começa a dizer adeus ao bárbaro que carrega em si... uma grande verdade histórica que dá à Acqua di Parma credibilidade, autenticidade e o direito de possuir esse rito cultural de passagem.

LB: Sim, é verdade, todos adoram essa história! Você se barbeia para se tornar civilizado e depois está pronto para enfrentar o mundo com uma abordagem diferente.

WS: Além de ser uma linha de produtos, a Barbiere também está se tornando uma experiência de marca crucial para a Acqua di Parma. Você pode nos contar mais sobre isso?

LB: O nome da linha — Barbiere — indica o homem, o barbeiro. Indica a relação pessoal e única entre um barbeiro e seu cliente. Depois de relançarmos a linha, decidimos promover uma série de serviços que poderiam elevar os produtos. Começamos a implementar um serviço de *barbiere* em todas as nossas butiques; assim que renovamos uma, trazemos uma *barbiere*. Por exemplo, renovamos nossa butique em Milão e instalamos um serviço de *barbiere* maior. Nos países em que não temos nossas próprias butiques, vamos para pop-ups, lojas dentro de lojas ou espaços compartilhados onde oferecemos esse serviço. Normalmente isso significa hotéis, lugares de luxo cinco estrelas e aeroportos, mas o serviço deve ser oferecido da maneira correta. Isso nos ajuda a aumentar a consciência da linha, do serviço e da Colonia, é claro. Até agora tem sido muito bom, pois oferecemos um serviço sob medida que é completamente diferente daquele oferecido por nossos concorrentes. A Barbiere é um serviço essencial que representa o estilo tradicional italiano, então, oferece uma série de tratamentos faciais e capilares e para barba.

WS: Esse foi um investimento e tanto. Como você conseguiu construir o serviço *barbiere* a partir do zero e transformá-lo de um pequeno serviço em sua principal loja em Milão em um serviço global?

LB: Essa é uma excelente pergunta. A linha Barbiere e seus serviços têm uma posição de alto nível em comparação a nossos concorrentes. Foi bem complicado e demorado, mas selecionamos os melhores barbeiros do mundo, os treinamos e nos certificamos de que os serviços fossem impecáveis. Como pode imaginar, isso é logisticamente complicado e muito caro. Quando implementamos o serviço em nossas lojas, foi relativamente mais fácil, pois já tínhamos as pessoas certas, mas tivemos que melhorar o serviço. Entretanto, quando começamos a trazê-lo para diferentes modelos de negócios — pense em hotéis, lojas de departamento ou aeroportos — e a aplicar o conceito em outros países, bem, então precisamos desenvolver modelos de negócios inovadores para fazê-lo funcionar. Portanto, aperfeiçoamos o modelo de negócios para torná-lo rentável. Fizemos alguns testes e alguns deles deram certo, outros não, e acabamos encontrando um modelo de negócios que funcionava. Começamos a construir, por exemplo, uma escola de barbeiros em Milão, a fim de ter os melhores barbeiros por perto e dar-lhes um treinamento impecável. Então começamos a selecionar os locais adequados, como lojas de departamento, e percebemos que alguns deles estavam dispostos a nos dar espaço para receber comissões muito favoráveis. Isso nos permitiu construir um forte relacionamento com eles e desenvolver um modelo de negócios vantajoso para ambas as partes, que se mostrou financeiramente sustentável.

FIGURA 16.6 O novo serviço *barbiere* (em uma loja de Milão) gera negócios e valor ao mesmo tempo

Fonte: reproduzido com permissão da Acqua di Parma (2020)

WS: Então a Barbiere é realmente bem-sucedida ou ainda é muito cedo para dizer isso?

LB: É bem-sucedida em dois níveis diferentes — em termos de expectativas e de números. Em primeiro lugar, superamos bastante a meta ambiciosa que tínhamos estabelecido para nós mesmos, portanto, estamos muito felizes, é claro. Depois, é bem-sucedida em termos de números: a linha é apreciada, temos uma coleção de produtos fantásticos, as vendas são ótimas e os serviços estão aumentando rapidamente. Portanto, de modo geral, é uma operação financeiramente bem-sucedida. Mas para mim há algo além disso: cada dólar investido na Barbiere volta para o mundo Colonia. A Colonia vai de vento em popa também graças ao apoio que demos à Barbiere. Consequentemente, temos duas linhas diferentes, mas os investimentos são muito sinérgicos. Hoje, na Acqua di Parma, parece que cada passo que damos para construir nosso universo nos aproxima de nossa essência, ao mesmo tempo que a fortalece.

WS: Essa é uma ótima notícia. A marca e a estratégia de negócio se concentraram e alimentaram a essência, que por sua vez agora irradia uma força magnética, mantendo tudo junto à medida que se desdobra.

LB: Você disse magnética? Em italiano, sempre defino a Colonia como uma *forza centripeta* — uma força centrípeta.

WS: Como um centro de gravidade...

LB: Exatamente. Tudo volta para lá e o que não é atraído pela Colonia, bem, precisamos deixar para trás. É por isso que cortamos e descontinuamos alguns produtos. Sentimos que nossas energias, recursos e dinheiro tinham que ir em direção a essa estratégia baseada em uma forte força centrípeta: a Colonia.

WS: Laura, muito obrigado por essa conversa! Isso me deixa nostálgico... Quase me sinto fazendo tudo de novo, foi muito divertido, além de ter dado certo...

LB: Quando me perguntam se alguma vez fizemos algo realmente errado em termos de estratégia nesses três anos, sempre digo que não. Estamos todos orgulhosos das coisas que fizemos e dos resultados que alcançamos. A Barbiere e a Colonia estão crescendo de forma muito saudável; o Blu Mediterraneo está indo muito bem, especialmente na Ásia, algo que nos permitiu trazer a linha para a China, um mercado estratégico. A linha Signatures of the Sun acaba de ser relançada, mas o desempenho inicial parece promissor. No geral, os resultados são a prova de que a estratégia funciona perfeitamente.

WS: Eu acho que compensa investir tempo e lançar as bases corretamente. Sempre compensa. Laura, muito obrigado.

RESUMO: ACQUA DI PARMA

- A fase inicial de pesquisa exigiu tempo e esforço, mas foi crucial para a criação de uma base sólida para o sucesso do projeto.
- Sem esse processo, seria muito difícil criar a narrativa de uma maneira tão sólida, relevante e significativa.
- Inicialmente, a definição de um Ueber-Target claro foi o foco posterior para uma ativação de marketing mais precisa.
- O foco em um gênero (homem) não limita o público-alvo da marca; na verdade, é o que a torna autêntica e atraente também para as mulheres.
- Focar o produto principal da marca ancorou e revelou sua Missão, ao mesmo tempo, inspirando uma forma muito única, porém expansiva, de olhar o mundo.
- Aprofundar-se na herança da marca revelou muitos aspectos importantes que ajudaram a construir uma história forte, muitas vezes interpretando os pontos de uma maneira diferente.
- Tudo isso permitiu à Acqua di Parma expandir o negócio e fazer investimentos sinérgicos — a marca agora funciona como uma força magnética.

Nota

* Brand Epic é uma ferramenta da Select World para desenvolver e gravar a narrativa da marca visual e verbalmente. Ela é então usada como referência e como sinalizador para todas as inovações e ativações futuras. Mais informações em www.selectworld.com (arquivado em https://perma.cc/WCG6-BSTJ [conteúdo em inglês]).

Caso 3: Burt's Bees

Cultivando uma *Ueber-Brand*, ou: *como o propósito e o lucro podem viver em harmonia*

É possível buscar um propósito maior e ao mesmo tempo gerar lucro e crescimento?

Para a maioria das marcas, essa parece ser uma pergunta impossível de ser respondida. Mas as Ueber-Brands, como a Burt's Bees, mostram que é possível crescer e se tornar uma marca líder em seu setor enquanto faz exatamente isto: ter uma Missão ao mesmo tempo em que ganha dinheiro. Ou, neste caso específico, "equilibrando pessoas — planeta — lucro", como Jim Geikie explica a seguir.

Jim juntou-se à Burt's Bees em uma fase crítica pouco antes da Clorox Company assumir a marca, desejando escalá-la ainda mais e mais rápido, como qualquer profissional de marketing de massa faria por intuição. Ele analisa como sua equipe de liderança e as que vieram antes dele lidaram com essas transições-chave, saindo para entregar uma proposição de valor e altos lucros. Você também pode ouvir uma entrevista que fizemos com Jim em ueberbrands.com (UEBERBRANDS.COM, 2017). Escaneie o QR code no início do livro para acessar um link direto [conteúdo em inglês].

Jim Geikie

Jim é um profissional de marketing de produtos de consumo que concentra sua carreira de trinta anos no setor de beleza. Ele interessou-se por marcas "orientadas por uma Missão" quando seu então empregador, a gigante de bens de consumo Unilever, introduziu a campanha Retratos da Real Beleza da Dove e também adquiriu a Ben & Jerry's no início dos anos 2000. Ele ficou fascinado com a forma como essas marcas se ligavam aos consumidores por valores e crenças compartilhadas que transcendiam as características e benefícios do produto. Unir-se à Burt's Bees com seu posicionamento ecologicamente correto pareceu um próximo passo natural para ele. Ele trabalhou para a empresa entre 2006 e 2017, servindo em diversas funções de marketing e direção geral. Jim agora é sócio na One Better Ventures, uma corporação de benefícios certificada que fornece serviços de consultoria e capital de crescimento para empresários excepcionais.

A Burt's Bees é uma marca de cuidados pessoais, conhecida por fórmulas totalmente naturais e práticas ecológicas, que se tornou líder de mercado nos EUA em produtos de hidratação labial e cosméticos e está disponível em cinquenta países. O negócio foi fundado em 1984 por Roxanne Quimby, uma artista, e Burt Shavitz, um apicultor, que viviam uma vida minimalista camponesa em uma parte remota do Maine. Seus valores de autossuficiência e desenvoltura e sua crença na sabedoria, poder e beleza da natureza sustentam um negócio que tem conseguido sucesso à medida que a oferta de produtos evoluiu ao longo de três décadas e que a propriedade passou dos fundadores para o capital privado e, por fim, para uma grande empresa multinacional de produtos de consumo.

A Burt's Bees é fruto de uma história de um movimento cultural periférico para as massas, assim como uma lição de equilíbrio entre propósito e lucro — ou vender sem vender

— em uma jornada para o significado do mercado global. Desde sua criação em 1984, em uma escola abandonada que os fundadores alugaram por apenas o valor do seguro incêndio até sua posição atual dentro do portfólio da The Clorox Company, a Burt's Bees conseguiu crescer e se tornar líder de mercado, mantendo um compromisso inabalável com seus princípios fundadores, convicções e crenças.

A fase de fundação

Produtos que permitem um propósito de vida e apenas lucro suficiente para as necessidades de vida de um camponês

Burt e Roxanne haviam migrado para o Maine por um caminho conturbado, abandonando a vida urbana moderna por uma vida mais simples, mais autossuficiente e mais exigente no meio rural no deserto. Uma citação de Henry David Thoreau ficava pendurada no galinheiro adaptado de Burt: "Fui à floresta porque queria viver deliberadamente, encarar apenas os fatos essenciais da vida, e ver se eu não poderia aprender o que ela tinha a ensinar, e não, quando eu vier a morrer, descobrir que não vivi." Essa citação representava a motivação para eles abandonarem as circunstâncias confortáveis com que foram criados. Eles estavam essencialmente praticando a apropriação, um estilo de vida de extrema independência e autossuficiência caracterizado por cultivar, criar ou recuperar tudo o que era necessário para subsistir. Isso também inclui fazer e vender trabalho artesanal para ganhar o suficiente para comprar as poucas coisas necessárias que não podem ser cultivadas, colhidas ou criadas.

FIGURA 17.1 Uma declaração de crenças baseada naquelas dos fundadores

No que acreditamos

Acreditamos que o trabalho é uma expressão criativa, sustentadora e realizadora do ser interior.

Acreditamos que o que é certo nem sempre é popular e o que é popular nem sempre é certo.

Acreditamos que ninguém pode fazer tudo, mas todos podem fazer algo.

Acreditamos que a maioria dos problemas complicados e difíceis que enfrentamos como civilização tem as soluções mais simples.

Acreditamos que a Mãe Natureza tem as respostas e ela ensina pelo exemplo.

Acreditamos que, imitando a economia dela, emulando sua generosidade e apreciando sua graciosidade, realizaremos nosso legítimo legado em nosso magnífico planeta Terra.

Fonte: Jim Geikie (2020)

Um dia, Roxanne estava pedindo carona, e Burt lhe ofereceu uma. Tornaram-se amigos e eventualmente fizeram uma parceria de negócios. Roxanne, com seu lado sempre artista, ajudou Burt a reembalar o mel, que ele vendia em grandes frascos de picles sem rótulo, desenvolvendo embalagens e imagens que apelariam para o comércio turístico no Maine. Ela então descobriu um galpão cheio de cera de abelha, um subproduto da venda de mel. Essa cera de abelha tornou-se seu principal produto, as velas de cera de abelha da Burt, e acabaria se tornando o principal ingrediente de seu icônico *lip balm*. Burt escrevera seu nome nas colmeias para impedi-las de serem roubadas, e Roxanne achou que era uma marca ideal e aliterativa: Burt's Bees.

O papel do propósito

Roxanne é conhecida por ser uma pessoa de grandes princípios e fortes convicções, e seus valores pessoais sustentaram a empresa. Estes foram publicados de forma proeminente nos materiais de marketing da empresa (ver Figura 17.1). Em 1984, os produtos estavam sendo cada vez mais formulados de forma mais sintética para alcançar maior consistência e menor custo de mercadorias. A fundação da Burt's Beeswax por Roxanne contrastou com as práticas empresariais predominantes, e ela rejeitou o movimento "viver melhor por meio da química". Sua crença de que "o que é certo nem sempre é popular e o que é popular nem sempre é certo" colocou essa diferença em forte contraste e se tornou uma fonte de autêntica credibilidade quando o que ela acreditava ser "certo" tornou-se cada vez mais popular após a virada do século. Acreditando que "os métodos antigos são os métodos certos", ela procurou fazer produtos que honrassem a sabedoria, o poder e a beleza da natureza. Seu objetivo era fazer um produto moderno, mas empregando ingredientes e processos que poderiam estar disponíveis para a Cleópatra. Além disso, como seus produtos eram retirados da natureza, havia o objetivo de reabastecer e devolver à natureza.

A Missão se manifestou nos produtos por meio de três atributos:

1 Formulação natural. A barra com "% natural" na frente de cada embalagem de produto tornou-se uma indicação transparente da integridade de uma fórmula. Os ingredientes naturais eram apenas parte da fórmula. Ela também deliberou sobre o uso de "química de cozinha" para processar seu produto. Aquecimento, resfriamento e

mistura constituíam um método de processamento mais natural e seguro do que algumas das alternativas mais comuns do setor que utilizavam solventes agressivos e eram suspeitas de criar potenciais riscos à saúde humana.

2 Embalagem ecologicamente correta. O uso de embalagens de vidro, alumínio e papel artesanal reforçou a importância das embalagens recicladas e recicláveis "amigas do meio ambiente". O uso de embalagens de papelão kraft revestido de argila viradas de dentro para fora para imprimir no lado inacabado reforçou a imagem reciclada.

3 Diferenciação, diferenciação, diferenciação. Em um mundo de produtos de consumo paritário, ela se esforçou para tornar os produtos diferentes e melhores do que os que estavam disponíveis no mercado. Se um consumidor experimentasse um produto da marca Burt's Bees e gostasse dele, a diferenciação garantiria o seu retorno e ele teria dificuldade para encontrar uma alternativa comparável. Para aqueles que gostam da textura cerosa do *lip balm* de Cera de Abelha Original combinada com o formigamento proeminente do óleo de menta, não havia nenhum concorrente que oferecesse essa combinação de atributos antigamente. E como a cera de abelha forma uma barreira não oclusiva nos lábios, a fórmula não criava o efeito de "encharcamento", impedindo o fenômeno de necessidade de uso circular comum à maioria dos produtos à base de petróleo que os consumidores chamam de "vício". Diferente. Melhor. Burt tornou-se um símbolo de autenticidade e diferença.

FIGURA 17.2 Missão e Mito manifestados: um *lip balm* original da Burt's Beeswax em embalagem terracota e o logotipo moderno mostrando a mítica imagem do fundador e a observação de marca ecologicamente correta nos produtos

Fonte: reproduzido com a permissão da Burt's Bees (2020)

O papel do lucro

A empresa operou independentemente, sem investimento e influência externa, durante vinte anos. A ambição original era modesta. Roxanne supôs que, se pudesse vender vinte mil dólares em velas e pudesse manter seus custos a dez mil dólares, isso lhe daria dez mil dólares de lucro, o que era o triplo de sua renda de garçonete. O negócio era lucrativo desde o início, e ela só fazia investimentos quando havia dinheiro suficiente para cobrir as despesas. Seus clientes atacadistas pagavam antecipadamente o frete — não havia condições de crédito oferecidas —, o que ajudava no fluxo de caixa.

Não havia tensão entre o objetivo e o lucro, intrinsecamente ligados durante essa fase. A Missão e seus métodos eram coerentes com uma escolha de estilo de vida que ambos os fundadores haviam feito e que era maior e mais significativa do que o negócio. O principal objetivo financeiro não era enriquecer, mas prover as necessidades de vida.

Roxanne pode ter sido conservadora nas finanças, mas foi estrategicamente ousada. Houve quatro decisões significativas nos anos iniciais que cimentaram a fundação: um cliente varejista, uma mudança de empresa, uma escolha de categoria e uma decisão de pessoal. Em 1989, um comprador de uma butique do SoHo, em New York, chamada Zona, descobriu as velas da Burt's Bees quando Roxanne estava se apresentando em uma exposição no oeste de Massachusetts. O sucesso nessa butique de varejo elevou o perfil da marca e criou uma demanda por atacado para seus produtos, o que lhe deu certa vantagem para garantir condições favoráveis.

A apresentação certa no varejo e a relação certa com o varejista sempre foram fundamentais para o marketing da marca e para a estratégia da empresa. Em 1993, ela fez duas escolhas ousadas que prepararam a empresa para o sucesso a longo prazo. A primeira foi transferir a pequena empresa do remoto centro-norte do Maine para sua atual localidade na Carolina do Norte. Roxanne descobriu que a Carolina do Norte apoiava mais os empresários, era mais centralmente localizada para a distribuição na Costa Leste e tinha mais trabalhadores qualificados. Ela disse que a difícil escolha de se mudar para a Carolina do Norte foi a melhor decisão estratégica que tomou. Em segundo lugar, decidiu concentrar sua gama de produtos de cuidados pessoais e parar de produzir produtos que, na época, representavam 75 por cento de sua receita. O *lip balm* começou a fazer cada vez mais sucesso, os itens de cuidados pessoais passaram a ser mais usados e as margens de lucro melhoraram.

Ela parou de fabricar velas, lustradores de fogão e produtos para animais de estimação que compunham seu eclético portfólio, para se concentrar mais estritamente no "cuidado pessoal natural e ecologicamente correto". Ela também decidiu comprar a participação de Burt no negócio e operar sem um parceiro. Burt preferiu a vida rural no Maine do que viver em meio ao desenvolvimento na Carolina do Norte, então ele aproveitou a oportunidade para vender sua parte e retornar ao lugar onde era mais feliz.

Roxanne estava dirigindo um negócio próspero e operando inteiramente de acordo com seus valores. Em 2003, o negócio crescera para cerca de oitenta milhões de dólares em vendas de varejo. Porém, tudo isso era consumido, e a complexidade do negócio estava além do que uma pessoa poderia administrar sozinha. Ela decidiu vender ou contratar um parceiro operacional.

Uma maré crescente levanta todos os navios: a fase de crescimento rápido

Buscando o capital e o parceiro operacional certos, ela se reuniu com dezenas de empresas de capital privado e pesou dois critérios-chave: a avaliação de sua empresa e o "ajuste" a seus valores e crenças. Isso daria a maior chance de continuar desenvolvendo o negócio de forma consistente com os valores que ela incutira nele. Ela testou metodicamente 97 parceiros potenciais e empregou métodos não tradicionais, como leituras de cartas de tarô e análise astrológica para determinar a confiança e a adequação. Por fim, escolheu a AEA Investors como sócia e vendeu oitenta por cento do negócio por 155 milhões de dólares. O plano era trazer um diretor executivo externo e manter Roxanne responsável pela visão criativa e pelo desenvolvimento dos produtos.

A transição foi desafiadora. A estratégia de crescimento exigia uma expansão agressiva nos principais canais de varejo de saúde e beleza e uma variedade de produtos mais abrangente cobrindo categorias maiores de cuidados pessoais. A prioridade secundária era manter o negócio no canal natural existente e nos canais de varejo especializados. Foi contratado um CEO com ampla experiência como presidente de divisão para grandes empresas multinacionais de produtos de consumo. Ele formou uma equipe de liderança com experiência similar, com profissionais do setor de saúde e beleza para liderar cada função, mas a nova equipe, incluindo Roxanne, falhou em operar efetivamente. O resultado foi uma incômoda divisão de poder e de tomada de decisões, com um efeito cascata disfuncional sobre a organização e a cultura da empresa. Por padrão, e não por projeto, a organização foi praticamente dividida em duas. As novas pessoas que eram leais ao novo CEO, trabalhando em novos produtos e com novos clientes, trazendo práticas convencionais do setor e comandando uma parcela desproporcional de recursos, foram percebidas como o futuro. Já as pessoas que estavam em exercício e eram leais à Roxanne, trabalhando nas linhas de produtos existentes e com os canais de especialidades existentes, foram percebidas como pessoas menos capazes do passado.

A equipe desenvolveu e lançou vários novos produtos e inaugurou com sucesso nas duas principais redes nacionais de drogarias. Entretanto, a dinâmica da organização mostrou-se insustentável e passou por uma extensa reestruturação. Roxanne se retirou de seu papel operacional e limitou seu papel à diretoria. O CEO foi substituído por John Replogle, um conceituado estrategista, operador e líder. A fonte de autoridade de John estava enraizada na experiência de liderar grandes empresas em crescimento, combinada com um sistema de valores fortes compatível com o de Roxanne. John concentrou-se em três partes fundamentais de seu trabalho:

1 Desenvolver uma estratégia de longo alcance e um plano operacional anual.
2 Construir uma organização eficaz e uma cultura empresarial.
3 Cultivar relações de alta qualidade com os *stakeholders* externos.

Adotando uma abordagem mais estratégica de propósito e lucro

O alinhamento e o compromisso com a Missão e a visão da empresa foram fundamentais para essa estratégia. Em muitas empresas, a Missão e a visão são tratadas como tarefas mais superficiais, com o trabalho estratégico real focado no fornecimento de recursos para as escolhas priorizadas. No caso da Burt's Bees, devido ao estágio de desenvolvimento e à ausência da influência diária do fundador, era importante declarar uma Missão e visão sem ambiguidade para a empresa.

FIGURA 17.3 "Aprender com a natureza" conecta o Mito e a Missão de Marca: uma parede educacional na sede da loja Burt's Bees relaciona os insights e as experiências da natureza de Burt com o produto e a marca

Tradução da imagem — Podemos aprender muito com uma abelha. A abelha, pequena alquimista da natureza, vive em perfeita harmonia com a natureza, transformando o mundano em mágico. Como a abelha, Burt's Bees usa a sabedoria, o poder e a beleza da natureza para elaborar fórmulas nas quais os ingredientes — desde o néctar até a cera — são cuidadosamente escolhidos para cuidar da sua pele.

Fonte: J.P. Kuehlwein (2016)

> *Missão (por que existimos)*: fazer com que as pessoas vivam melhor, todos os dias — naturalmente!
>
> *Visão (como é o sucesso)*: a marca líder mundial de cuidados pessoais naturais, adorada pelos consumidores, desejada pelos clientes e que trabalha em harmonia com os *stakeholders* e o meio ambiente.

A empresa enraizou sua estratégia em uma declaração de propósito chamada "O modelo de negócios do bem maior". O modelo identificou as partes do negócio que possibilitavam saúde e bem-estar, sustentabilidade ambiental e impacto social no contexto dos *stakeholders* que desempenhariam um papel colaborativo. Essa estrutura de propósito foi integrada no plano de negócios e referida como uma estratégia de Pessoas, Planeta e Lucro.

Pessoas

Os objetivos eram: (1) Garantir a integridade de um produto natural para proporcionar benefícios de saúde e bem-estar; e (2) Estabelecer critérios para o tratamento ético dos funcionários e fornecedores.

A empresa criou e publicou o Padrão Natural da Burt's Bees, que definiu padrões para uma fórmula de produtos naturais de cuidado pessoal. Ele:

- estabelece critérios mínimos para concentração de matéria-prima natural (>95 por cento);
- estabelece condições para quando um ingrediente não natural pode ser usado (quando não há opção natural viável nem suspeita de risco à saúde humana);

- lista métodos de processamento proibidos (ou seja, etoxilação) prejudiciais tanto para a saúde humana quanto para o meio ambiente.

Dada a liderança da Burt's Bees no segmento e a abordagem colaborativa e inclusiva determinada para seu desenvolvimento, o padrão foi amplamente adotado pelo setor, incluindo a organização Natural Products Association e a maioria dos principais varejistas, e serviu como um fosso econômico eficaz contra marcas mais posicionadas naturalmente do que formuladas naturalmente.

O modelo especificou ainda mais as políticas e princípios da empresa para o tratamento ético de funcionários e fornecedores. Aos funcionários, estabeleceu expectativas de participação individual nas iniciativas humanitárias e de sustentabilidade do The Greater Good [o bem maior]. Parte do programa de bônus anual foi vinculada ao cumprimento dessas metas. O modelo também padronizou a remuneração e os benefícios em toda a organização. Aos fornecedores, foi criado e implementado um código de conduta completo com critérios e requisitos de auditoria que garantiam o cumprimento da garantia de qualidade, rastreabilidade e tratamento ético dos funcionários. Em relação à comunidade, o modelo financiou a Burt's Bees Foundation, que fez doações a organizações com valores compartilhados e com as quais os funcionários dedicariam um tempo de voluntariado significativo ao longo do ano.

Planeta

Foi estabelecida uma "visão de 2020" para operações sustentáveis com metas específicas estabelecidas para embalagens, consumo de água, uso de eletricidade e resíduos de aterros sanitários. As normas sobre embalagens estabelecem metas ambiciosas para o desenvolvimento de embalagens biodegradáveis, enquanto especificam o uso de materiais melhores, incluindo papel certificado de manejo florestal, plásticos reciclados e recicláveis, alumínio e tintas à base de soja na impressão. As normas sobre embalagens proibiram totalmente certos materiais, incluindo sacolas de PVC que eram usadas em kits de presentes e em materiais de embalagens de isopor. As metas de água e eletricidade foram estabelecidas para manter o consumo nos níveis atuais, o que significou, na prática, para um negócio que crescia 25 por cento ao ano, uma redução no consumo de água e energia por unidade. As metas de resíduos foram projetadas para reduzir, reutilizar e reciclar *todos* os materiais usados em todas as instalações e resultaram na Burt's Bees se tornar a primeira empresa sem descarte de resíduos em aterros sanitários no estado da Carolina do Norte em 2010, eliminando 55 toneladas de material descartado.

Lucro

Um típico plano de negócios de longo prazo foi criado para estabelecer expectativas financeiras para o crescimento da receita, lucro bruto, investimentos em apoio e organização de marketing, lucro operacional e grandes despesas de capital. Ele incluiu um conjunto de escolhas prioritárias para a expansão varejista, expansão de produtos e expansão nacional. Foi feito um grande esforço durante essa fase para melhorar drasticamente a margem bruta de lucratividade do negócio e fornecer o "combustível para o crescimento", permitindo investimentos sustentados em marketing e na organização. Notavelmente, nenhuma dessas ações envolveu a redução da fórmula e dos custos de embalagem, utilizando matérias-primas mais baratas. De fato, durante essa época, as fórmulas tornaram-se *mais* naturais e os custos diretos subiram. O lucro bruto foi alcançado por meio do aumento de preços, otimização de investimentos comerciais e investimentos de capital que permitiram que a fábrica funcionasse de forma mais eficiente.

Os planos financeiros da empresa foram transparentes dentro da organização e todos os funcionários participaram de um plano anual de incentivo baseado no cumprimento ou na superação dessas metas. Os pagamentos de bônus em dinheiro eram determinados por um sistema ponderado que considerava o crescimento da receita, o alcance do lucro operacional, as metas de sustentabilidade e as metas pessoais. As metas de incentivo podiam variar para cima ou para baixo, dependendo do grau de superação ou redução de cada uma dessas quatro dimensões. Esse sistema criou um alinhamento de interesses entre os parceiros financeiros de capital privado e cada membro da empresa operacional e colocou as considerações financeiras ao lado das considerações da Missão.

Um programa cultural foi projetado e implementado para reforçar os valores e comportamentos desejados e formar uma equipe unificada. A cultura foi fundamentada em quatro valores que a equipe pensava que seriam mais importantes para o sucesso nos próximos anos:

TABELA 17.1 Programa de cultura da Burt's Bees

Valores	Comportamentos	Sistemas de incentivo
Compromisso firme com o programa The Greater Good	• Inflexibilidade quanto aos valores e princípios fundamentais	• Fórmula e normas sobre embalagens • Código de conduta do fornecedor • Créditos de vida sustentável
Tensão harmoniosa (jazz!)	• Debate robusto • Clareza das decisões	• Assembleias a cada trimestre em cada instalação • Expediente de porta aberta (1:1) • Café de sexta-feira com membros da equipe de liderança
Abraçar a mudança	• Não temer cada mudança • Abordar preocupações legítimas • Concentrar-se no que você pode controlar • "Fazer uma pausa"	• "Cinco porquês" para revelar as raízes das preocupações • Priorizar as preocupações e criar "o que precisa ser verdadeiro" para mitigar com sucesso • Após as revisões de ação, avaliar "o bom, o ruim e o péssimo" e documentar as lições aprendidas
Trabalho em equipe apaixonado	• Excelência na execução • Engajamento • Ambiente colaborativo • Compromisso pessoal	• Requisitos de hora de serviço • Reconhecimento do prêmio "We care [nós nos importamos]" • Prêmio Burt's Bees de Crescimento • Gestão ambiental de Burt Shavitz • Prêmio humanitário de Roxanne Quimby • Eventos e celebrações do Dia da Cultura

1. Compromisso firme com a Missão e o programa The Greater Good.
2. Tensão harmoniosa — debate saudável e conflito construtivo para que os tomadores de decisão possam ouvir *todas* as vozes sobre um tema.
3. Abraçar a mudança — ficar confortável com a mudança e aproveitá-la para o bem, em vez de resistir à mudança por medo de "se vender" ou de princípios comprometedores.
4. Trabalho em equipe apaixonado — *uma* equipe alinhada, apoiando-se mutuamente, engajada nas prioridades, se divertindo e obtendo satisfação com o trabalho árduo.

Cultivando relações externas com parceiros alinhados a valores

Parte significativa do modelo de sucesso de "lucro com propósito" foi o engajamento com os *stakeholders* externos. A postura do negócio era incentivar o desenvolvimento da categoria mais ampla de cuidados pessoais naturais. Como de costume, a Burt's Bees, como líder de mercado, se beneficiaria de forma desproporcional. Fornecedores de matérias-primas, agências, líderes comunitários, reguladores — tudo formava um grande grupo. Contudo, a colaboração com concorrentes e clientes era a abertura mais significativa da categoria. A percepção entre os concorrentes era que eles tinham muito mais em comum do que diferenças, que todos compartilhavam valores e crenças fundamentais semelhantes e que a verdadeira concorrência era com marcas que viam a popularidade dos produtos naturais e que exploravam o desconhecimento do consumidor para comercializar produtos "pseudonaturais".

A cooperação no desenvolvimento do padrão natural era desafiadora para produzir, mas na prática estabelecia bons parâmetros para que um produto fosse chamado de natural. Embora os padrões não fossem tão altos quanto os definidos pela alemã BDIH, eram praticamente altos o suficiente para isolar os produtos meramente posicionados de forma natural. Quando os grandes varejistas adotaram essa definição e a aplicaram às suas estratégias de merchandising de categoria natural, o negócio foi fechado. Este comentário da Target é um indicativo do mercado na época:

> Sabemos que os produtos naturais e orgânicos são viáveis para o mercado de massa e sentimos que estamos atrasados e precisamos nos envolver. Não estamos recebendo conselhos adequados de nossos consultores habituais da categoria porque eles estão focados na venda de produtos naturais em oposição à formulação de produtos naturais. A Burt's Bees pode nos ajudar a criar uma categoria?

As marcas participantes tinham acesso a um grupo muito maior de consumidores sem "vender" ou comprometer seus princípios, e os consumidores podiam tomar decisões mais bem informadas. Um ganho para todos.

O período de 2004 a 2008 foi breve, mas comercialmente bem-sucedido:

- o tamanho do negócio triplicou;
- foram lançados de 15 a 30 produtos novos a cada ano;
- a distribuição no varejo foi ampliada, atingindo tanto as principais redes de drogarias como muitas mercearias, mantendo o canal natural e a distribuição especializada;

- a empresa ingressou em cinco países e adquiriu o distribuidor canadense como uma subsidiária de propriedade integral;
- foi formada uma equipe de alto desempenho, altamente engajada e capaz de escalar o negócio;
- a estrutura da margem do negócio foi melhorada, permitindo um investimento operacional saudável sustentado.

Os sucessos comerciais foram acompanhados pelos sucessos da Missão:

- Na ausência de uma definição da Comissão Federal de Comércio ou de diretrizes da Administração de Alimentos e Medicamentos (FDA), a Burt's Bees liderou um processo de autogestão do setor para acordar altos padrões para produtos naturais. Estes foram adotados pela empresa, por muitos concorrentes e pela maioria dos varejistas.
- A empresa estabeleceu metas para 2020 para a melhoria da sustentabilidade ambiental, incluindo normas sobre embalagens, materiais "proibidos", redução de águas residuais, redução do consumo de energia e compensação de carbono e alcançou desperdício zero em aterro sanitário.
- Foi criada a Burt's Bees Foundation, que concedeu subsídios a organizações filantrópicas.
- Criou-se uma cultura em que todos os funcionários participam diretamente de atividades destinadas a promover a Missão da empresa e a apoiar os parceiros da comunidade.

As pressões financeiras sobre o negócio durante essa fase foram diferentes daquelas que a fundadora geralmente enfrentava. A empresa de capital privado havia supostamente alavancado o negócio com dívidas que precisavam ser cobertas e, com razão, queria maximizar o retorno do investimento que fizera. No entanto, ela acreditava incondicionalmente na tendência subjacente aos produtos de cuidados pessoais naturais e compreendia de forma profunda o valor do propósito para o valor da marca e para a cultura. Seu compromisso com a estratégia de "Pessoas, Planeta e Lucro" e com o programa The Greater Good nunca causou uma reconsideração desses princípios básicos. Felizmente, após a transição gerencial, o negócio teve um desempenho consistente, a categoria experimentou uma adoção acelerada pelo consumidor e houve uma boa execução contra cada uma das prioridades estratégicas.

Transação para a Clorox Company

Desde 2007, o amplo apoio do varejo em massa e a rápida adoção do consumidor em geral se combinaram para fazer com que o segmento de cuidados pessoais e produtos naturais crescesse mais rápido, e as principais empresas multinacionais de cuidados pessoais quisessem participar dele. Dadas as diferenças fundamentais na criação, aquisição e elaboração de produtos realmente naturais em contraste a produtos sintéticos de cuidados pessoais, as empresas preferiram adquirir empresas existentes em vez de desenvolver suas próprias marcas e produtos. A L'Oreal havia adquirido a Kiehl's e a The Body Shop. A Johnson & Johnson estabelecera uma parceria com a marca grega Korres. Todos os grandes players globais estavam ativos no mercado.

A Clorox Company adquiriu a Burt's Bees por 925 milhões de dólares em dezembro de 2007, o que surpreendeu a muitos, dado que a Clorox não compete no mercado mais abrangente de cuidados com a saúde e a beleza. Entretanto, em uma inspeção mais detalhada, a Burt's Bees foi uma ótima opção para o portfólio da Clorox. Ela é especializada na gestão de marcas que têm um ranking de participação de mercado em primeiro ou segundo lugar em categorias secundárias menores. Por exemplo, detém uma posição de liderança em produtos aditivos para lavanderia, mas não compete na categoria maior (e mais competitiva) de sabão líquido para lavanderia. Com a Burt's Bees, encontraram uma marca líder de participação no mercado de cuidados pessoais naturais, que, embora fosse de cuidados pessoais, tinha um conjunto restrito de marcas competitivas e nenhuma delas era muito ameaçadora na época. Ao definir produtos de cuidados pessoais naturais como uma categoria secundária, a Burt's Bees se encaixou bem na estratégia mais ampla e eclética do portfólio, que varia de aditivos para lavanderia a molhos para salada e areia para gatos. Além disso, a Clorox, como parte de sua Estratégia Centenária, estava remodelando seu portfólio para ser relevante neste novo século, adaptando-se às tendências de consumo em evolução. Ela estava no processo de descartar empresas legadas como a de cuidados com automóveis, e mais focada em marcas e produtos naturais e ecológicos, como os filtros de água da Brita e os produtos de limpeza da Green Works. A Burt's Bees encaixava-se confortavelmente naquele portfólio emergente, que tinha maior importância estratégica do que seu tamanho indicava na época. Na Burt's Bees, também encontraram uma empresa com uma equipe experiente, bons fundamentos operacionais e uma forte cultura que poderia operar como uma unidade de negócios semi-independente, com um grau de liberdade para continuar a fazer o negócio crescer. Por conseguinte, ao integrar parte de sua equipe no negócio baseado na Carolina do Norte, aproveitou o aprendizado e integrou o negócio por um período prolongado.

As lições aprendidas durante o período de capital privado e a cultura de abraçar as mudanças fizeram com que a transição para a propriedade da Clorox fosse bastante fácil com mudanças relativamente simples na estratégia e no modelo operacional.

Estratégia

Não havia nenhum desejo de alterar a Missão ou a visão da Burt's Bees, agora uma unidade de negócios estratégica de uma empresa de capital aberto. A Clorox endossou totalmente a estratégia de Pessoas, Planeta e Lucro e reconheceu o valor intrínseco que as pessoas e o mundo traziam à proposta de valor global para os consumidores, funcionários e todos os *stakeholders*. Foi colocado mais rigor na avaliação de escolhas do canal, produto e países devido aos novos pontos fortes e capacidades que a Clorox trouxe, e também melhores ferramentas para avaliar essas opções. O Walmart foi a maior lacuna de distribuição fechada após a venda, em janeiro de 2008, mas a preparação para o lançamento estava em andamento há mais de um ano, portanto, não era uma nova escolha. A expansão internacional foi uma grande oportunidade de crescimento possibilitada por um parceiro multinacional, e a equipe explorou como a Burt's Bees poderia aproveitar a oportunidade significativa na China sem comprometer seu compromisso de não testar em animais, uma exigência regulatória de todos os cosméticos importados na China na época.

Sem previsão para a regulamentação, o risco dos testes em animais para o valor superou o benefício comercial de ingressar no país, então, tornou-se unânime defender uma mudança regulatória, que também foi a posição tomada pela marca The Body Shop da L'Oreal. O processo de tomada de decisão e a própria decisão foram tranquilizadores para as pessoas da empresa que não tinham certeza de como funcionaria quando os princípios conflitavam com a oportunidade de negócios. E, de fato, o processo fez com que a Clorox Company alterasse sua política de testes em animais para o restante de seu portfólio e, desde então, ela é uma defensora ferrenha contra as exigências de testes irregulares.

Com a Missão e a visão intactas, foi feito um trabalho para simplificar a articulação, a programação, a medição e a elaboração de relatórios em apoio ao programa The Greater Good. O *Good for You* [bom para você] continha todos os aspectos de saúde e bem-estar das formulações naturais sem nenhuma mudança no padrão do produto natural. O *Good for All* [bom para todos] combinou os projetos humanitários e ambientais em uma coleção coerente de projetos. E o *Good for Us* [bom para nós] reconheceu explicitamente as partes financeiras e operacionais de um negócio com fins lucrativos que, em última instância, o tornam sustentável e proporcionam um retorno razoável aos *stakeholders* financeiros.

FIGURA 17.4 Formalizando o propósito da marca: os princípios orientadores da Burt's Bees, de servir às pessoas, ao planeta e ao lucro, são expressos pelo programa The Greater Good e guiam a execução após a aquisição pela Clorox

Fonte: reproduzido com permissão da Burt's Bees (2020)

A unidade de negócios continua a relatar seu progresso em relação a suas metas do The Greater Good em um relatório bianual, simples de digerir, rigoroso e transparente, publicado em destaque no seu site.

Desempenho financeiro

Foram estabelecidas metas financeiras, incluindo metas de receita e lucro, e parâmetros para investir em marketing e outras despesas operacionais. As metas estavam se estendendo, mas, de modo geral, seguindo as estimativas da gestão feitas durante o processo de venda. Os resultados financeiros, em geral, atenderam às expectativas ao longo do tempo, exceto durante a crise econômica mundial em 2009-2010, quando teve um atraso no ritmo de expansão internacional. De acordo com os relatórios publicados, a Clorox obteve uma amortização de 250 milhões de dólares do ativo da Burt's Bees no balanço patrimonial. No entanto, o negócio continuou sendo uma unidade em rápido crescimento no portfólio da Clorox com lucro bruto gradativo, apesar de não haver um compromisso significativo de propósito com o lucro.

Um exemplo da relação entre propósito e lucro foi o debate sobre a entrada ou não no mercado chinês. O mercado chinês era atraente, dado seu tamanho, a popularidade dos produtos naturais estrangeiros e a atração dos consumidores pelas marcas norte-americanas. No entanto, existia na época uma exigência regulatória de que todos os produtos cosméticos importados fossem submetidos a testes de segurança em animais, o que estava em conflito direto com as práticas e princípios da Burt's Bees. Após uma revisão completa dos regulamentos locais, provinciais e federais, e um exame para ver como outras empresas lidavam com a questão, foi tomada a decisão de adiar a entrada na China até que o regulamento fosse alterado. Foi determinado que os danos à confiança da marca causados por tal comprometimento de princípios não valiam o benefício econômico. Assim, enquanto alguns concorrentes tomaram uma decisão diferente, a Burt's Bees, por uma questão de princípios, evitou o mercado chinês por vários anos até que o ambiente regulatório mudasse, em 2016, permitindo que produtos não testados em animais entrassem no país apenas para uso pessoal via comércio eletrônico.

Organização e cultura

Como uma unidade de negócios de uma empresa de capital aberto, a Burt's Bees teria requisitos de configuração operacional diferentes dos que tinha como empresa privada em um portfólio de capital privado. Entretanto, o CEO da Clorox também era membro do conselho da The Kellogg Company, que tentara várias estratégias de integração com sua aquisição da Kashi, marca de alimentos naturais, e a integração da Burt's Bees foi inspirada nessa experiência. O status de "semi-independente" da Burt's Bees foi caracterizado por uma unidade física separada em Durham, na Carolina do Norte, que era o único ponto de contato entre cada função da empresa e vários graus de integração por função.

A Clorox tratou inicialmente a Burt's Bees como se fosse um negócio em outro país. O suporte funcional foi determinado por um executivo na Clorox, provendo um suporte adequado com sua contraparte na Burt's Bees. Como uma divisão de uma empresa pública, as finanças, a conformidade legal e a estratégia precisavam ser totalmente integradas como uma questão de governança básica. Entretanto, as funções de demanda, vendas e marketing permaneceram bastante independentes. A maioria das outras funções cocriou um arranjo prático em que foram capazes de alcançar uma relação "melhor de ambas", em que a capacidade da Clorox atendeu à agilidade de um negócio mais enxuto. Ao longo de uma década, os relacionamentos evoluíram para um negócio totalmente integrado, incluindo a operação em sistemas ERP [*Enterprise Resource Planning* (Sistema integrado de gestão empresarial)] comuns, mas permanecem certas diferenças em relação a outras unidades de negócios devido à localização ou à singularidade do negócio da Burt's Bees. De modo geral, é mais comum que seja assim. É uma configuração única, continuamente refinada e melhorada que funciona muito bem.

Consistente com a evolução da estrutura organizacional, a cultura da unidade de negócios evoluiu ao longo do tempo. O principal objetivo com o refinamento da cultura foi abraçar a ideia de fazer parte da The Clorox Company, mantendo a autenticidade dos valores da marca e da Missão e visão da unidade de negócios. Após sete anos, e principalmente devido à sua distância física da sede em Oakland, havia um sentimento generalizado de que a cultura da Burt's Bees estava muito separada da Clorox e ainda se comportava como uma empresa independente e privada. Nove anos depois de definir a cultura "we care", as questões mais urgentes que a equipe enfrentava não estavam mais abraçando mudanças e eficácia organizacional. O principal desafio organizacional era conseguir que as pessoas se comprometessem novamente com o The Greater Good, que havia tido uma erosão significativa, e conseguissem conectar a unidade de negócios aos valores da Clorox e à cultura de crescimento de forma mais direta.

Isso foi alcançado adotando completamente os quatro valores da Clorox e cinco comportamentos desejados que não eram inconsistentes com os valores e comportamentos da Burt's Bees. A declaração da cultura da Burt's Bees foi então mais um passo para esclarecer sua Missão (propósito), convicções (crenças) e a estratégia de Pessoas, Planeta e Lucro. Ela aproveitou a oportunidade para simplificar ainda mais o programa The Greater Good, esclarecendo como esse modelo impulsionou "o que fazemos", "como operamos" e "como devolvemos". Elegantemente retratado por meio da metáfora de uma flor crescendo no solo, ele é bem compreendido e abraçado.

RESUMO: BURT'S BEES

A Burt's Bees tem uma história convincente de marca. É um ícone especial de marca de cuidados de beleza que combina um propósito que ajuda a levar as pessoas a algo maior, melhor e mais significativo com uma personalidade peculiar, excêntrica, não convencional e única. A identidade é, ao mesmo tempo, autêntica e inerentemente convidativa, seduzindo as pessoas a querer saber mais sobre os produtos da empresa, seus funcionários e suas práticas. Ela celebra suas realizações ao mesmo tempo em que eleva continuamente as expectativas de melhoria e se sente confortável em admitir quando fica aquém de seus objetivos. Essa é a essência do valor da marca. Ao longo de 35 anos, a empresa tem feito muito sucesso por causa de seu propósito. É um exemplo moderno de como os *stakeholders* e os acionistas podem ser servidos simultaneamente e de como pode ser criado um valor extraordinário para cada um deles. É um legado duradouro para a sucessão de proprietários, líderes e funcionários comprometidos que contribuíram para o que ela é hoje.

- *Missão, visão e valores são a bússola* para toda a empresa e a estrela-guia para cada estratégia: negócios, marca, produto, cadeia de fornecimento, organização e cultura, finanças, sustentabilidade e impacto social.
- *Contrate pelo caráter, treine as habilidades.* As pessoas devem incorporar o propósito em todos os níveis da organização e em todas as funções. Dispense as pessoas desalinhadas. Incorpore o propósito na cultura e nos sistemas de reconhecimento.
- *Alinhe os incentivos.* Defina metas de propósito em esquemas de compensação com as metas de negócios e garanta cem por cento de participação.
- *Codifique as normas operacionais.* Seja específico sobre como o objetivo se traduzirá em produtos, serviços e operações e sobre quais exceções serão consideradas. Garanta a adesão de todos os *stakeholders* relevantes.

- *Seja tão estratégico sobre o propósito quanto sobre os negócios.* Planeje em longo prazo e tenha objetivos anuais, metas, estratégias e medidas. Assegure-se de que todas as estratégias estejam integradas e funcionando em conjunto.
- *Construa uma comunidade de stakeholders externos com os mesmos interesses.* Fornecedores, clientes, consumidores, investidores, até mesmo concorrentes que compartilham de seus valores. Valorize o "ajuste".
- *Seja transparente.* Celebre quando atingir ou superar seus objetivos e seja franco e transparente quando ficar aquém das expectativas. Humildade e imperfeição são pontos fortes, não vulnerabilidades.

Caso 4: Starbucks

O plano de renascimento, ou: como saltar adiante, voltando à qualidade e ao serviço

Uma Ueber-Brand nunca deve esquecer o que a tornou grande: seus produtos e serviços icônicos. A Starbucks na Europa é um grande caso para ilustrar esse conceito. Após ser inicialmente mais bem-sucedida do que talvez esperava, a marca atingiu uma queda em 2012. A concorrência estava ficando acirrada e a visão que os clientes tinham da marca começava a piorar, questionando sua qualidade e não fazendo da Starbucks parte da rotina tanto quanto se pretendia.

Samantha Yarwood, diretora de marketing da marca na Europa e no Oriente Médio, compartilha sua visão sobre o ambicioso projeto de "renascimento" que reafirmou a qualidade do café, a habilidade barista e o atendimento personalizado — os três pilares que fizeram a Starbucks grande. E a marca decolou.

Neste artigo, Samantha compartilha algumas ideias e experiências únicas, assim como desafios ao longo do caminho, levando uma marca icônica de volta aonde pertence: ao topo.

Samantha Yarwood

Nos últimos 15 anos, Samantha Yarwood tem atuado no marketing e na comunicação da Starbucks/Nestlé nas Américas e como diretora de marketing na EMEA. Atualmente, ela se dedica a um mestrado executivo em mudanças no INSEAD na França. Sua Missão é dar às pessoas e organizações o que precisam para liberar seu mestre interior; as ferramentas, guias e insights para impulsionar a maneira como inovam, criam e vivem suas vidas. Seus projetos atuais incluem: diretora executiva de marketing na Scout Canning; diretora de marketing e recursos humanos na Abundance Behavioural Health; e diretora de serviços na THNK.

Nunca pensei que trabalharia para uma grande marca, muito menos para um gigante mundial do café. Entretanto, o que eu encontrei na Starbucks foi realmente único. Uma empresa na qual você poderia dar o melhor de si no trabalho, ser reconhecido por suas paixões e pontos fortes e fazer realmente a diferença nas comunidades em que atua. A Missão da Starbucks pode parecer grandiosa: "Inspirar e nutrir o espírito humano — uma pessoa, uma xícara e uma vizinhança de cada vez." Entretanto, cada parceiro (é assim que os funcionários são chamados na Starbucks, pois todos que trabalham para a empresa são acionistas e, portanto, parceiros do negócio) têm o poder de cumprir a Missão e a visão da empresa. Acredito que uma das razões pelas quais a Starbucks se tornou uma das marcas mais amadas e reconhecidas do mundo deve-se ao compromisso de cada parceiro fazer seu melhor trabalho e trazer os valores da organização à vida. Os parceiros são o maior diferencial de marca da Starbucks. É por sua paixão e experiência que a organização tem conseguido mudar a maneira como o mundo bebe café fora de casa e do trabalho, criando um terceiro lugar, onde as pessoas podem relaxar, desfrutar de uma xícara de café e, o mais importante, de uma experiência. Porém, não é fácil manter esse compromisso e trazer continuamente à vida a Missão e os valores da empresa, sobretudo nos mercados internacionais, e é isso que quero compartilhar com você: uma de minhas experiências e histórias de como revivemos a marca Starbucks na Europa, no Oriente Médio e na África (EMEA).

A situação

A Starbucks abriu a primeira loja nos EUA em 1971, no Pike Place Market de Seattle. A história conta que, alguns anos depois, quando Howard Schultz estava em uma viagem à Europa, a Itália o inspirou e deu origem a uma visão da Starbucks como fornecedora não apenas de grãos de café e equipamentos, como era quando ele entrou na empresa, mas de café expresso e de um lugar único para bebê-lo enquanto fugia do cotidiano. Em 2001, foi aberta a primeira loja na Europa e, apesar de muitos opositores, a marca foi bem recebida. As lojas cresceram, a marca continuou a se expandir, e até 2012 havia lojas em mais de 36 países em toda a região EMEA. Embora a marca continuasse a se expandir, a região estava tendo um desempenho inferior ao dos EUA e de outros mercados. O que a Starbucks vivia na Europa era, em muitos aspectos, parecido com o que aconteceu nos EUA em 2008/2009. A economia estava quebrada, havia desemprego em nível recorde, operávamos no mercado de café mais competitivo do mundo e também estávamos lidando com os erros cometidos por nós mesmos. A nova estratégia de abertura de mercado era fazer parcerias com operadores locais que conheciam o mercado e já possuíam uma infraestrutura preparada. Isso significava que a maioria dos mercados em toda a região eram *joint venture* ou totalmente administrados por um licenciado (operador licenciado para aquele mercado). A Starbucks era a forma como a marca era operada, mas a Missão/visão nem sempre eram plenamente vividas, pois as empresas tinham prioridades concorrentes e culturas organizacionais próprias.

Não me entenda mal, o negócio era sólido e nossa crença na marca era forte, mas estávamos em uma parte do mundo que ama o café e que era o berço da cultura da cafeteria. Os habitantes locais conheciam o nome Starbucks e tinham consciência da marca. Eles sabiam que nós éramos o lugar para onde poderiam ir para encontrar uma grande seleção de cafés, um serviço amigável e personalizado, um bom café para tomar, porém, o mais importante era que nos viam como o lugar ao qual iam para agradar e recompensar a si mesmos. Não éramos vistos como o "ritual diário" ou o lugar para onde eles queriam ir para tomar sua xícara de café cotidiana; em vez disso, iam a cafeterias independentes ou a outras cafeterias franqueadas. A frequência era uma oportunidade para nós em toda a redondeza, com a média de clientes na região visitando entre 1,8 a 2,8 vezes por mês e nossos melhores clientes visitando-nos 3,5 vezes por mês. Em comparação, os EUA tinham uma média de 5 a 6 visitas por mês. As imitações tinham se tornado líderes, com muitas cafeterias de marca nos vencendo no mercado e investindo mais significativamente fora das lojas. Ao pesquisar os dados, percebemos que o maior obstáculo à visita de não clientes era a percepção da qualidade e do preço do café. A qualidade era o fator mais importante para os clientes ao comprar café, e nós estávamos tendo um desempenho inferior. Como disse um cliente na Espanha, eles nos viam como a "sangria do café" — o café obviamente não tinha qualidade suficiente e não tinha um bom sabor; caso contrário, por que colocaríamos tanto leite nas bebidas e acrescentaríamos caramelo? Além disso, o fornecimento ético e a gestão ambiental eram importantes para nossos clientes e não clientes e, embora estivéssemos fazendo nossa parte, não a estávamos comunicando o suficiente. Por fim, também descobrimos que os locais eram definitivamente uma barreira para comprar, pois nossos clientes nem sempre conseguiam encontrar uma cafeteria no caminho, e não estavam dispostos a fazer um desvio para a Starbucks quando existiam tantas outras opções.

A realidade era que estávamos todos buscando o mesmo cliente, e a razão pela qual os clientes visitavam as cafeterias era a mesma em todos os lugares. Para que tivéssemos sucesso, precisávamos conquistar cada visita. Sabíamos o que precisávamos fazer: jogar com nossos pontos fortes. Desde o início, a marca cresceu a partir de experiências e coisas vistas como desafios ao pensamento convencional. Nossos clientes esperavam mais de nós, um excelente produto era uma expectativa básica e nossa experiência e serviço ao cliente era o que tínhamos e o que poderia fazer a diferença.

FIGURA 18.1 A experiência e o serviço ao cliente da Starbucks era o que devia fazer a diferença

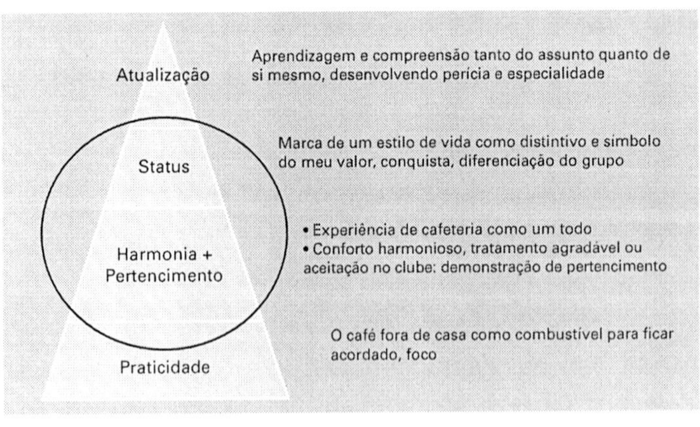

Fonte: Sam Yarwood (2020)

A visão é clara

Nossa visão era clara. Precisávamos atualizar a marca e nos tornar a cafeteria local para a região EMEA. Em outras palavras, ser a marca mais amada na EMEA por sócios/empregados e clientes. Em Nova York, havia uma loja em cada esquina; o que precisávamos fazer para impulsionar o mesmo reconhecimento, engajamento e inserção da marca? Como profissionais de marketing, nosso trabalho era conduzir o funil. Era isso que estávamos fazendo todos os dias, mas, para crescer em um ambiente cada vez mais complexo, precisávamos fazer mais.

Precisávamos nos aprofundar para construir a rotina. Acreditávamos que precisávamos de uma mudança significativa em nossa abordagem *go-to-market* e precisávamos nos concentrar no que realmente nos tornava diferentes. Para fazer as coisas que ninguém mais poderia fazer. Olhamos com atenção para nós mesmos para ver se estávamos cumprindo a promessa da marca e descobrimos que poderíamos fazer mais. Precisávamos construir nas áreas que nos tornaram famosos e que continuavam a nos tornar a marca líder nos EUA.

FIGURA 18.2 Precisávamos nos aprofundar em nossas relações de consumo para fazer nosso negócio crescer

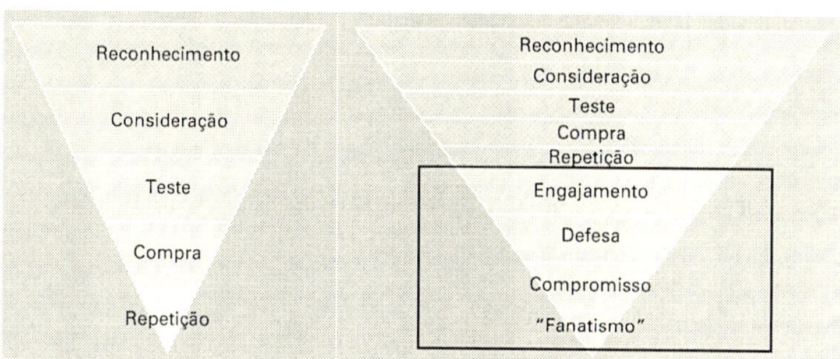

Fonte: Sam Yarwood (2020)

Primeiro, precisávamos nos concentrar no núcleo, em nossos parceiros e nos baristas. O "orgulho dos *partners*" foi provavelmente a coisa mais importante que pudemos acertar, pois a empresa foi construída em cima do barista: e sempre será onde a experiência da Starbucks começa. Sabíamos que precisávamos entregar consistentemente um excelente produto, mas queríamos fazer mais, e ser reconhecidos pela qualidade de nosso produto, especificamente pelo café expresso, e, em segundo lugar, por nosso serviço de barista.

Tivemos uma verdadeira oportunidade de construir sobre o nosso núcleo, ao mesmo tempo em que trazíamos nossa inovação ou singularidade que nos tornaram famosos. Posteriormente, entrarei em mais detalhes, mas fizemos lançamentos mundiais, como um segundo lançamento de grãos de café expresso e outras bebidas de café, como o Flat White, e mudamos nossos padrões de bebida. Nosso produto era premium, nós buscávamos o café da melhor qualidade do mundo: só precisávamos fazer com que o mundo o conhecesse. Em terceiro lugar, queríamos superar as expectativas de nossos clientes, impulsionando a fidelidade. Queríamos ser conhecidos como a cafeteria local. Por fim, precisávamos mudar nossa abordagem *go-to-market* e ter um plano em todas as regiões com planos de mercado individuais. Uma voz seria mais forte e teria um impacto maior. Também queríamos mudar nosso foco do marketing dentro da loja para o marketing fora da loja. Mudando nossa abordagem de marketing para um plano regional (em vez de planos individuais por país), conseguimos ter mais rendimento.

O tempo e dinheiro que economizamos nos deu mais recursos para ampliar nosso alcance e mudar nosso foco do marketing dentro da loja para o marketing fora da loja. Nunca havíamos investido em publicidade ou em anúncios para TV e sabíamos que era hora de mudar nossa abordagem. Reconhecemos uma oportunidade de criar um *flywheel* ao nos conectarmos com nossos clientes por todos os canais, próprios, ganhos e pagos. Determinamos que o melhor foco seria apoiar nosso núcleo e criar campanhas em torno da qualidade e do fornecimento de café. Chamamos isso de nossas narrativas de marca *always on* [sempre alerta]. Embora tenhamos apoiado algumas campanhas promocionais, a maioria do trabalho pesado estava focado em nossas principais narrativas.

Orgulho dos *partners*

Então, o que isso realmente significava? O mantra era claro. Na região EMEA, 14 de março de 2012 marcou um novo dia. Foi o dia em que apresentamos ao mundo a perfeição do café expresso. Primeiro, começou com nosso "orgulho dos *partners*". Precisávamos inspirar novamente nossos baristas a acreditar na Missão e na visão da Starbucks. Reunimos 350 dos principais líderes (gerentes distritais e outros superiores) de 36 países e vários modelos de propriedade para compartilhar o plano e inspirar a crença para conectá-los à Missão da Starbucks e ao café. Seus dois dias em Amsterdã incluíram uma reeducação sobre o que significava ser um *partner* e barista da Starbucks. Eles também tiveram uma imersão em um treinamento sobre café, incluindo uma visita à torrefação local. Quando os gerentes distritais voltaram aos seus mercados, eles estavam energizados e engajados. Sabíamos que precisávamos manter esse ímpeto e fechamos todas as nossas lojas da região para treinar novamente os gerentes de lojas e baristas na preparação do expresso e do latte perfeitos: a essência da experiência da Starbucks.

Foi durante essa conferência que o parâmetro para um novo nível de desempenho foi estabelecido. Provavelmente, uma das experiências mais impactantes da conferência foi o lançamento das Olimpíadas Baristas. Todos os dias, baristas de toda a EMEA fazem milhares de bebidas artesanais. Durante a conferência, as equipes foram expostas a cada elemento da técnica barista, do primeiro ao último nível. O primeiro nível foi voltado à educação sobre como o café é cultivado, colhido e torrado, e o último sobre o ofício de barista. Queríamos encontrar uma maneira de celebrar a técnica do café e a arte que nossos baristas fazem todos os dias de uma maneira divertida.

As Olimpíadas Baristas foram desenvolvidas para celebrar o melhor do que nossos baristas fazem e para dar-lhes a oportunidade de mostrar suas habilidades e compartilhar sua paixão pela qualidade da bebida. Durante vários meses, em todas as regiões, foram realizadas competições em lojas, distritos, territórios e, por fim, na própria região. O campeão barista de cada loja competia pelo título do distrito. O distrito então competiria pelo título do território, e todos os territórios vencedores competiriam pela honra do título regional. Os juízes avaliaram os baristas quanto à sua capacidade de preparar e apresentar com perfeição o expresso, o latte e o *flat white* com *latte art*, tudo isso enquanto envolviam o público de maneira acessível e inspiradora. Eles também precisaram responder perguntas dos juízes que demonstravam liderança na elevação da qualidade das bebidas e da experiência do cliente em suas lojas. Cada barista foi desafiado a criar sua bebida, e o barista vencedor teve sua bebida lançada em toda a região.

Técnica e serviço

Como já mencionei, na Europa, você pode tomar expresso em cada esquina e todos competem entre si. Portanto, sabíamos que precisávamos ser os melhores e que poderíamos melhorar. Quando treinamos novamente nossos baristas sobre a qualidade do expresso, também introduzimos os últimos e maiores espumadores de leite para preparar o leite perfeitamente texturizado para fazer um latte ou cappuccino que levou centenas de iterações para se desenvolver, a fim de garantir a bebida perfeita. Também trouxemos novos produtos, já que cada nova inovação e bebida merecia apenas o melhor.

Nossas canecas eram antigas e ultrapassadas. Tínhamos apenas um tipo, que variava de acordo com o tamanho. Em vez disso, mudamos para o tamanho certo para mostrar a singularidade de cada produto. O *flat white* tinha seu próprio copo para mostrar a *latte art*, e nossas outras bebidas passaram então a ser servidas em uma caneca simples de porcelana premium com o logo em relevo. Também começamos a lançar novos produtos com bebidas únicas, como o Caffe Freddo, uma bebida desenvolvida e inspirada na Grécia, que foi lançada em um belo copão de vidro em vez de uma xícara de plástico. No final da reunião e da reaprendizagem da loja, todos os nossos baristas assinaram e colocaram em suas lojas uma "Promessa de Barista": oferecer a cada cliente uma bebida perfeita, caso contrário, o treinamento seria refeito.

Usando uma perspectiva local

Também fizemos alguns grandes investimentos locais, pois sabíamos que nossa experiência com café precisava ser relevante localmente para atrair o consumidor do dia a dia. No Reino

Unido, onde mercado definira um latte mais forte, redefinimos nossos padrões. Metade de nossos clientes pedia o tamanho grande e acrescentava uma dose extra, então decidimos mudar nosso padrão para duas doses em vez de uma. O feedback dos clientes foi extremamente positivo, e nossos clientes reforçaram que essa era sua bebida preferida. Fazer aquela pequena mudança melhorou a imagem da Starbucks para nossos clientes no Reino Unido.

Na França, a bebida preferida pelos habitantes é o café expresso, e os consumidores franceses queriam opções. Dessa forma, assim como nos Estados Unidos, onde você faz escolhas no preparo do café todos os dias, pela primeira vez na história da empresa, introduzimos uma segunda torra de café expresso. O *blonde espresso* rapidamente aumentou as vendas de expresso em trinta por cento. O lançamento de um segundo grão de expresso elevou nossas credenciais de café e inspirou tanto nossos clientes e parceiros que, em 2013, decidimos aproveitar o sucesso e continuar o embalo. Em 14 de março de 2013, a Starbucks provou novamente sua liderança em café expresso para o mundo. Nesse dia, lançamos um segundo grão premium para todas as nossas bebidas à base de expresso artesanal em toda a região. Pela primeira vez, nossos clientes puderam escolher o grão para o expresso, sua bebida preferida.

Uma empresa de pessoas que serve café

Sabíamos que um ótimo produto não era suficiente. Como Howard Behar disse certa vez: "Somos uma empresa de pessoas que serve café, não uma empresa de café que serve pessoas." A marca registrada da experiência da Starbucks sempre foi a conexão pessoal. Ao iniciarmos nossa jornada, nos perguntamos o que mais poderíamos fazer. Como poderíamos melhorar o relacionamento entre o cliente e o parceiro? Começamos com a implantação de mesas redondas, pequenas reuniões íntimas nas quais os parceiros e/ou clientes eram convidados a se juntar a nós para que pudéssemos entender suas necessidades em primeira mão. Foi daí que nasceram muitas das ideias mencionadas antes. Também fizemos outra coisa: colocamos o nome dos clientes nos copos de café. Em todos os mercados da EMEA, começamos a colocar os nomes nos copos. Era algo que nenhuma outra região fizera antes e acabou sendo adotado globalmente. Então demos um passo adiante e colocamos nomes nos aventais para que cada cliente também soubesse o nome de nossos baristas. Colocamos nossos baristas no centro e fizemos deles as "celebridades" do café.

Da roleta de marketing à grande vitória

Mudar o que estava acontecendo em nossas lojas não era suficiente. Sabíamos que precisávamos sair e contar nossa história. Porém, tínhamos um problema. Operávamos em 36 países e, em cada um deles, a marca se mostrava de uma forma diferente. Gosto de chamar isso de "roleta de marketing". Dependendo do país onde estava, você poderia ver uma mensagem diferente, uma campanha ligeiramente ajustada, e, se conferisse as redes sociais, cada canal de cada país apresentava imagens e mensagens diferentes. Era realmente um caso de "girar a roda do marketing e ver onde você para".

Além disso, éramos uma empresa varejista, que costumava operar com orçamentos pequenos. Simplesmente reestruturando nossa abordagem, identificamos uma enorme oportunidade. Se nos concentrássemos no núcleo da Starbucks, que era o café e o serviço de barista, a mensagem seria a mesma, não importando em qual mercado estivéssemos.

Poderíamos maximizar o alcance falando sobre nossa narrativa de marca em todos os canais, independentemente do mercado, e impulsionar nossa expertise ao mesmo tempo. Assim, revisitamos a forma como fazíamos as coisas e desenvolvemos um calendário de marketing para a região em que os mercados locais se adaptaram.

Como estávamos trabalhando a partir de um plano, isso também significava que podíamos produzir ativos de maior qualidade para todos os canais que poderiam então ser adaptados ao idioma local. Foi durante esse período que executamos nossa primeira campanha de marketing abrangente regional, apoiada por um grande investimento fora das lojas e até fizemos, pela primeira vez, anúncios de TV. Geramos mais de um bilhão de impressões na mídia, um número sem precedentes para a EMEA. Para ter uma ideia da campanha *Names on Cups* [Nomes nos Copos], escaneie o QR code no início do livro para acessar um link direto [conteúdo em inglês].

Vale a pena pagar mais caro

Também abordamos outra questão muito importante para o cliente europeu: o valor. Aprendendo com os EUA, nos comprometemos a lançar o Cartão Starbucks e o Starbucks Rewards em todas as regiões para que fôssemos relevantes do ponto de vista de valor. Em mercados em que ainda não tínhamos o Starbucks Rewards, examinamos o que era relevante para aquele consumidor. Por exemplo, na Alemanha, onde sabíamos que o consumidor não costumava beber café pela manhã fora de casa, criamos uma oferta do nosso aniversário de dez anos no país: pela manhã, oferecemos um latte de 1,50 euros para poder movimentar a loja no período matinal e convidá-los a entrar. Acreditávamos que, se conseguíssemos trazê-los uma vez, poderíamos conquistá-los e trazê-los com frequência. A promoção durou 12 semanas e aumentou as vendas em mais de 28 por cento. Mais de cinquenta clientes adicionais nos visitavam todos os dias. A coisa mais empolgante que vimos foi essa mudança na rotina, e nossas vendas no período da manhã continuaram a crescer em mais de 10 por cento.

Todos a bordo — em todos os lugares

Como mencionei antes, um de nossos maiores obstáculos era conduzir rituais diários, tornando-se parte da rotina e não apenas um "agrado". Para fazer isso, reconhecemos que precisávamos estar onde nossos clientes vivem suas vidas e consomem café: no local de trabalho, nos pontos de comutação, nos hotéis, nas mercearias e nas universidades. Esses eram ambientes que já havíamos explorado nos EUA, mas que ainda eram inexplorados na Europa, no Oriente Médio e na África. A única maneira de nos conectarmos com todos os clientes que queríamos era fazer uma marca de lojas próprias ou licenciadas se tornar uma loja de público cativo, o que chamávamos de licenciamento de canal. Entretanto, o que era diferente para a EMEA em comparação aos EUA era o espaço, então precisávamos abordar o mercado de maneira diferente e com formatos alternativos. Uma das oportunidades mais interessantes para nós eram os trens. Todos na Europa viajam de trem. É claro que construímos uma estratégia e planejamos abrir mais lojas em estações ferroviárias, mas na Suíça demos um passo adiante. Sonhamos com um mundo onde houvesse uma Starbucks em cada trem. Em parceria com a SBB, construímos uma Starbucks completa dentro do vagão do trem. Foi a primeira no mundo. Para ver um vídeo sobre a iniciativa, escaneie o QR code no início do livro para acessar um link [conteúdo em inglês].

Também queríamos aproveitar a mudança do consumo fora de casa para o consumo dentro do escritório e levar a experiência da Starbucks para esses locais; por isso, lançamos a primeira máquina de venda automática da marca Starbucks, chamada *On The Go* [No caminho]. Foi uma execução de última geração: com um toque na tela, você pode obter, em menos de sessenta segundos, um latte, um mocha, um americano ou um expresso de qualidade da Starbucks que realmente rivaliza com a qualidade obtida em nossas lojas. Originalmente, a intenção era estar apenas nos escritórios. No entanto, quando conversamos com os clientes, oitenta por cento deles disseram que era um ótimo ajuste da marca e puderam vê-la desempenhando um papel em locais menores onde não podíamos nos instalar, como mercearias ou lojas de conveniência. Poderíamos estar em qualquer lugar onde se pudesse colocar uma máquina de venda automática. E funcionou: cinquenta por cento dos clientes nos escolhiam mais vezes pois sabiam que a Starbucks *On The Go* estava disponível.

FIGURA 18.3 Na Suíça, construímos a primeira Starbucks do mundo dentro de um trem

Fonte: Sam Yarwood (2020)

RESUMO: STARBUCKS

O segredo de experimentar, aprender e aplicar

O ano de 2012 foi incrível para a região. Fizemos alguns grandes investimentos e ganhamos uma enorme tração de marca. Foi um novo dia para a Starbucks EMEA, e acredito que a fundação preparou a região para o sucesso que ela continua a ver hoje. Agora no meu papel como consultora e diretora executiva de marketing, há muitas lições que tiro da transformação na EMEA no trabalho que faço:

1 *O varejo não é um bicho de sete cabeças, é algo mais difícil. As pessoas são o centro de tudo.* É muito simples. Uma das coisas mais importantes que aprendi na Starbucks é falar com seu cliente e com as pessoas que trabalham com seu cliente todos os dias. Ouça e aprenda a descobrir o que elas realmente precisam. Um kit de ferramentas que recomendo bastante quando estiver fundando uma startup ou desenvolvendo um produto é o Guidion Toolkit. Escaneie o QR code no início do livro para acessar o link desse material [conteúdo em inglês].

2 *Mantenha-se fiel ao seu núcleo: viva seus valores. Conheça seu "porquê" e nunca abra mão disso.* Pense em sua marca como uma pessoa: quem ela é? O que ela faz? Você está realmente se sobressaindo? Se não, por quê? Todos os anos, perto do Ano Novo, muitas pessoas refletem sobre quem são e quem querem ser. Uma marca não é diferente. Acho importante que cada marca, jovem ou velha, compreenda seus valores e tenha certeza de que os vive todos os dias. Vejo a Starbucks como uma pessoa, clara no que faz, em como o faz ou em como traz os valores à vida. Estude a personalidade de sua marca e, como um simples exercício de valores, faça o download de quaisquer cartões de valores gratuitos e identifique seus três ou cinco melhores. Pense em como você os vive como uma marca todos os dias e dê exemplos concretos de como isso acontece. Esses podem se tornar seus princípios orientadores. Certifique-se de refletir. Assim como uma pessoa, uma marca também muda; tudo cresce e evolui.

3 *Desafie o status quo — faça o impossível. Reestruture.* O que o trouxe até aqui não o levará. Acho importante, ao fazer qualquer trabalho, identificar o que chamo de pergunta criativa, depois provocar e reestruturar. Uma pergunta eficaz ajuda a catalisar a percepção, impulsionando a inovação e a ação. Aprendi na THNK uma estrutura que tem funcionado bem para mim: Como podemos __________ com __________ dado que __________? Por exemplo: *Como podemos estabelecer uma rotina regular com nossos clientes, dado que eles têm múltiplas opções de cafeterias e nos veem como um presente e uma recompensa?*

Uma vez identificada minha pergunta criativa, gosto de desafiar a reflexão compreendendo minhas crenças de apoio (por que acho que isso precisa ser feito, usando fatos e estatísticas). A partir daí, olho para as crenças completamente opostas, sejam verdadeiras ou não. Com base em minhas novas suposições, reformulo minha pergunta criativa. O que acontece muitas vezes é que vejo o desafio de uma nova perspectiva, abrindo, por sua vez, possibilidades com as quais sequer sonhava.

Caso 5: Airbnb

A importância da cultura, ou: como o Airbnb encontrou, lançou e vive seu propósito

Identificar uma Missão inspiradora para sua marca já é bastante difícil. Mas viver realmente esse grande propósito como uma organização, transformando-o no guia para tudo o que faz e enraizando-o na cultura é ainda mais difícil. Entretanto, Douglas Atkin diz que todo esse trabalho árduo vale a pena no final, porque um propósito vivido fornece orientação prática e é um motivador vigoroso — mais do que o dinheiro.

E Douglas deveria saber; ele foi um dos orquestradores que ajudaram o Airbnb a encontrar seu propósito, operacionalizá-lo e torná-lo uma parte indelével de sua cultura. Ele reflete sobre esse período a seguir e apresenta como o Airbnb encontrou, lançou e hoje vive uma Missão de criar um mundo onde as pessoas possam "pertencer a qualquer lugar". Você também pode ouvir uma entrevista que fizemos com Douglas em ueberbrands.com (UEBERBRANDS.COM, 2019c). Escaneie o QR code no início do livro para acessar o link [conteúdo em inglês].

Douglas Atkin

Douglas passou os últimos 15 anos encantado com as áreas de comunidade, propósito, movimento, cultura e valores, trazendo inovações para elas.

Foi chefe global da comunidade do Airbnb em sua equipe de liderança, e também foi arquiteto de cultura, propósitos e valores fundamentais. Trabalhou lá de 2012 a 2017 durante os anos de hipercrescimento, quando "a empresa estava criando tudo à medida que avançava".

Ao lado de Brian Chesky, o CEO do Airbnb, Douglas também cofundou a Peers, um movimento para a economia *peer-to-peer*. Ele cofundou a Purpose, uma empresa que permite às organizações lançar e dirigir movimentos de mudança social. Ela também lança seus próprios movimentos. Por exemplo: o "AllOut", o primeiro e maior movimento de direitos LGBTQ do mundo e no qual ele atuou na diretoria. Douglas também foi sócio e diretor de comunidade na plataforma comunitária Meetup de 2007 a 2008.

Não é surpresa que ele seja o autor do livro pioneiro sobre o assunto, ou seja, *The Culting of Brands: Turn your customers into true believers* [O culto às marcas: quando os clientes se tornam verdadeiros adeptos] (ATKIN, 2005).

"Você sabe muito sobre marcas. Pode nos ajudar a descobrir qual é a nossa?"

Eu acabara de chegar em São Francisco para fazer um projeto sobre comunidade no Airbnb... Pelo menos era o que pensava que estava fazendo até que Brian Chesky, cofundador e CEO, me disse isso. Foi gentil de sua parte dizer isso, mas eu deixara o mundo da marca seis anos antes e concentrara-me na construção de comunidades e movimentos desde que meu livro *The Culting of Brands* fora publicado. Eu disse: "Deixe-me pensar sobre isso durante a noite e lhe darei um retorno pela manhã."

"Acho que, em vez de descobrir a marca, deveríamos descobrir qual é o propósito do Airbnb", comentei na manhã seguinte. Naquela manhã, expliquei que havia claramente uma forte comunidade de anfitriões, hóspedes e funcionários... então devíamos descobrir *por quê*. Por que eram tão comprometidos com o Airbnb? Que papel ele desempenhava em suas vidas? "Se pudéssemos descobrir *por que o Airbnb existe...* qual é o seu propósito... Então descobrir o propósito da marca seria relativamente simples. E todo o resto também: que produtos construir, que tipos de pessoas contratar ou não contratar, que empresas comprar e quais evitar. "É o leme que guia o navio. Ele determina a direção de tudo", eu disse. Brian fitou-me por alguns segundos com um olhar atento. Então ele disse: "Certo. Faça isso."

Como o Airbnb encontrou seu propósito

Ter um propósito é "atraente" por todas as razões certas: os funcionários querem se levantar pela manhã por mais do que apenas um salário. Os clientes exigem mais do que apenas a utilidade de um produto ou serviço. Um bom propósito esclarece e governa cada decisão que você toma como líder. É o *porquê* que guia *o que* você faz (seus produtos e serviços) e *como* você o faz (os valores que regem seu comportamento).

Contudo, conseguir um bom porquê é difícil. Para ser bom, deve ter pelo menos estas cinco características:

1. Ele precisa ser *fundamentado em uma verdade experimentada* para ser crível. Não deve ser exagerado. Baseá-lo em uma verdade também pode torná-lo mais *seu*. Ele será *intrinsecamente diferenciado*.
2. No entanto, deve *ser bastante ambicioso* para ser aspiracional e transformador. As pessoas devem acordar pela manhã inspiradas para torná-lo real.

3 É preciso ser sobre *algo* para fornecer o foco de tudo o que sua organização fará.
4 Mas precisa ser *algo grande* para que tenha um impacto significativo no mundo. E também para que você nunca se perca em seus produtos e nas iniciativas para alcançá-lo.
5 E deve ser *memorável,* para que todos possam se lembrar *por que* estão fazendo o que estão fazendo, desde a recepcionista até o CEO e os clientes.

Para garantir que o propósito do Airbnb se fundamentasse em uma verdade experimentada, eu queria passar as próximas três semanas falando especialmente com os anfitriões, hóspedes e funcionários do Airbnb sobre o porquê do seu comprometimento. Havia duas técnicas que eu e um pequeno grupo de funcionários da empresa utilizamos com as quase quinhentas pessoas com quem conversamos e que foram muito úteis para descobrir como o Airbnb tinha sido transformador para esses funcionários e usuários. Pedi para escreverem três palavras em um cartão que descrevesse como eles eram antes e três palavras que demonstrassem como ficaram depois de usar ou trabalhar para a empresa. Em seguida, pedi a cada um deles que dissesse por que haviam escolhido tais palavras.

Geo, um anfitrião do Airbnb em São Francisco, explicou que, antes do Airbnb, ele era "introvertido, tímido e um seguidor". Depois ele passou a ser "extrovertido e divertido". A hospedagem lhe dera um sentido de propósito, e ele se orgulhava de apresentar os hóspedes à sua cidade e fazê-los se sentirem em casa. David, um hóspede, disse que não era mais um turista, mas um "membro". Ele estava mais curioso sobre os lugares que visitava e se sentia confiante para explorá-los, pois seu anfitrião o fazia sentir-se um "morador local" e "em casa": "Na verdade, o Airbnb desencadeou em mim esse aventureiro que eu não sabia que existia", disse ele.

Em seguida, pedi que escrevessem um manifesto para o Airbnb. Escreveram declarações tão inspiradoras como "Somos um mundo conectado onde não há países, há apenas um mundo", "Deixamos de lado nosso medo do desconhecido e abraçamos nosso desejo de conectar", "O mundo não é monocultural ou estéril. É um lugar de incrível diversidade", "Estamos introduzindo uma visão do mundo que é menor, significativa e mais colaborativa".

Avaliamos todas as descobertas e colocamos todas as observações nas paredes da única sala de reuniões grande que o Airbnb tinha naquele momento. Havia muitas ideias. Eu estava procurando as características do bom propósito que descrevi antes: precisava ser fundamentado em uma verdade experimentada e bastante ambicioso para ser inspirador. Precisava ser algo grande e precisava ser memorável. Andamos com os fundadores pela sala... e, estranhamente, Ashton Kutcher, que era um investidor inicial, por acaso estava visitando o escritório naquele dia. Na verdade, ele fez algumas observações realmente inteligentes.

Posteriormente, após ter sido contratado por Brian, mostrei para ele e para Joe o que se tornou o propósito do Airbnb: "Criar um mundo onde as pessoas possam pertencer a qualquer lugar." Não era nada do que aquelas quinhentas pessoas tinham dito, mas parecia refletir a verdade de suas experiências. Era transformador o suficiente para inspirar. Tratava-se de algo grande... pertencer a qualquer lugar. E achei memorável. Os fundadores concordaram e, dentro de meses, foi feito o primeiro grande teste...

Como o Airbnb lançou seu propósito

"Façam algo sobre isso." Brian tinha acabado de afixar "Criar um mundo onde as pessoas possam pertencer a qualquer lugar" na parede em uma reunião de designers. Eles foram encarregados de conceber um novo símbolo para o Airbnb que substituiria o bonito logotipo azul e branco que ele tinha desde o início, quando era dirigido no apartamento de Joe, Brian e Nate em São Francisco. Brian, Joe e o designer principal, Andrew Schapiro, foram claros desde o início. Queriam um *símbolo*, não apenas um logotipo. Um símbolo é um logotipo com um *significado anexado*. Se pensar em símbolos culturais, como a pomba da paz, ou símbolos religiosos, e marcas cujos logotipos se elevaram a símbolos, como Nike, Apple e Harley, há sempre algum significado ou ideologia ligado a eles. O significado que Brian queria incorporar nesse novo símbolo do Airbnb era "Pertença a qualquer lugar" (nossa abreviação para o propósito completo).

Esse briefing levou ao "Belo" (abreviação de *Belong* [pertencer]). O novo símbolo do Airbnb e "Pertença a qualquer lugar" foram lançados em julho de 2014 com a intenção de *viver o significado*. Anfitriões e hóspedes foram convidados a pegar o símbolo e torná-lo próprio em um site que oferecia formas quase ilimitadas de personalizá-lo. Centenas de milhares de pessoas criaram suas próprias versões e as postaram em mídias sociais, camisetas e na página de listas e no perfil do Airbnb.

Isso é o oposto de como a maioria das empresas lida com seus logotipos junto ao público. Brinque com seus logotipos, e uma multidão de advogados corporativos cairá sobre você com cartazes ferozes de "cessar e desistir" e com ameaças de ação judicial. Em vez disso, queríamos que o lançamento parecesse inclusivo... assim como exigia o significado do símbolo "Pertença a qualquer lugar". O "Belo" também foi lançado com um vídeo curto e delicioso (escaneie o QR code no início do livro para acessar o link [conteúdo em inglês]). Isso representa que, neste vasto mundo muitas vezes desconectado, as pessoas buscam se conectar, ser aceitas e sentir-se seguras. Em outras palavras: desejam pertencimento. E mais: "E se você pudesse ter essa sensação, em qualquer lugar? O Airbnb significa algo muito maior do que viajar. Imaginamos um mundo onde você possa pertencer a qualquer lugar."

FIGURA 19.1 Os fundadores do Airbnb queriam que o "Belo" fosse mais do que um logotipo. Ele simboliza a Missão de "Pertencer a qualquer lugar" (da esquerda para a direita: Joe Gebbia, Nate Blecharczyk e Brian Chesky)

Fonte: Douglas Atkin (2020)

Houve, é claro, outras adaptações do novo símbolo. "São duas bolas, uma vagina ou ambos? O logotipo do Airbnb acende uma onda de paródias na Internet" foi a manchete do jornal *The Guardian* (WAINWRIGHT, 2014). Nosso "logotipo genital de igualdade de oportunidades", como eu gostava de descrevê-lo na época, foi criativamente parodiado nas mídias sociais... o que nós adorávamos e até encorajávamos um pouco.

Sabíamos, apesar dessas paródias, que estávamos no caminho certo tanto com o símbolo quanto com seu significado. Alguns meses antes, Brian, Joe e eu tínhamos passado o fim de semana com alguns anfitriões e hóspedes em Nova York para mostrar-lhes o novo símbolo e seu significado. A resposta deles foi ainda melhor do que esperávamos. Por exemplo, David, um anfitrião de meia-idade do Brooklyn, disse com lágrimas nos olhos que sentia que "Pertença a qualquer lugar" enfim expressava o *motivo* de estar hospedando. Ele disse que era mais do que apenas pelo dinheiro. E, naquele momento, isso o fazia sentir como se fizesse parte de algo maior.

Lançamos também o propósito e o novo símbolo aos funcionários algumas semanas antes do lançamento público em julho. Selecionamos uma centena de funcionários para viver o "Pertença a qualquer lugar". Eles receberam um orçamento para fazer uma viagem de três dias à sua escolha e documentar a vivência em um diário, com vídeos e fotos de suas experiências. No lançamento dos funcionários, alguns subiram ao palco e descreveram como também haviam se sentido como um morador local. Como seus anfitriões os fizeram sentir como parte da família e lhes mostraram um lado de sua cidade ou local que os turistas nunca veem.

Pareceu importante mostrar aos funcionários que o propósito do Airbnb não era o resultado de alguma gestão previsível fora da empresa (*off-site*), mas era um autêntico ideal, proveniente de nossos usuários e funcionários. A melhor maneira de esclarecer isso, pensei, era mostrar aos nossos usuários alguns anfitriões e hóspedes falando sobre suas experiências. E especialmente para que os funcionários explicassem aos seus pares suas experiências pessoais de "Pertencer a qualquer lugar". Foi um lançamento muito bem-sucedido. Hoje está tão incorporado como motivador entre os funcionários que, se sentirem que uma decisão de um líder, colega ou empresa não vive o propósito, eles são muito eloquentes quanto a isso.

Aliás, o Airbnb *lança seu propósito todos os dias* em cada decisão que toma, em cada recrutamento que faz, em cada produto que lança e em cada empresa que adquire. Você nunca poderá viver seu propósito de verdade a menos que pense desta maneira: como um lançamento diário, manifestado em tudo o que faz, como veremos a seguir...

Como o Airbnb vive seu propósito

Viver seu propósito é a parte mais difícil. Muito difícil, na verdade. Encontrar e lançar seu propósito é fácil, por comparação. É difícil porque todos precisam vivê-lo todos os dias. Ele deve conduzir a tomada de decisões de todos, recrutando, avaliando e rejeitando. Deve conduzir como se comportam e se relacionam uns com os outros. Deve vir antes dos lucros, do crescimento e do retorno aos acionistas. O propósito fará com que você foque o longo prazo; muitas vezes com custos de dinheiro, tempo e energia a curto prazo. Ele forçará você a inovar porque, se for um bom propósito, determinará um caminho que ninguém mais tomou. Isso soa assustador. E é. Especialmente quando sabe que a maioria das empresas, mesmo com a melhor das intenções, fracassam em algumas ou todas essas situações.

Os três fundadores do Airbnb sabem que fracassar em seu propósito é muito fácil. Por isso, investem enorme esforço, foco e energia para operacionalizá-lo. Isso se deve, em parte, porque acreditam que isso *não* comprometerá o crescimento, os lucros e os retornos aos acionistas a longo prazo. Na verdade, ocorre o oposto: o propósito será fundamental para entregar esses aspectos. De qualquer forma, o Airbnb experimentou o que Marc Andreesen chama de "hipercrescimento" (crescimento de duas a três vezes ao ano) durante os primeiros sete ou oito anos, mesmo sentindo que as decisões que tomamos na época comprometeriam o crescimento a curto prazo em favor do longo prazo.

Entretanto, os fundadores também investem muito em viver o propósito, principalmente porque querem o impacto que ele causará. Eles querem um legado que seja mais do que apenas retorno aos acionistas. Eles querem "Criar um mundo onde as pessoas possam pertencer a qualquer lugar".

Veja uma lista das ações que aprendemos que são fundamentais para viver seu propósito.

1. Coloque-o em primeiro lugar

> A Missão obviamente é liderada pela Missão. A maneira mais simples de descrever isso é evidenciar que a Missão vem antes de tudo.
>
> Ela vem antes do ganho pessoal das pessoas que trabalham na empresa. Vem antes da avaliação. Vem antes dos lucros. Vem antes do desempenho da empresa. Vem antes de todos os outros valores. Teoricamente, vem antes da qualidade do produto.
>
> Digo, eu poderia continuar fazendo isso, certo?

Quem disso isso foi Brian Chesky, CEO e cofundador da empresa, em uma tarde de domingo de 2016. Eu acabara de pedir a ele e aos outros dois fundadores que falassem em ordem os princípios mais importantes do Airbnb. Não é algo que se ouve frequentemente de um CEO de uma grande e bem-sucedida empresa multinacional. Na verdade, *nunca* vi um CEO dar tanta importância ao propósito. Mas é necessário esse tipo de foco para conduzir o propósito por uma organização. Brian reconheceu isso na reunião anual de funcionários, chamada OneAirbnb, em 2015:

> Em última análise, eu me responsabilizo. Se os fundadores são os zeladores da visão e dos valores, então, como CEO, sou realmente responsável pela execução dos valores e da visão. Portanto, se nossa visão é criar um mundo onde qualquer pessoa possa pertencer a qualquer lugar, quer estejamos nesse caminho ou não, isso me interessa.

Ser responsável pela execução da visão e dos valores é exatamente o que ele se tornou. Seu segundo uso de propósito, depois de informar aos designers sobre o novo símbolo, foi informar à empresa sobre como ele se estenderia de "Pertença a qualquer lugar" do produto original — Larcs — para a viagem inteira. Brian liderou uma pequena equipe de desenvolvimento em 2015 e 2016 para reimaginar a viagem de forma a cumprir o propósito. Internamente chamado de Viagens Mágicas, seu objetivo era reinventar a viagem desde o momento da saída de casa até o retorno. Em seguida, reinventou a empresa em termos de foco, dinheiro, pessoas e estrutura para lançar a série de produtos que trariam o propósito a mais partes da viagem.

O produto foi Experiências Airbnb, lançado no final de 2015. Você poderia conhecer moradores locais que ofereciam experiências construídas em torno de suas paixões: como fazer massa na Toscana ou assistir a uma luta de sumô ao lado de um ex-lutador em Tóquio. Era outra maneira de se sentir bem-vindo, de conhecer os locais e outros hóspedes e experimentar um aspecto autêntico do lugar visitado. Depois, Aventuras Airbnb foi lançado em 2019. São experiências de vários dias hospedadas por especialistas locais que levam grupos pequenos a locais exóticos e mergulham com eles em culturas e comunidades únicas. Era outra forma de vivenciar o "Pertença a qualquer lugar". Crie mais expectativas ... isso incluía também uma reinvenção da parte menos agradável da viagem: chegar e voltar. "Houve um tempo em que entrar em um avião era uma viagem mágica por si só, mas, ao longo dos anos, o modo de chegar ao local em que você está indo tornou-se uma experiência que suportamos, não desfrutamos", de acordo com Chesky. "Acreditamos que isso precisa mudar" (FUTURE TRAVEL EXPERIENCE, 2019).

Colocar o objetivo em primeiro lugar também se manifesta de inúmeras outras maneiras. Por exemplo, realizar a reunião anual de funcionários (OneAirbnb) é um enorme investimento de dinheiro, energia e foco. A curto prazo, isso prejudica o resultado em milhões. Durante uma semana inteira, milhares de funcionários não trabalham para gerar crescimento, mas criam conexões uns com os outros (pois esse é o objetivo principal). É claro que houve desentendimentos com diretores financeiros e investidores sobre essa e outras iniciativas que os fundadores veem como essenciais para a execução do propósito.

Brian, naquela mesma tarde de domingo, falou sobre o motivo de ter escolhido aquelas batalhas:

> Acho que tive um empurrãozinho na decisão de realizar o OneAirbnb: fui criticado por reunir todos os funcio-

nários! É caro e consome muito tempo. Algumas pessoas dizem que não é o melhor uso de tempo ou dinheiro.

Bem, *nós* achamos que é o melhor uso de tempo e dinheiro. Depende de seu horizonte. A longo prazo, você precisa desses investimentos. Se está tentando construir uma empresa que o supera, então as pessoas precisam acreditar (no propósito e nos valores dela). É preciso ter seguidores e eles precisam querer ir muito além do esperado.

Caso pense dessa forma, as pessoas precisam se sentir profundamente comprometidas com algo, e esse comprometimento precisa de um enorme investimento. O OneAirbnb é um enorme investimento para a marca, sua visão, seus valores e sua cultura. E é difícil imaginar que uma empresa tenha esse comprometimento sem esses momentos inspiradores.

2. Conduza o propósito de dentro para fora. Use a cultura como seu "como" para entregar seu "por quê"

A "cultura" é muitas vezes vista como um resultado acidental, mas feliz, do *verdadeiro* foco dos líderes: crescimento, produto, pessoas, lucratividade. Raramente é considerada "obrigatória". Se pensarmos nisso, é quando há um "problema de moral" e alguns dólares são jogados sem entusiasmo para o RH criar alguma "diversão no ambiente de trabalho".

Como vimos antes, não é assim que os fundadores do Airbnb encaram a cultura. É um dos "três sagrados" com propósito e valores fundamentais que sempre estarão no topo de sua lista de prioridades. Eles dedicarão milhões, sua energia e sua atenção para tornar a cultura do Airbnb o mais poderosa e saudável possível.

Por quê?

Porque sabem que a cultura pode criar uma equipe motivada para cumprir o propósito. Isso é necessário quando se tem uma ambição insana, como "Criar um mundo onde as pessoas possam pertencer a qualquer lugar". Você precisa de uma equipe que se levante pela manhã motivada e concentrada para fazer o impossível.

Você também precisa de uma equipe coesa. De algo a mais que uma cultura forte oferece. De algo que não seja distraído por lutas internas ou ambições territoriais. Você precisa de uma equipe unificada sobre o que é importante, sem precisar lembrá-los disso o tempo todo. Uma equipe que conheça as diretrizes de como se comportar, se relacionar e decidir as coisas em conjunto. "As regras do jogo", como Brian Chesky chama os valores fundamentais do Airbnb. Não é uma perda de tempo a negociação de como se envolver uns com os outros em cada projeto. Eles já sabem como fazer isso.

Portanto, a cultura é a força estimulante interna que lhe permitirá entregar seu propósito externamente a seus usuários e ao mundo em geral. Ela fornece o foco, a coesão e a paixão *interna*, para fazer o impossível *externamente*.

Apresentei essa ideia "de dentro para fora" aos fundadores e à empresa com um slide muito simples (Figura 19.2). Foi tirada de uma apresentação que escrevi chamada "Operacionalizando 'Pertença a qualquer lugar' de dentro para fora". O que quis dizer é que nós nunca entregaríamos externamente nosso propósito de forma crível ou autêntica se não o entregássemos *internamente* primeiro.

Então, o que o Airbnb faz para entregar "Pertença a qualquer lugar" de dentro para fora?

Dois dos ingredientes mais importantes de qualquer cultura são o propósito e os valores fundamentais. O propósito é a meta em que todos estão focados. Os valores fundamentais são as "regras do jogo" que definem como todos se comportarão, se relacionarão e decidirão as coisas juntos de forma coesa para alcançar o objetivo.

Essas duas coisas são reforçadas quase diariamente no Airbnb. Nas reuniões semanais "World@", dirigidas pelos fundadores, são apresentados novos planos, atualizações e lançamentos... isso no contexto de como eles realizarão a Missão, e como a equipe deveria agir de acordo com os valores fundamentais. Toda semana, Brian realiza uma sessão de perguntas e respostas ao vivo com o CEO. Ele responde a cada pergunta que lhe é feita e usa suas respostas para reforçar o propósito e os valores fundamentais.

FIGURA 19.2 Brilhando de dentro para fora: o Airbnb conduz sua cultura interna para irradiar externamente e cumprir seu propósito

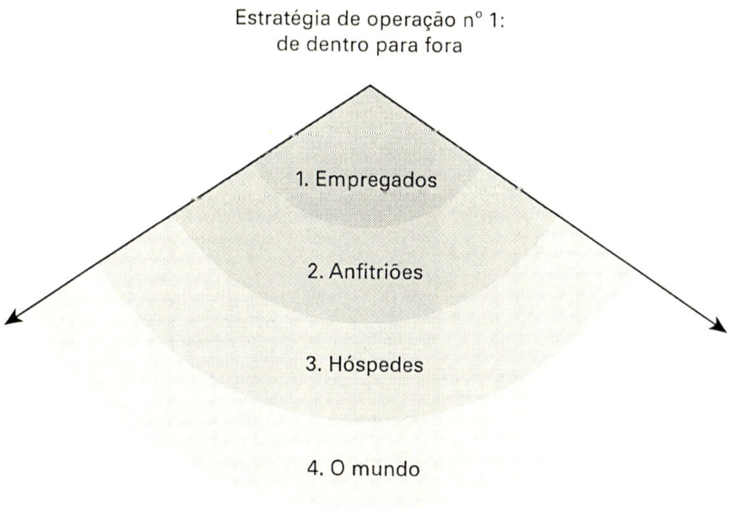

Fonte: Douglas Atkin (2020)

As reuniões anuais do OneAirbnb são experiências calorosas para criar um sentimento de pertencimento entre os funcionários, de modo que eles possam proporcionar "Pertença a qualquer lugar" externamente, de forma autêntica. É um exercício enorme e bem caro para a criação de uma equipe. Sim, há uma agenda de lançamentos e atualizações. Porém, o verdadeiro objetivo é que as pessoas se conheçam, façam amizades e se divirtam juntas. Para "se grudarem", como Nate pontuou quando lhe perguntaram: "Por que todos estão aqui?", no início do OneAirbnb de 2017.

Esses eventos diários, semanais e anuais fazem parte de um programa de experiências e rituais que uma equipe internacional chamada Ground Control [Controle do território] é dedicada a criar. O trabalho dessa equipe é parte essencial da magia que torna a cultura coesa e coerente. Por exemplo, quando você chega a um escritório em, digamos, Singapura, depois de um voo interminável de São Francisco, logo é induzido a se sentir em casa. Eles o hospedam ("Seja um anfitrião" é um dos valores fundamentais mais importantes) oferecendo café da manhã ou uma bebida forte, o que precisar para que o cliente se sinta bem novamente.

E, enquanto você olha ao redor do escritório, também se sente em casa. Há outra equipe dedicada (essa é formada por arquitetos) focada em fazer com que os hóspedes se sintam únicos no Airbnb. Para reforçar o propósito de "Pertencer a qualquer lugar", cada sala de reunião em cada escritório é uma recriação exata da casa de um anfitrião do Airbnb de algum lugar do mundo. Você pode fazer uma reunião de orçamento em um trailer Airstream; ou uma avaliação de produto em uma cozinha baseada na casa de um anfitrião de Mumbai. Você está literalmente imerso nos locais que nossos anfitriões usam para criar pertencimento, seja lá o que esteja fazendo, onde quer que esteja, o tempo todo. O escritório de São Francisco tem seu próprio Airstream; e os fundadores se reúnem em uma sala feita com base no primeiro Airbnb: em um apartamento na rua Rausch, onde tudo começou!

Mesmo antes de se juntar ao Airbnb, você se sente como se pertencesse ao local. A equipe interna de recrutamento nomeia uma pessoa que o recebe durante todo o processo de recrutamento. Ela fica ao seu lado durante muitas visitas regadas a chá, simpatia e incentivo, e você tem o número pessoal dela para ligar a qualquer momento e falar sobre qualquer coisa. Uma vez que é admitido, sua primeira semana é uma introdução, e começa com um dia imerso no propósito e nos valores fundamentais. Em algum momento dessa semana, é provável que passe pelo "túnel humano" (Figura 19.3), um ritual que surgiu (ninguém se lembra bem como) para receber novos membros da equipe. É preciso passar por um túnel de membros da equipe e pular em um grande pufe em que lhe é entregue sua mochila e camiseta do Airbnb.

A cultura é um investimento. Deve estar à mesma altura que P&D ou investimento de capital. Deve receber a mesma atenção e energia que os líderes dão ao crescimento, ao lucro, à equipe e a todas as outras prioridades normais. Sem uma equipe interna altamente funcional, focada e alinhada com seu propósito ambicioso, você tem pouquíssimas chances de realizá-lo externamente.

FIGURA 19.3 Usando rituais para expressar uma cultura única e cimentar o sentimento de "pertencimento": o "túnel humano" no Airbnb

Fonte: Douglas Atkin (2020)

3. Use-o para recrutar, avaliar e rejeitar todos

Às vezes, até mesmo clientes.

Desde o primeiro momento, o Airbnb usou seu propósito e seus valores para recrutar. Os fundadores demoraram muito tempo para contratar o primeiro funcionário. Eles entrevistaram mais de cem candidatos em busca do certo, com todos os custos de curto prazo decorrentes de um crescimento mais lento e de menos lançamentos durante o período inicial. Isso porque, desde o início, "habilidades" e "adequação cultural" tiveram o mesmo peso. A "adequação cultural" na verdade significava ser um "adepto" (nas palavras de Brian) da Missão, e alguém cujos valores pessoais correspondiam aos do Airbnb. Eis o que Brian fala sobre isso:

> Era nossa primeira contratação no setor de engenharia. Precisávamos desesperadamente de um engenheiro, mas ainda esperamos quatro ou cinco meses, talvez seis, até contratarmos Nick Randy porque queríamos contratar alguém que pudesse representar a cultura. Isso teve um custo de crescimento mais lento por causa de um investimento na cultura. A cultura é realmente um preço a curto prazo que se paga pelos resultados a longo prazo, muito longo prazo. Como se você pagasse um preço a curto prazo para não contratar seu primeiro engenheiro porque acredita que, a longo prazo, eles contratarão dez pessoas que representarão a cultura.

Em 2012, os fundadores perceberam que não podiam mais entrevistar a todos. A empresa crescera em tamanho e distribuição geográfica até o ponto em que essa ação era impossível. Em vez disso, substituíram esse importante papel, recrutando e treinando 18 funcionários que se sentiram como a verdadeira encarnação do propósito e dos valores.

Existem agora quinhentos entrevistadores de "cultura" (aproximadamente dez por cento do total de funcionários) que entrevistam todos os candidatos. E eles têm um poder semelhante ao dos fundadores. Como a maioria das empresas, cada candidato participa de seis a oito entrevistas que avaliam suas habilidades, e os entrevistadores são seus potenciais colegas de engenharia ou marketing, por exemplo. Depois, têm duas entrevistas com entrevistadores culturais que não têm nada a ver com sua área de conhecimento. Caso esses entrevistadores julguem que o candidato não é um "adepto" do propósito, ou que seus valores pessoais não se alinham com os do Airbnb, então eles não são contratados. Não importa quão bom o engenheiro ou designer seja, ou quão urgentemente suas habilidades são necessárias, os entrevistadores de cultura têm poder de veto.

Esse uso do propósito e dos valores para recrutar foi agora estendido à equipe de Aquisições. Eles foram treinados para avaliar e dar igual classificação ao alinhamento de uma empresa com a finalidade e os valores, bem como com os critérios habituais. Pelo menos uma aquisição estratégica potencial e importante nos últimos dois anos não foi feita devido à falta de propósito e de adequação aos valores da organização.

Você pode estar pensando: "Ah, o que acontece se os não adeptos escaparem por essa rede?" As avaliações de desempenho não medem mais apenas os critérios usuais de desempenho, mas medem e dão a mesma classificação a "como" uma pessoa fez "o que" fez. Se *como* elas fizeram *o que* fizeram ficou aquém do objetivo e dos valores, então são avisadas e orientadas para voltar ao caminho certo... e demitidas se não houver melhoria.

Recrutar, avaliar e rejeitar de acordo com o propósito é extremamente importante no caso de líderes. Eles devem sobretudo viver o propósito e os valores, tanto em suas ações quanto em suas decisões, dada a magnitude de sua influência. Houve um período, entre 2015 e 2016, quando a famosa cultura forte do Airbnb se tornou instável. Uma das causas foi a percepção entre a maioria dos funcionários de que dois ou três da equipe de liderança eram "mercenários, não missionários". Suas decisões favoreceram "o crescimento em detrimento da Missão". Felizmente, eles não estão mais com o Airbnb.

Recrutar, avaliar e rejeitar clientes também são passos que devem estar alinhados ao propósito.

Essa obsessão com o propósito se estende aos clientes do Airbnb. Cada novo anfitrião e hóspede deve assinar um acordo para viver em consenso com o propósito de que "qualquer pessoa pode pertencer a qualquer lugar" antes de ser aceito na plataforma. O documento afirma: "Nossa missão é construir uma comunidade com base na confiança onde qualquer pessoa possa pertencer a qualquer lugar..."

E isso é real. Mais de um milhão de clientes potenciais perceberam que não podiam assinar o "Compromisso da Comunidade" que lhes pede para receber a todos, independentemente de raça, religião, origem, etnia, cor da pele, deficiência, sexo, identidade de gênero, orientação sexual ou idade. E muitos outros foram removidos por uma equipe que percorre a plataforma em busca de qualquer comportamento que infrinja esse código.

Clientes perdidos; mas propósito preservado. Felizmente, a maioria assina e vive de acordo com esse código. Existem atualmente mais de cinco milhões de anfitriões em todo o mundo e mais de meio bilhão de hóspedes. A crença em "qualquer pessoa pertence a qualquer lugar" gerou uma comunidade de confiança essencial para o funcionamento e o sucesso do Airbnb.

O Airbnb é muito claro sobre sua posição em seu propósito de "Criar um mundo onde as pessoas possam pertencer a qualquer lugar". Ele indica o que é esperado de seus clientes mesmo à custa da alienação de algumas pessoas, inclusive políticos. Durante a "proibição da entrada de refugiados e imigrantes" de Trump em 2016, o Airbnb veiculou um anúncio no Super Bowl chamado "We Accept" [Nós aceitamos].

Um artigo do *New York Times* na época descreveu como a organização estava empenhada em viver seu propósito:

> Em um memorando aos funcionários após a ordem executiva, o chefe executivo do Airbnb, Brian Chesky, foi mais explícito sobre sua oposição. "Essa é uma política da qual discordo profundamente e é um obstáculo direto à nossa missão no Airbnb", escreveu o sr. Chesky em 29 de janeiro. Naquele

> fim de semana, a empresa começou a fornecer moradia temporária gratuita e subsidiada para as pessoas que haviam sido afetadas pelas restrições à imigração.
>
> (BENNER, 2017)

Em 2018, poucas horas após a decisão da Suprema Corte de manter a proibição, o Airbnb realizou outra campanha que deixou sua posição bem clara para todos.

FIGURA 19.4 Comprando algo maior: no Airbnb, você se une a uma cultura, a uma comunidade com um compromisso compartilhado

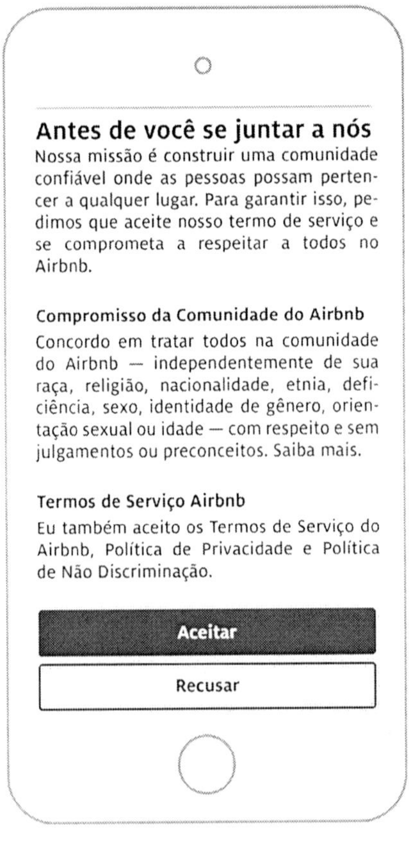

Fonte: Douglas Atkin (2020)

Essas campanhas, que declaram publicamente o compromisso inflexível do Airbnb com seu propósito, são controversas para algumas pessoas. Para o resto de nós, sentimos que é exatamente a coisa certa a fazer, sobretudo quando se tem uma marca que depende de mais de cinco milhões de indivíduos para proporcionar a experiência. É essencial que todos, principalmente nossos anfitriões e hóspedes, estejam alinhados em torno do mais importante dos fatos: nosso "porquê" de "Criar um mundo onde as pessoas possam pertencer a qualquer lugar".

Essa obsessão com o propósito pode parecer excessiva para alguns. Porém, para o Airbnb, é fundamental para seu funcionamento. É necessário criar a confiança entre estranhos para permitir que a plataforma funcione. É fundamental para que funcionários e clientes se juntem e permaneçam juntos. E é vital ter "adeptos" que se esforçarão para tornar o propósito uma realidade. Além disso, a vigilância é necessária porque é muito fácil aceitar demandas urgentes a curto prazo e fazer concessões...

4. Use-o para estabelecer seu caminho

Caso você tenha um bom propósito... um que seja baseado em uma verdade experimentada e, portanto, diferenciada, e que seja seu... então é lógico que, se realmente vive por ele, você estabelecerá seu caminho.

O Airbnb descobriu inúmeras vezes que isso é verdade. No exato momento em que alguma crise ocorre e tudo o que quer fazer é tomar o caminho previsível e seguro, você opta por aquele que exige que invente e se apresse para cumprir seu propósito único. Como diz Nate Blecharczyk, cofundador do Airbnb: "É como se houvesse um caminho na sua frente e percorrê-lo seria mais seguro, mas você não gosta dele. E então você diz: 'Não, não farei isso', mas a alternativa certa não está clara ainda e você precisa abrir um novo caminho."

Nate estava com Brian e Joe naquela tarde de domingo descrevendo para mim os diversos momentos da curta história do Airbnb quando tomaram decisões que serviam ao propósito. Nesse caso em particular, Nate referia-se à decisão de *não* adquirir a Wimdu em 2011. A Wimdu é uma cópia do negócio que os irmãos Samweer fundaram na Europa apenas para que o Airbnb fosse forçado a comprá-la. Era o *modus operandi* dos Samweers. Eles fizeram a mesma coisa com o Ebay e a Groupon, que aceitaram, oferecendo milhões aos Samweers para comprar suas imitações.

Nate, Joe e Brian sentaram-se em um banco de rua em Berlim depois de visitar a sede da Wimdu e decidiram fazer o imprevisível. A ação previsível teria proporcionado uma grande operação de virada de chave e clientes em um mercado crítico. Não fazer isso significaria criar sua própria operação europeia e construir uma base de clientes do zero, *enfrentando o concorrente que não compraram*. Contudo, o custo era muito alto em termos de propósito e cultura para os fundadores. Eles achavam que a Wimdu estava tão desalinhada que até mesmo afetaria a sede em São Francisco e destruiria três anos de trabalho árduo na construção de sua jovem empresa, liderada por um propósito e rica em cultura.

Assim, eles estabeleceram seu caminho. Fizeram o impossível. Contrataram funcionários alinhados com o propósito e construíram um mercado de clientes anfitriões e hóspedes. Quando cheguei, em 2012, havia dez escritórios fabulosos na Europa que se pareciam com a distinta sede de São Francisco. Eles eram povoados por funcionários que lhe davam as mesmas boas-vindas entusiasmadas e que logo o faziam sentir-se em casa. E, em termos de negócios, a Europa acabara de superar os EUA em termos de tamanho.

5. Meça seu propósito e dê-lhe status igual ao das métricas de negócio

Caso eu fosse forçado a escolher apenas uma dessas cinco coisas, que garantiriam que o propósito de uma organização fosse vivido, seria isso.

Percebi sua importância quando mostrei a um gerente de produto os gatilhos que permitiram que "Pertença a qualquer lugar" fosse mais experimentado pelos hóspedes e entregue por nós e nossos anfitriões. Ele olhou para mim e disse: "Se isso é algo importante para a empresa, então precisamos incluí-lo em nossos objetivos." Ele continuou explicando que sua equipe era medida exclusivamente por métricas de conversão que funcionam como cascata a partir da única métrica de negócios que a empresa inteira usava para medir o sucesso: "Noites reservadas". Ele disse: "Eu amo nossa Missão de Pertencer a qualquer lugar. E quero ajudar a fazer mais dela. Mas eu e minha equipe não mensuramos a entrega disso. Na verdade, sinto que nossas métricas realmente nos levam a miná-la, concentrando-nos no crescimento... às vezes às custas de pertencer."

Em poucas palavras, ele identificara o clássico dilema dos negócios. Propósito ou crescimento? Foi um dilema que criou uma grande oscilação na cultura do Airbnb em 2015, quando os funcionários sentiram que alguns líderes estavam se concentrando no crescimento às custas de pertencer a qualquer lugar. O "aluguel de férias" era uma nova categoria que estava recebendo investimentos do Airbnb; mas também uma categoria que tende a haver poucos anfitriões e casas reais e mais propriedades construídas propositalmente por imobiliárias. Crescimento às custas do propósito.

A questão, é claro, é que nunca deve haver um às custas do outro. Deve haver uma tensão igual e criativa entre as metas de crescimento e as de propósito. Os líderes e suas equipes devem ser incentivados a conciliar os dois, a fim de entregar mais "noites reservadas" *e* Pertencer a qualquer lugar ao mesmo tempo. Sem concessões.

Quando apresentei isso aos fundadores em 2015, houve um acordo imediato. No entanto, demorou um pouco para ser executado. Tem sido difícil definir para todas as equipes aquela grande métrica Pertença a qualquer lugar, que pode ficar ao lado das noites reservadas (ou seu equivalente para os novos negócios) e sob efeito cascata.

Contudo, fique atento. Em 2018, Brian fez um lançamento breve do que ele chama de Empresa 21C. É uma iniciativa para redefinir a responsabilidade das empresas, afastando-as do valor exclusivo dos acionistas para incluir a entrega do propósito e a satisfação das necessidades de outros *stakeholders* (no caso do Airbnb, *stakeholders* como as cidades e os anfitriões). Seu lançamento completo está previsto para o início de 2021, com métricas que medirão essas novas responsabilidades. Mal posso esperar. As métricas são tudo quando se trata de "cumprir o esperado" referente ao propósito. Elas serão os encarregados de garantir que o Airbnb recrute apenas anfitriões que façam com que os hóspedes se sintam em casa. E tomam ações que garantam que as cidades recebam o Airbnb e não o rejeitem. Todos os outros ingredientes para viver um propósito aqui são vitais. Mas consagrar sua importância publicamente, por ter métricas que de fato garantam a entrega, será o ingrediente crucial para entregar ou para "Criar um mundo onde pessoas possam pertencer a qualquer lugar".

Conclusão

Encontrar e lançar um bom propósito, e especialmente *viver* seu propósito, é difícil. Operacionalizar seu propósito requer colocá-lo em primeiro lugar em cada grande decisão tomada. Isso significa ser vigilante no recrutamento, na avaliação e na rejeição de funcionários e até mesmo de clientes. Significa estabelecer seu caminho, o que exige inventar e agir rápido sempre. Significa investir em cultura para criar uma equipe motivada e coesa. E exige medir a realização de seu propósito e lhe dar um status igual ao da métrica de negócios.

Tudo isso é contrário aos instintos e à cultura empresarial predominante... sobretudo o curto prazo e o foco no retorno aos acionistas impulsionado por Wall Street. Entretanto, como alguém com idade suficiente para ter crescido na cultura prevalecente, e com a sorte de ter trabalhado dentro dessa nova visão de comércio, sinto-me otimista. Há líderes visionários suficientes, como Brian, Joe e Nate, mudando as regras... incluindo as definidas por pessoas de Wall Street. E há funcionários e clientes suficientes que exigem mais responsabilidade das empresas do que simplesmente bons produtos e retornos aos acionistas.

Então, se você é um líder empresarial, realmente não tem escolha neste novo mundo. Precisa encontrar um bom propósito e fazer sua organização vivê-lo. E, francamente, a vida é muito curta para deixar de fazer isso!

RESUMO: AIRBNB

- *Toda organização precisa de um bom propósito para ser vital.* Ela necessita de um propósito para orientar todas as suas principais decisões, para inspirar e conduzir seus membros a realizar grandes feitos, a fim de garantir um legado além da obtenção de lucro.
- *Deve ser fundamentado na verdade e ser bastante ambicioso em sua aspiração para o mundo.* Deve ser algo que traga segurança para tudo o que faz e algo grande para que você cause impacto e nunca fique perdido. Precisa ser memorável para que todos o conheçam, o entendam e o aceitem. Conseguir um bom propósito é difícil, mas implementá-lo é ainda mais difícil.
- *Implementar um propósito significa colocá-lo em primeiro lugar em todas as principais decisões.* Mesmo antes do crescimento e do lucro, confiante de que eles lhe acompanharão se você permanecer fiel ao seu porquê.
- *Deve ser manifestado em quem você contrata e na cultura que cria.* E você deve ter valores para governar como se comporta, se relaciona e decide as coisas em conjunto para alcançar seu objetivo.
- *É difícil, mas vale a pena.* O propósito torna as decisões mais fáceis porque todos sabem por que as tomam e que valores devem usar ao fazê-lo. É o "molho secreto" para criar uma equipe altamente motivada e coesa, orientada para atingir um objetivo. Vale a pena porque, assim se espera, você causará um impacto positivo no mundo. Um impacto que é motivado por mais do que apenas lucrar.

Nota: usamos "propósito", "Missão" e "visão" de forma intercambiável no Airbnb. Sei que algumas pessoas se irritam com isso, mas todos nós sabemos do que estamos falando. Estamos falando de nosso "porquê".

Caso 6: Lakrids

Crescimento sem fim, ou: como escalar um sonho

Sua marca está em uma Missão de fazer as pessoas descobrirem o verdadeiro prazer do doce de alcaçuz, e seu produto é muito bom, irresistível e tornou-se icônico... mas somente na pequena ilha dinamarquesa de Bornholm. Como conquistar o continente e depois o resto do mundo? Como escalar um sonho de vinte anos preparando deliciosos doces pretos e oferecendo amostras aos turistas que passeiam de férias pelas ruas da pequena ilha?

Essas são as perguntas que Peter Husted Sylvest responderá em seu relato de como ajudou Johan Bülow a difundir seu sonho e a escalar as forças de tentação da Lakrids em seu papel de diretor global de vendas. Alerta de spoiler: tem relação com as amostras.

Peter Husted Sylvest

Peter juntou-se à Lakrids em 2011, quando o fundador Johan Bülow tentava descobrir como escalar seriamente seu negócio de doce de alcaçuz dinamarquês para além das fronteiras. Ele permaneceu como diretor de vendas até 2017. A Lakrids é apenas uma das muitas marcas escandinavas especializadas que Peter ajudou a desabrochar. Ele trabalhou por vinte anos com os melhores produtos escandinavos de design de interiores da Stelton e da Normann Copenhagen, produtos de uso doméstico e decoração, assim como de uso profissional em restaurantes e hotéis de luxo.

Com base nessa experiência, fundou em 2018 a pH value, uma consultoria que trabalha com marcas premium no setor de alimentos e bebidas de alta qualidade, bem como no setor de design.

Essa é minha história do motivo pelo qual a Lakrids by Bülow é uma Ueber-Brand e de *como* escalar uma loja de "namorado/namorada" para uma marca internacionalmente distribuída e conhecida.

A Lakrids by Bülow é uma empresa de doce de alcaçuz gourmet fundada pelo empresário Johan Bülow na ilha dinamarquesa de Bornholm em 7 de julho de 2007. Bülow tinha o sonho de fazer o mundo amar o clássico doce de alcaçuz preto escandinavo; doze anos depois, seus produtos são encontrados em mais de 1,5 mil das melhores lojas de varejo gourmet do mundo, incluindo trinta lojas próprias. Johan é referido como o Rei do Doce de Alcaçuz pelos fãs e pela mídia.

A expansão é alimentada por fundos de investimentos em ações desde 2017 e a empresa está em uma Missão de "pintar o mundo de preto".

Como fazer um plano — talvez um plano de negócios?

Se você voltar à ideia original e ao "*e se*" da Lakrids by Bülow, essa pode ser comprimida em uma única folha A4. Em termos de escola profissional de negócios, tal documento estaria longe de ser categorizado como um "plano de negócios genuíno".

Caso você pedisse a Johan que fizesse uma breve apresentação ou escrevesse um plano de página única, durante os primeiros 12 meses de desenvolvimento de seu negócio, ele teria incluído as seguintes declarações ousadas.

Eu quero:

- criar um doce de alcaçuz puro e de alta qualidade;
- ensinar o mundo a comer e apreciar o doce de alcaçuz preto;
- não usar canais tradicionais de distribuição de produtos de confeitaria;

- produzi-lo, vendê-lo e promovê-lo em minhas lojas de varejo de marca localizadas nas principais capitais e centros comerciais;
- criar uma categoria de presentes em que o doce de alcaçuz pode desafiar tanto o chocolate quanto outras categorias de presentes para pessoas e empresas;
- controlar a jornada e trabalhar com parceiros que apoiam o objetivo geral; se não o apoiarem, então quero liberdade para determinar a relação sem danos a longo prazo para minha empresa;
- não me envolver com parcerias únicas que podem causar um efeito negativo devastador nos negócios, caso desejem tirar proveito dessa oportunidade.

Muitos profissionais de negócios teriam rido desse plano de página única em 2007 e provavelmente recomendariam que Johan gastasse suas economias e concentrasse sua energia em outra coisa. A seguir, é apresentado um conjunto de abordagens para a execução que esperamos que o inspire a alcançar seu próprio instinto e a ajustar suas ações com base no feedback do mercado e no engajamento.

Como construir sua equipe

Ao formar uma equipe de mais de duzentas pessoas em seis anos, você já contratou mais do que demitiu. Tivemos uma baixa rotatividade recorde de pessoal, e a estratégia certa de recrutamento foi fundamental desde o primeiro dia.

Ter um bom produto é fundamental, mas, sem as pessoas certas para representá-lo, você é simplesmente um produtor. Se quiser ser uma marca, precisa de pessoas que a definam, de pessoas que se comuniquem e fiquem ao lado do produto para se tornar sua história, para se tornar sua marca.

Como encontrar uma equipe disposta a trabalhar de doze a dezesseis horas por dia, seis ou sete dias por semana durante três meses seguidos? Você chama pessoas que confiam em você, que o amam, ou seja, amigos, família e parceiros. Essas pessoas fariam qualquer coisa sem fazer muitas perguntas ou hesitar. Ninguém do time original jamais produzira doce de alcaçuz ou criara uma marca.

Os clientes vinham à ilha principalmente durante o verão, e à medida que o verão terminava, os turistas iam embora. Johan e sua namorada ficaram com uma pilha de cartões de visita de turistas que queriam mais do que uma lembrança pessoal gourmet. Vários desses cartões representavam uma oportunidade de negócios. A questão era:

1 Johan e sua namorada deveriam descansar e se recuperar durante a baixa estação e criar uma vida sazonal perfeita?

Ou:

2 Deveriam enfrentar o desafio de executar e tomar decisões para seguir o plano de negócios inicial?

Em uma pequena comunidade, há muitas histórias de como pequenos produtores dedicados basearam seus negócios em um único grande cliente e dimensionaram sua estrutura para atender à crescente demanda dele. E isso acontecia apenas para descobrir que a súbita mudança de hábitos do cliente ou a demanda por margens arruinou seus negócios da noite para o dia.

FIGURA 20.1 Um produto a ser contemplado: a mercadoria da Lakrids é a expressão máxima do sonho de Johan Bülow de fazer as pessoas se apaixonarem pelo doce de alcaçuz escandinavo

Tradução da imagem — Lakrids by Bülow. Lakrids, por Bülow é a história do artesanato apaixonado pelo doce de alcaçuz gourmet. Em 2007, criamos um excepcional alcaçuz dinamarquês e atualmente continuamos nossa jornada de elaborar combinações surpreendentes e experiências sensoriais de sabores, tendo nosso alcaçuz como centro de tudo. Nossa ambição permanece a mesma: inspirar pessoas ao redor do mundo e disseminar nosso amor por esse sabor nórdico único. Johan Bülow.

Fonte: reproduzido com permissão da Lakrids (2020)

Aprendendo com essa experiência, Johan trabalhou inicialmente apenas com pequenas lojas especializadas e dedicadas. Lojas capazes de comunicar uma história de produtos de qualidade cara a cara com seus clientes:

- que muitas vezes tinham o dono da loja atrás do balcão;
- que provavelmente conheciam os clientes pelo nome;
- que selecionavam cuidadosamente seus produtos;
- que também poderiam replicar o importante serviço de amostras para envolver os consumidores e fazê-los entender a singularidade da Lakrids.

A primeira chamada para a ação foi a reconexão com um hóspede de verão que era dono de uma loja de vinhos e bebidas alcoólicas e deixara um cartão com uma nota que dizia: "Quando estiver pronto para produzir mais do que consegue vender aqui, então me ligue — esse é o melhor doce de alcaçuz que já provei." Ele não estava sozinho e havia mais cartões de comerciantes apaixonados de toda a Dinamarca e do resto da Escandinávia.

O papel dos Cavaleiros Pretos

Quem diria não a doces de graça? Quem teria problema em ser a amável pessoa que distribui doces de graça? Isso nos leva ao processo de recrutamento dos "Cavaleiros Pretos", que trabalham em nossas principais lojas e que são o fator mais importante nas vendas.

Durante as entrevistas de emprego, quando possuíamos apenas algumas lojas, tínhamos cerca de cinco ou seis pessoas participando de uma sessão com nosso gerente. Nos primeiros trinta segundos, ele colocava um pote de doce de alcaçuz sobre a mesa sorrindo e dizia: "Por favor, apresente este pote e tente vendê-lo para meu colega" (eu). Muitos candidatos congelavam e não conseguiam saber o que dizer, então o gerente de loja agradecia gentilmente pelo tempo deles e encerrava a entrevista. Fiquei um pouco chocado e, entre as entrevistas, perguntei se ele estava certo de que poderia decidir tão rápido. Ele respondeu que os currículos de todos eram bons, mas alguns não tinham uma abordagem natural de vendas, o que, infelizmente, os desqualificava.

Os que sobreviviam ao desafio tinham uma abordagem muito diferente para a questão/desafio. Uma jovem pegou o pote e sorriu para nós enquanto o abria lentamente. Ela pegou um doce de alcaçuz coberto de chocolate, levou-o à boca e começou a mastigá-lo, antes de comentar: "Este é de longe o melhor doce que já comi — gostaria de prová-lo também?" Outra moça disse: "Como isso quando me sinto um pouco triste; os chamo de minhas pílulas da felicidade." Então ela sorriu e continuou: "Você quer um?" Meu colega não fazia mais perguntas e respondia com um aperto de mão e um contrato e dava as boas-vindas à família dos Cavaleiros Pretos.

Havia mais alguns elementos-chave que tornaram os Cavaleiros Pretos bem-sucedidos: a paixão pelo produto e a visão geral, a compreensão desse produto superior e a facilidade de se envolver enquanto segurava uma tigela de amostras. As pessoas são o principal fator que pode liberar os poderes mágicos de sua marca, foi o que fez com que nossa estratégia de amostras ganhasse vida.

A tatuagem e o corte de cabelo

Criar uma equipe que não se sente impedida de trabalhar por velhos hábitos é fundamental. Ter experiência com publicidade externa e venda de produtos para cabelo ou agulhas de tatuagem era perfeito para os Cavaleiros Pretos das vendas, lutando por novos terrenos em novos mercados.

Fazer publicidade externa tem tudo a ver com taxas de conversão e custo por visualização; conhecer os números rapidamente enfatizou o efeito e o valor da amostragem em locais movimentados. Com esse conhecimento, nunca apenas oferecemos amostras, mas garantimos que isso acontecesse em uma distância máxima de três metros até uma caixa registradora. Certifique-se de que seu foco principal para qualquer ação seja eventualmente *vender* seus produtos: a amostragem sem venda é apenas marketing e significa vender com um sorriso. Apenas a *primeira amostra* é de graça — para ter mais, é preciso comprar um pote.

As lojas iniciais que buscavam a distribuição da Lakrids eram lojas especializadas de primeira linha. As notícias correram rapidamente entre esses tipos de parceiros, e as vendas exclusivas realizadas por tais lojas logo se tornaram a referência para outras. Quando começamos a expandir de forma ativa para o restante do país, replicamos o processo e alavancamos as referências iniciais e os principais aprendizados de nossa própria loja para provar que podíamos replicar os resultados de vendas por meio de outras.

Ao entrar em um novo mercado de exportação, você não tem o mesmo luxo. Como a maioria dos países são bem maiores do que a pequena Dinamarca, dirigir por todas as cidades e pelas estradas é inviável. Como um de nossos novos gerentes nacionais vendia produtos de cabeleireiro e tatuagem, ele decidiu visitar seus principais clientes antigos e abriu uma caixa de Pandora de contatos que lhe deu valiosos insights sobre os parceiros locais — eu os chamo de "cabos" — para ativar sua *network* central. A conversa com os cabeleireiros começava com "O que o traz à cidade?" e terminava com a venda de potes de doce ao cabeleireiro, que acabava servindo em seu salão e descobrindo que isso lhe dava algo interessante para conversar enquanto um cliente esperava para ser atendido. E nosso ex-profissional de vendas de produtos capilares não se surpreendeu que os clientes esperando para serem atendidos pudessem incluir o dono da melhor loja de moda da cidade, o melhor chef estrelado, o barman considerado um dos cinquenta melhores do mundo ou o editor da revista de alimentação local.

Preciso dizer que, durante os anos iniciais, meu colega se tornou o membro da equipe mais tatuado e com o cabelo mais arrumado?

Como ser uma tartaruga

Muitas vezes imaginamos nossa abordagem de assumir riscos como a "estratégia da tartaruga" — sendo a empresa e a organização uma tartaruga com um pescoço muito longo e característico. Um pescoço que consegue se esticar, para que pudéssemos mordiscar e provar a grama do vizinho. Indo muito além do alcance normal e sempre com a opção de se encolher para a segurança de nosso casco, caso a grama seja amarga. O corpo caminha de forma lenta, mas sempre para frente, uma vez que descobrimos que vale a pena seguir.

Seja ágil, mas não tolo. Construa uma base sólida (também conhecida como o corpo da tartaruga) antes de se aventurar em território desconhecido.

Como conhecer seu produto e conhecê-lo melhor do que os clientes...

Nós testamos em humanos. Criamos produtos, marcas e uma história que amamos e em que acreditamos. Testamos com nossa equipe. Se um Exército Preto de homens/mulheres, trabalhando em frente às nossas principais lojas, amasse nossos novos produtos, então sabíamos que tínhamos algo bom, e eles espalhariam pílulas da felicidade com um sorriso e brilho nos olhos. Ter esses pontos de contato o fortalecerá, sabendo que tem cartas para ganhar a maioria dos jogos dos quais participa.

Esses "jogos" podem ser:

- na primeira feira comercial profissional;
- na primeira excursão de vendas visitando clientes existentes;
- em uma entrevista para uma revista de comércio sobre a resposta esperada de nosso novo lançamento.

Como criar uma atração

É complicado criar demanda quando você traz uma história nova tanto para os consumidores finais quanto para a rede de distribuição. Os canais de distribuição não pedem produtos, especialmente aqueles que não sabem que existem. Em novos mercados e com novos contatos, você precisa acelerar o jogo e mudar de marcha em todos os aspectos. É necessário tornar o engajamento fácil e relevante para eles e dedicar seu breve foco à sua causa e ao seu produto.

Ter operado como um pequeno varejista com produção paralela foi o cenário perfeito ao iniciar a venda por atacado para lojas especializadas individuais de comida gourmet, vinho e presentes. O fato de termos os dados para provar a proporção de amostras em relação às vendas fez com que a maioria dos varejistas parasse e nos ouvisse. Ter essa experiência e os dados foi particularmente eficaz com os grandes varejistas, que estão acostumados a basear seus negócios em números e a confiar mais nos dados, em vez de estarem presentes no setor de vendas. Ao negociar com os maiores players dentro das lojas de departamento gourmet internacionais, o diálogo foi iniciado pelo fato de eles terem visto nossa marca localmente em ação. Ainda assim, nos disseram que nosso perfil não correspondia à maioria de seu mercado, e enfatizaram que nossos dados não eram tão relevantes para eles pois estavámos fora da Escandinávia.

Quando revelamos que nossos números na Escandinávia se baseavam na realização de *vendas ativas* e na execução de nossas próprias concessões de loja, a conversa mudou. Após dez minutos, nos perguntaram: "Em quanto tempo podemos assinar um contrato?" O resto é história. Abrimos como o primeiro estande de vendas de alimento em sua loja.

Saber o que seus produtos podem fazer em termos de vendas, quando apresentados corretamente, foi uma ferramenta surpreendente na conexão com os varejistas. Ser um varejista significava que muitas vezes podíamos olhar para o caso comercial como colegas que estão do mesmo lado. É um diálogo entre dois varejistas, discutindo uma oportunidade de negócios conjunta, em vez do tradicional esquema de fornecedores e clientes.

Como exportar a partir do conforto de sua casa

A Lakrids ingressou com sucesso no mercado de presentes. Com um claro perfil "Feita na Dinamarca", foi considerada uma boa lembrança gourmet local. Com certeza, vender para um cliente chinês viajando por Copenhague ou Keflavík não é o mesmo que enfrentar a concorrência de um varejista baseado em Xangai, mas você pode praticar e aperfeiçoar sua história com um cliente estrangeiro que visita o seu país.

A principal lição aprendida em 20 anos de viagem com uma história e uma variedade de produtos é que o mundo pode se relacionar com 95 por cento da história original e bem documentada. Contudo, você não ganha nem termina se correr apenas 95 por cento da distância. Para terminar, é necessário procurar e definir os 5 por cento mágicos que tornam seu produto obrigatório localmente.

A abordagem tradicional de empresas que se definem como produtoras e distribuidoras que apenas distribuem já está ultrapassada. Com a transparência total do mercado atual, em que um varejista ou consumidor tem acesso ao proprietário da marca em menos de três cliques, é necessária uma parceria, um intercâmbio aberto de dados e conhecimentos básicos.

Cada parceiro de distribuição com quem já trabalhei ao redor do mundo disse, em certo momento, a declaração: "Você precisa entender que nosso mercado é muito único." Foi a partir de tais diálogos que surgiu a percepção sobre os 95 por cento. Em vez de dizer que os parceiros estavam cheios de XXXX, apresentamos a maneira pela qual os víamos como os "mágicos dos cinco por cento".

Tem sido notável ver a rapidez com a qual se pode mudar os campos de batalha, de um foco na grande diferença para um esforço conjunto de definir uma estratégia de como replicar nosso modelo localmente. Uma maneira de definir e qualificar rapidamente um parceiro local em potencial foi o conceito de nosso computador *mainframe*. Esse *mainframe* muitas vezes é descrito como uma grande unidade absurda, contendo muitos dados. Para fazer as coisas de fato, é preciso conectar uma gama de diferentes hardwares ou instalar um software único. Na primeira reunião com potenciais parceiros de distribuição, você não pode trazer cinco pastas cheias de planos estratégicos ou pedir-lhes que participem de um tutorial de seis horas, a menos que queira assustá-los. Quando introduzimos a história de nosso sucesso a partir de nossos outros mercados com a metáfora do computador *mainframe*, chegamos a conclusões rápidas e tivemos diálogos construtivos.

Acrescentando a uma carga de trabalho já pesada de seus mercados e tarefas locais, pode ser um verdadeiro desafio fazer isso, portanto, certifique-se de escolher trabalhar com mercados que o atraiam. Você precisa planejar dias com 16 horas de trabalho quando viaja, porque vai conhecer novas lojas, novos bairros e novas pessoas interessantes. É necessário saber sobre os mercados em que entra e sobre as pessoas para quem deseja vender. Pode parecer loucura lançar seus produtos no metrô, sentado em uma cafeteria ou na recepção de seu hotel, mas, se quiser fazer isso, é possível abrir algumas portas incríveis e ajudar a construir sua história de produtos ao dar uma volta no local. Eu me vi com absolutamente nada por ter aplicado essa abordagem, mas, a cada fracasso, ganhei cem vezes.

Como fazer parcerias no exterior

Como mudar rapidamente para um diálogo detalhado sobre o quanto você é bom para eles e eles são para você? Como uma startup que progrediu em um ritmo acelerado, você talvez esteja sendo olhado com um pouco de ceticismo. Isso é natural quando considerado do ponto de vista de um parceiro estabelecido com anos de experiência.

Para facilitar o processo o máximo possível, sempre começamos com uma amostra de nossos produtos. Você ficaria surpreso com a quantidade de profissionais do setor que iniciam diálogos sobre preços e fatos antes mesmo de experimentar o produto. "Não posso experimentar *todos* os produtos que vendo" é um clássico, e quando isso é dito, somos os primeiros a nos levantar e sair; porém, falaremos mais sobre isso depois.

Uma folha de papel A3 e uma caneta foram as ferramentas à mão para definir se éramos compatíveis ou não. Se um dos pontos de contato fossem nossas unidades de varejo, poderíamos perguntar rapidamente:

- Eles sabem como administrar seu varejo?
- Se a resposta fosse não, então esse cabo imaginário era apagado do desenho similar que representava seu mercado, com eles no assento do motorista da van preta da Lakrids.

Definimos nosso mercado interno com cerca de vinte cabos maiores, eficazes e produtivos. Nossa distribuição e nossos principais parceiros de varejo deviam ter pelo menos de dez a doze cabos para se engajar em um diálogo mais detalhado. Caso encontrássemos uma correspondência em quinze cabos ou mais, teríamos um vencedor.

Com o tempo, também descobrimos que *sim*, esses parceiros relevantes podiam ter o mesmo entendimento de cabeamento, mas a largura de banda podia ser diferente, então como ir além disso?

Como trabalhar com agentes e distribuidores

As parcerias de distribuição local costumam ser baseadas em contratos de agência ou de distribuição. Como proprietário da marca, você nunca está sozinho e sempre faz parte de uma linha de marcas que se ligam ao mesmo tipo de canais de distribuição. Como uma marca jovem, você se beneficia do fato de ter estabelecido contatos e do histórico de ter trabalhado com muitos dos revendedores certos.

Porém, será que eles investirão muito na construção de sua marca localmente? A resposta rápida e sincera é não, e por que deveriam? Eles estão na situação de garantir que, se forem muito *ruins*, sejam demitidos, mas o mesmo é verdade se forem *bons* demais. Então, como enfrentar esse dilema como uma marca jovem e próxima, com pouca ou nenhuma aderência no mercado específico?

Você entra sem contas e sem vendas, portanto, sem comissão para um parceiro local. As outras marcas dos parceiros já geram vendas e definem o que eles representam. O parceiro local não recebe automaticamente mais tempo e foco de seu público só porque você apareceu; eles fazem seus negócios a partir da venda de produtos, não da construção de marcas.

Então, é possível trabalhar em torno disso e criar um ambiente onde possa ter sucesso? Você precisa investir ativamente no mercado, educando e apoiando essa equipe de vendas do distribuidor. Passamos inúmeras horas em feiras de negócio internacionais com tais parceiros, onde apresentamos vendas ativas aproximando-nos das pessoas que passavam com um sorriso e uma tigela de amostras — mostrando aos nossos parceiros que você não precisa ficar colado à sua cadeira por 12 horas, olhando para o celular ou notebook. Com isso, você também mostra para os parceiros que é preciso romper com velhos hábitos para criar resultados diferentes.

FIGURA 20.2 Transmitindo a paixão: um dos "Cavaleiros Pretos" oferece amostras dos irresistíveis doces em uma loja

Fonte: Peter Husted Sylvest (2020)

Não culpe o distribuidor; culpe a si mesmo, pois os distribuidores nunca estão tão dispostos a assumir riscos como você nem podem amar sua marca e seus produtos da mesma forma carinhosa que você. Mas faça um favor a si mesmo e trate esses parceiros como trataria sua equipe interna: eles também atuam na linha de frente e são seu rosto para revendedores e consumidores.

Modelo para ultrapassar a fase inicial

Com o passar dos anos, a distribuição da Lakrids evoluiu e fomos além dos canais de distribuição clássicos, dificultando a reprodução do nosso próprio modelo central por um parceiro local. Descobrimos que tínhamos mais em comum com produtos de design e *lifestyle* do que com os alimentos tradicionais. Nossas apresentações de marca e varejo eram diversas vezes comparadas às de marcas de vinho fino e bebidas alcoólicas, moda e beleza.

As notícias e coberturas vinham de jornais e revistas de negócios sofisticados, e a apresentação do produto era vista na seção de tendências das principais publicações e em revistas de design. Constatamos que os principais varejistas em cada um desses segmentos eram contadores de histórias brilhantes, e o poder de engajamento de nossos produtos também era atraente para eles, apesar de seus preços usuais serem muito mais altos.

À medida que os negócios se expandem e descobre-se que seu sucesso se baseia em um conjunto complexo de canais de distribuição, você naturalmente começará a perceber a necessidade de se concentrar.

FIGURA 20.3 Peter falando para o público: a educação interna e externa é a chave para executar de forma consistente, aumentando a apreciação de todos e, em última instância, as vendas

Fonte: Peter Husted Sylvest (2020)

Percebemos que precisávamos de membros da equipe de vendas com perfis muito diferentes aos habituais do setor. Cientes de que isso levaria tempo, asseguramos que eles não se sentissem motivados por atender pedidos, e sim por fazer potenciais parcerias a longo prazo.

Qualquer vendedor profissional quer vender e prospera com a venda, mas foi fundamental estabelecer essas relações comerciais, e não "estandes de uma noite" com as empresas, que poderiam ter um efeito negativo sobre nossa marca localmente. Essa foi uma abordagem cara, mas também o único caminho que poderíamos ter escolhido, caso quiséssemos controlar totalmente a abordagem e escolher parceiros iniciais de longo prazo em vez de contatos de vendas rápidas. A confiança para implementar tais táticas veio do conhecimento de nosso mercado interno e de termos cometido toneladas de erros na zona de conforto de nossa *network* próxima, em que tínhamos crédito ou podíamos corrigir rapidamente um erro.

Como mapear seu top 10

Quando tiver percebido o efeito de referências sólidas e boas histórias de casos, você tem seu público-alvo definido e sabe o que buscar em seguida. É possível fazer uma lista de dez a trinta organizações para as quais gostaria de apresentar seu produto.

Com a Lakrids, tal lista foi criada logo no início. A equipe adorou colocar seus olhos em um só lugar e fez um *brainstorming* sobre como se conectar e se engajar. No final, três dos cinco primeiros da lista acabaram realmente vindo até nós, em vez de batermos em suas portas. É impossível não sorrir quando alguém em uma feira de negócios lhe entrega um cartão de visita escrito "Fortnum & Mason", uma instituição alimentícia do Reino Unido, fundada em Londres em 1707. A Fortnum & Mason estava em nossa lista inicial como um parceiro dos sonhos. Quando perguntamos por que escolheram vir até nós, a resposta foi emocionante: "Na Fortnum & Mason, vendemos chá, café, chocolate da nossa própria marca há muito tempo e somos mundialmente conhecidos por isso, mas introduzir o doce de alcaçuz como um produto da mesma marca não seria verdadeiro para quem somos, então viemos até vocês, já que os vemos como a melhor empresa do mundo em sua categoria." Entrar em sua incrível loja na rua Piccadilly, em Londres, cerca de três meses depois, para oferecer nossas primeiras degustações foi realmente um momento decisivo.

Na mesma feira de negócios, um cavalheiro aproximou-se de nós e disse que adorou o visual da apresentação e que gostaria de experimentar uma amostra de nosso produto. Quando revelou que era o proprietário da loja de varejo Chelsea Market Basket, localizada em Nova York, pudemos riscar mais um candidato em nossa lista de desejos dos cinco principais parceiros globais. Menos de dois meses depois, o primeiro lote foi enviado da Dinamarca para Nova York. Em seis meses, estávamos em Nova York para trabalhar com a equipe dele e apresentar nossos produtos a muitos dos grupos de excursões gastronômicas que chegavam diariamente ao mercado.

Ser claro e franco sobre seus sonhos e metas ajudará e guiará sua equipe para ações que os levarão a se esforçar para alcançá-los. Ter certeza sobre quais parceiros locais de alto nível com quem sonhávamos e que representariam nosso alcance garantiu que estivéssemos mentalmente preparados quando enfim nos encontrássemos.

O tipo certo de relações públicas pode incendiar a sua história

Amantes de comida adoram programas de TV, e uma das melhores fontes de "*food porn*" é a BBC britânica. Tivemos a sorte de eles terem visitado a Dinamarca e, por meio de nossa *network*, de conseguirmos apresentar um conceito e uma gama de histórias sobre as pessoas da nossa *network*, que eles aceitaram.

Ver como a história cativou o apresentador de TV e a equipe durante o dia foi incrível; no final do dia, eles nos fizeram grandes ofertas como: "Você devia vir a Londres. Eu convidaria todos os meus amigos para minha casa, para cozinharmos juntos com o sabor do doce de alcaçuz e eles verem como o produto que você criou é mágico." O resultado foi surpreendente e apenas prova que investir em relacionamentos com as pessoas certas pode abrir portas além de sua imaginação e mais rápido do que jamais sonhou.

Como aproximar seus embaixadores

A Lakrids é uma marca que fabrica produtos do zero e tem a vantagem de contar a história desde seu berço. Isso pode fazer as pessoas encontrarem o Santo Graal. Nem sempre é a mesma coisa com seus revendedores, com sua equipe ampliada e sua rede de distribuição de agentes e distribuidores. Assim como educamos nossos filhos, você deve educar sua *network*. Se tem a vantagem de ter uma fábrica própria, convide-os a entrar, e não apenas mostre o local, mas envolva-os. Aprendemos melhor e nos lembramos mais das coisas se aprendermos usando todos os nossos sentidos, por isso, vista-os e ensine-lhes em primeira mão sobre as premissas de fazer um produto de qualidade. A história se torna sua se você tiver segurado o doce de alcaçuz quente e provado enquanto ainda estava macio. Isso fará com que suas próprias histórias se tornem mais vivas e reais, ao se encontrar com um varejista de primeira linha em Nova York para promover sua marca.

Quando você encontrar e identificar os embaixadores potenciais certos, traga-os para bem perto e veja o efeito surpreendente à medida que voltam para casa para espalhar a história ou simplesmente para apoiá-la com força suficiente para que você possa construí-la. Sim, é caro trazer pessoas a Copenhague, mas se perguntar à Lakrids se eles o fariam de novo e de novo a resposta seria *sim*. Hoje, cerca de 2,5 mil convidados (clientes, parceiros, imprensa e clientes VIPs) passam anualmente pelos corredores da Lakrids. Temos visto o nível de conhecimento crescer exponencialmente e, com ele, as vendas.

RESUMO: LAKRIDS

- As Ueber-Brands não são criadas da noite para o dia, então certifique-se de que você está seguindo um caminho em busca de sua paixão. Se não gosta da viagem, pode facilmente fracassar antes de atingir seus objetivos.
- Para criar uma Ueber-Brand, você precisa de uma Ueber-Equipe. Contrate pela paixão e certifique-se de estar perto de mentes semelhantes, pessoas com quem você queira passar o tempo.
- Certifique-se de que seus produtos tenham um forte apelo aos consumidores finais. Ter um feedback positivo garantirá que as bolas de neve rolem mais rápido e que você gere impulso ao longo do tempo. Invista na construção de uma base forte de embaixadores/fãs, que transmitirão seu sonho e seu DNA, tornando os círculos cada vez maiores.
- Busque inspiração em outros tipos de negócios. Se quiser se afastar, precisa de novos dados para impulsionar seus padrões do setor.
- Pratique em casa e aperfeiçoe seu caso antes de se envolver com mercados no exterior. Construa seu modelo de 95 por cento e esteja realmente aberto sobre o valor-chave dos 5 por cento finais para ter sucesso.
- Quando tiver uma visão clara sobre para onde quer ir, atue de acordo com ela. A execução é fundamental.

Caso 7: YouTube

Plataforma ou marca do futuro, ou: como ser um quando você é muitos

Como qualquer plataforma que se desenvolveu na última década, o YouTube é muitas vezes visto como apenas isso, uma plataforma, e não necessariamente uma marca. Acreditamos, no entanto, que ele pode realmente nos mostrar o caminho para o futuro: não apenas em termos de tecnologia, mas também na forma como constrói e vive "sua" marca. Muito mais aberto e ágil, orientado mais pela comunidade do que controlado pela empresa. Um verdadeiro ecossistema interativo com todos os participantes, unidos por um conjunto de princípios centrais e, além disso, livres para construir "sua" marca juntos, como cada um julgar conveniente.

Nós nos reunimos com o chefe global de comunicações do YouTube, Chris Dale, para falar sobre a Missão do YouTube, seu senso de identidade, sua cultura... e além de sentir a paixão de Chris pela Missão do YouTube, você terá insights interessantes e uma boa noção de como é difícil, mas também como pode ser gratificante, fazer da liberdade seu valor de marca número um. Você também pode ouvir a entrevista completa em ueberbrands.com. Escaneie o QR code no início do livro para acessar o link [conteúdo em inglês].

Chris Dale

Criado em Davis, na Califórnia, Chris esperava tornar-se advogado, mas um emprego de verão pouco inspirador em um escritório de advocacia de Nova York acabou com esse desejo. Em vez disso, munido de um diploma de literatura inglesa da Universidade Colgate e um mestrado em poesia dos séculos XVII e XX em Cambridge, Chris desembarcou em São Francisco em um escritório de relações públicas de alta tecnologia onde fundiu suas duas paixões: escrita e tecnologia. Chegou em 2000, bem a tempo para o desastre das pontocom. Seu empregador foi à falência; Chris sobreviveu abrindo uma empresa de marketing e depois se juntou a uma pequena, mas crescente, agência de relações públicas focada em tecnologia. Durante todo o tempo, continuou ouvindo sobre "todas as coisas legais que essa empresa chamada Google estava fazendo". Em 2008, ele entrou na Google. Trabalhou na Google e na Alphabet [X]. Hoje, ele dirige as comunicações e os assuntos públicos do YouTube.

Missão do YouTube

A Missão do YouTube é "Dar a todos uma voz e mostrar-lhes o mundo". A marca é uma combinação de miríades de vozes de todo o planeta que são carregadas e falam umas para as outras. Tais vozes formam esse tipo de conexão efêmera que une todas essas pessoas diferentes na plataforma.

O que torna o YouTube complexo, do ponto de vista de uma marca, é que ele não é realmente o que ditamos, como funcionários do YouTube. Na verdade, é o que a comunidade de criadores, telespectadores ou fãs e até mesmo anunciantes ditam que o YouTube seja. Isso significa que, como marca, somos realmente um reflexo de uma voz comum e das várias culturas, crenças e pontos de vista diferentes do mundo todo. Então, acho que essa é a maneira mais simples de articular nossa marca, mas essa voz muda. Ela muda o tempo todo.

Quando começamos, em 2005, nossa Declaração de Missão era apenas "Transmita você mesmo". Essa é provavelmente uma das melhores Declarações de Missão já criadas para qualquer empresa — e eu não tive absolutamente nada a ver com isso. Na época, era um conceito muito radical. Concluindo a segunda década do século XXI e observando como o entretenimento transformou nossa cultura como um todo, ele realmente volta a esse tipo de conceito inicial de "transmitir a si mesmo". E assim, continuamos a criar uma plataforma que faz exatamente isso. Só que hoje em dia temos empresas de diferentes tamanhos que a usam — indivíduos a usam, empresas de mídia de massa a usam, editoras a usam... e o YouTube é, para cada um deles, o que quiserem que sua marca seja.

Quatro valores

No YouTube, não temos um sistema de valores baseado em valores políticos. Queremos ser uma plataforma de livre expressão, não particular para qualquer grupo ou entidade que use o YouTube. Tendemos a pensar em nossos valores como liberdades. Há quatro liberdades de que falamos com bastante frequência.

FIGURA 21.1 A arquitetura livre e arejada da sede da empresa expressa e inspira a sensação de liberdade que o YouTube coloca em sua essência

Fonte: Chris Dale (2020)

A primeira liberdade é "a liberdade de pertencer". A ideia é que você possa vir ao YouTube, carregar um vídeo ou encontrar vídeos e conectar-se com pessoas que compartilham interesses semelhantes. Isso pode ser tão simples quanto encontrar uma comunidade de fãs da Lady Gaga, como também pode ser algo totalmente nichado. Lembro-me de que há anos vimos uma tradição inglesa chamada "Corrida do Queijo", na qual os participantes pegavam queijos gigantes, os rolavam nas colinas abaixo e corriam atrás deles. E havia uma grande comunidade que adorava não só filmar esses momentos, mas também compartilhá-los com todos ao redor do mundo. Há também um YouTuber, DieselDucy, que gosta de fazer vídeos em elevadores. Ele é autista, mas, graças ao YouTube, esse rapaz encontrou uma comunidade de pessoas que adoram seus vídeos. Ele agora ganha um bom dinheiro todo mês, simplesmente filmando sua experiência em diferentes elevadores. Algo em que eu jamais pensaria. Mas, claramente, está relacionado a algumas pessoas. E essa é a ideia por trás desse primeiro princípio ou desse primeiro valor: "a liberdade de pertencer".

O segundo é "a liberdade de informação" e esse princípio é provavelmente o que está mais próximo da Missão original e contínua da Google de "organizar as informações globais e torná-las universalmente úteis e acessíveis". A ideia aqui é que você possa ir ao YouTube e se informar, encontrando algo útil. Você aprende infinitamente, e os assuntos podem ser tão simples quanto dar um nó na gravata ou tão diversificados e sofisticados como aprender cálculo ou astrofísica. O YouTube é essa vasta biblioteca de conteúdo que pode lhe ajudar e informar. Acabei de usar o YouTube para consertar meu vaso sanitário quebrado. Em apenas alguns minutos, consegui encontrar a marca do vaso sanitário e aprender como consertá-lo e, ao fazê-lo, economizei uma boa grana com o encanador.

A próxima liberdade é "a liberdade de expressão". O YouTube é uma plataforma aberta. Quer isso seja expresso como "dar a todos uma voz e mostrar-lhes o mundo" ou como "transmita você mesmo", as pessoas devem conseguir ir ao YouTube para se expressar. Esses pontos de vista são pessoais e podem ser controversos. Queremos ser uma plataforma em que qualquer pessoa consiga fazer isso, desde que não viole as regras que estabelecemos para o carregamento de conteúdo.

Acredito que o quarto valor seja muito exclusivo do YouTube. Sinceramente, não consigo pensar em outra plataforma que tenha esse equilíbrio do YouTube, que é "a liberdade de oportunidade". Qualquer pessoa com uma ideia pode vir ao YouTube e transformar uma paixão em uma carreira e começar a ganhar dinheiro com ela. Comentei sobre o sujeito que filma suas experiências em elevadores e como ele está obtendo uma renda com esses vídeos. O mesmo pode acontecer — e já aconteceu — com alguém que carrega vídeos caseiros sobre algo pelo qual é apaixonado e os compartilha com o mundo. Coisas como tutoriais de maquiagem ou música, ou artes e ofícios: em todos esses casos, as pessoas conectam-se com um público por meio de sua criatividade e ganham a vida com isso. Há uma mulher no Missouri chamada Jenny Doan. É uma incrível quilteira. Anos atrás, seu filho lhe sugeriu que ela criasse um canal no YouTube dedicado à confecção de *quilting*. Hoje, esse canal criou um negócio em expansão que trouxe empregos para sua cidade no Missouri.

E esse é apenas um exemplo de muitos. YouTubers postam vídeos, depois encontram uma audiência global e começam a ganhar a vida com isso. Essas vidas criam empregos e ajudam a impulsionar economias em todo o mundo. Outro exemplo é uma mulher da Alemanha chamada Sallys Welt. Eu a conheci há alguns meses em um evento em Colônia. Ela criou um canal de culinária que a transformou na Martha Stewart da Alemanha. Hoje, ela emprega dezenas de pessoas e está ramificando seu negócio em mercadorias, livros e muito mais. Ela tem o objetivo de contratar mais cem pessoas entre os próximos seis e doze meses. Ela é incrível, muito realista, autêntica. Fala inglês perfeitamente, mas todos os seus vídeos são em alemão, e ela de fato encontrou um público grande o suficiente para não apenas ganhar a vida para si própria, mas também para ajudar outras pessoas a ganhar a vida.

A marca como equilíbrio

Entretanto, nem todos que vêm ao YouTube e postam um vídeo conseguem ganhar a vida com isso, talvez porque os assuntos de que falam são muito próximos e caros ao seu coração, mas não atraem um grande público. Ou o que discutem é controverso por natureza e não atrai muitos anunciantes. Portanto, há conteúdos que podem ser monetizados em um modelo sustentando por anúncios que é inspirador e fantástico; mas também há conteúdos que muitas marcas não querem necessariamente anunciar, mas que servem a um grande propósito social. Não queremos limitar de forma alguma "a liberdade de expressão" àqueles que apenas tornam o conteúdo adequado para os grandes anunciantes de marcas. Por exemplo, assuntos como educação sexual, ou debates políticos, podem não ser atraentes para as marcas, porém podem servir a um propósito maior em uma sociedade livre e democrática. Para esse fim, oferecemos outras formas de monetização além dos anúncios: venda de ingressos e de mercadorias, adesões pagas e até mesmo receitas de assinatura.

Nossa marca não precisa ser proeminente. Sua força vem de todas as pessoas que se expressam on-line no mundo inteiro por meio de vídeos. O que motiva as pessoas que vêm trabalhar aqui todos os dias é que capacitamos outros ao nosso redor a usar nossa plataforma de forma que gere um impacto positivo no mundo. Poste um vídeo, expresse um ponto de vista, encontre um público. Encontre uma comunidade para pertencer e crie uma potencial empresa ou uma empresa de mídia de próxima geração a partir dessa plataforma ou experiência. Assim, de nossa perspectiva, temos muito orgulho da marca YouTube nesse sentido. Como ela capacitou milhões de pessoas ao redor do mundo a se conectarem e encontrarem lugares para pertencer ou para se expressarem. Como marca, estamos muito confortáveis semeando o que significa ser um YouTuber, porque no final das contas são eles que definem quem somos. Enquanto tivermos regras fortes, ou "diretrizes da comunidade" como as chamamos, acho que esse é um ótimo lugar para se estar.

Com certeza pensamos em nossa marca nestes termos: somos uma marca com a qual as pessoas podem se relacionar? Somos uma marca com a qual as pessoas se sentem entusiasmadas? Somos uma marca que é valorizada? Certamente sim. E nós a rastreamos. Queremos ser uma marca de confiança, algo que tem se tornado cada vez mais importante nos últimos anos. Nossa comunidade em si é incrivelmente complicada porque há forças diferentes que compõem a comunidade, às vezes, trabalhando em colaboração e, em outras, em oposição.

Um ecossistema único

Há três constituintes que compõem o ecossistema do YouTube: telespectadores, anunciantes e criadores. Nem sempre essa é uma combinação fácil. Há momentos em que os criadores postam conteúdo pelo qual são superapaixonados, que consideram fantástico. Mas os anunciantes, por qualquer razão, não querem anunciar nesse tipo de tema; e temos que dar aos anunciantes o controle para decidir em qual assunto querem que suas marcas apareçam. Naturalmente, o tipo de conteúdo em que a Harley Davidson decide anunciar é muito diferente daquele que a Pampers escolheria.

E o Ueber-Target do YouTube?

Há algo no YouTube para todos, então nossa demografia espelha o mundo: velhos, jovens, homens, mulheres, todos podem encontrar algo com o que se relacionar na plataforma, e isso é parte de nosso sucesso.

Dito isso, com certeza há audiências que vêm ao YouTube com mais regularidade do que outras. Gerações mais jovens como a Y, a Z ou os *millennials* não têm um conceito de entretenimento de "tempo desperdiçado" ou "de tela". Eles não têm o conceito de um canal, três canais, dois atores, sete artistas... Seu "canal" não é um canal de dez, cem ou mil — são canais infinitos. Ainda assim, é também um canal de uma pessoa só, uma pessoa com interesses infinitos.

Descobrimos que muitos dessa geração mais jovem vão ao YouTube e é lá que encontram seus astros. Não são os astros tradicionais de Hollywood; são pessoas que postam vídeos com frequência. E eles se conectam com esses astros porque se sentem atraídos por eles, o que, por sua vez, é a razão pela qual esses astros dedicam-se a seus fãs. Eles se comunicam. Há uma relação bidirecional que nunca existiu na televisão tradicional. Há uma expectativa entre essa geração de que o entretenimento não é um meio de comunicação unidirecional, mas um diálogo bidirecional. E essa conversa pode acontecer nos comentários, nos vídeos ou em outras plataformas sociais... E há a sensação de que esse grupo de fãs, essa geração, cria e dedica-se ao conteúdo que lhe interessa. Isso remete à qualidade reflexiva que o YouTube traz: o criador e o espectador estão em um diálogo, em um ciclo de feedback. E essa dinâmica está mudando a percepção sobre o que é entretenimento. Está tornando-o muito mais personalizado e interativo. E muito mais global.

Psy, uma estrela pop coreana que lançou uma música de sucesso, "*Gangnam Style*", no início da década, atraiu um movimento em grande parte regional do K-Pop e fez dele uma sensação global. Dez anos depois, um filme coreano ganhou o Oscar de Melhor Filme. Essa globalização do entretenimento começou no YouTube. A música "*Despacito*" foi outro fenômeno global mais recente que aconteceu no YouTube e que realmente ajudou a colocar a música latino-americana em destaque no palco global de forma que todos se sentissem conectados a ela. Não era apenas uma comunidade, era o mundo, e nem mesmo uma única língua conseguia separar os fãs. Acredito que esse é um lugar realmente único para se estar. E é muito diferente de onde estávamos há dez ou vinte anos, quando se trata de conceitos de entretenimento e cultura.

Cultura de marca

A cultura dentro do YouTube e da Google é muito aberta, muito solidária. Com certeza existe um sistema de crença para se expressar e realmente dizer o que se deseja falar. E acho que essa é uma das coisas que torna a cultura da Google fantástica. Mas, assim como com a plataforma YouTube, é importante que tanto o YouTube quanto a Google tenham regras, princípios ou diretrizes em torno do respeito recíproco como colegas e profissionais. Alguns desses desafios têm se apresentado publicamente, mas, no final das contas, estou convencido de que todo funcionário da Google trabalha aqui porque se sente inspirado pelo trabalho que faz. Eles sentem que o YouTube e a Google estão, coletivamente, tornando o mundo um lugar melhor. Criando produtos que ajudam na vida cotidiana, conectando-nos à informação e fornecendo-nos serviços que não são apenas úteis, como também podem ser transformadores. E acho que essa ideia de ser útil é a única força estimulante que une a todos.

Naturalmente, à medida que as empresas crescem, refletindo mais vozes, pode ser um desafio manter essa cultura em escala. Uma das coisas que nós no YouTube fazemos é realizar assembleias semanais. Isso ajuda a absorver uma cultura e uma empresa realmente grandes, que fazem um monte de coisas diferentes, e a reduzi-las a uma comunidade menor de pessoas mais focadas em um produto específico com uma Missão específica. Isso faz com que todos nos sintamos conectados. E essas assembleias semanais são realmente fantásticas. Os funcionários têm a oportunidade de participar e fazer qualquer pergunta que quiserem e ouvir as respostas da liderança. Acho que isso é muito positivo e mostra a responsabilidade da equipe de liderança e um respeito verdadeiro por qualquer pessoa na organização para ter um ponto de vista e merecer uma resposta a uma pergunta difícil.

Além disso, temos outras coisas importantes para nossa cultura. Muitas pessoas já ouviram falar de nossas cafeterias e microcozinhas. Tais espaços de alimentação proporcionam lugares para comer algo quando se tem fome, mas também são espaços onde as pessoas se reúnem e conversam. Muitas dessas conversas são de cunho pessoal ou *brainstormings* sobre novos produtos. Alguns dos produtos mais incríveis que a Google criou ao longo dos anos surgiram a partir desse tipo de interação. Os espaços de trabalho, desde terraços até cafeterias, promovem uma conexão aberta. Há uma sensação real de união e colaboração.

FIGURA 21.2 As áreas confortáveis e inspiradoras permitem aos funcionários do YouTube conectarem-se e trocarem ideias espontaneamente

Fonte: Chris Dale (2020)

Temos também grupos de recursos de funcionários, formados por colaboradores que têm interesses comuns ou compartilham experiências semelhantes. Estes podem ser políticos ou religiosos, podem estar em torno da identidade de gênero ou raça. Cada grupo oferece um lugar para as pessoas se reunirem e conversarem não apenas sobre suas próprias experiências pessoais, mas também sobre suas experiências dentro da cultura do Google. Há inúmeros exemplos nos quais esses grupos têm se manifestado e criado mudanças positivas em toda a organização.

Embora o YouTube seja sua área de produtos distintos, ele está profundamente conectado à Google. Você tem uma Missão, mas essa Missão e objetivos são elogiados e se conectam com a Missão e objetivos da Google. Estamos todos remando coletivamente em direção a um lugar comum.

Trabalhei no YouTube durante a maior parte da minha carreira na Google porque ele reflete o que me apaixona.

Adoro produtos Android, adoro produtos Chrome, adoro tudo o que fazemos com IA. Todas as empresas da Alphabet são fantásticas e inspiradoras, mas o YouTube é único no sentido de que se situa na seção transversal de mídia e tecnologia. E isso é atraente para mim neste momento da carreira.

FIGURA 21.3 Enquanto o YouTube tem monitores em todos os lugares na parte interna para assistir o que está sendo transmitido, o parque externo traz um efeito calmante e libertador

Fonte: Chris Dale (2020)

Na sede do YouTube, há telas em todos os lugares. E todas reproduzem vídeos do YouTube e a marca está em evidência. Portanto, você sempre sabe que está no YouTube; mas também percebe, se já esteve em um escritório da Google, que existem semelhanças. Há uma consistência de recursos e amenidades e práticas comuns no dia a dia.

A única constante é a mudança

Uma das coisas que você aprende logo no primeiro dia que começa na Google é que a única constante é a mudança, que ocorre rapidamente. Acho que as pessoas mais adaptáveis e que conseguem criar uma estrutura semelhante que acompanha essa constante mudança acabam sendo as mais bem-sucedidas. O YouTube e a Google existem em um espaço incrivelmente competitivo. Isso nos mantém atentos. Precisamos continuar evoluindo. Temos que manter a iteração e acompanhar o ritmo de nossos usuários. Se eles mudarem, queremos mudar com eles, ou até mais do que eles. Se virmos algo que pensamos que será absolutamente benéfico para os usuários e que poderia criar uma experiência melhor, desejamos lançar esses produtos muito, muito rapidamente.

Parece um pouco com andar de jangada. Você avança muito rápido e desce o rio. Quer ver adiante, quais são os desafios, onde estão as áreas de oportunidade e quer conseguir mover sua jangada com agilidade e, quanto melhor fizer isso, mais sucesso terá. Mas isso não significa que prestar atenção às outras jangadas à esquerda e à direita ou ficar obcecado por elas são melhores maneiras de compreender as coisas. Você não deve ficar obcecado pela jangada ao lado ou por quem está vindo rapidamente atrás de você. Tudo o que precisa fazer é permanecer focado no futuro.

Olhando para o futuro

Temos mais de dois bilhões de usuários. Estamos crescendo rapidamente em todo o mundo. Embora tenhamos estúdios físicos no mundo inteiro e façamos investimentos em programação original, nossos grandes investimentos permanecerão focados em nossa proposta de valor central: criar a melhor experiência de visualização para os usuários, o melhor lugar para os criadores ganharem a vida e o melhor lugar para os anunciantes alcançarem um público global e engajado.

RESUMO: YOUTUBE

- Uma plataforma pode ser uma marca — mas uma plataforma que "relaxe" um pouco mais, permitindo que seus usuários brilhem.
- Trata-se menos de identidade e controle da marca e mais de impacto e colaboração.
- O YouTube é construído com base em quatro liberdades: a liberdade de pertencer, a liberdade de informação, a liberdade de expressão e a liberdade de oportunidade (para transformar a paixão em negócios).
- Mesmo a liberdade precisa de regras: limites no discurso de ódio etc. e diferentes modelos de monetização para equilibrar o conteúdo.
- A cultura desempenha um papel fundamental no YouTube. Trata-se de iniciar o diálogo e o discurso, incluindo a arquitetura do escritório.
- Como em qualquer marca construída sobre a liberdade, a única constante do YouTube é a mudança — mas impulsionada pelo senso em vez de por seguir obsessivamente a concorrência.

Epílogo

Crises — momentos de Ueber-Oportunidades

Quando estávamos terminando o texto deste livro na primavera de 2020, o mundo, como o conhecíamos, parecia desabar: uma pandemia começou a se espalhar pelo planeta, infectando milhões, matando dezenas de milhares por dia em seu auge, fazendo-nos manter o máximo possível de distanciamento social e trabalhar, fazer compras, exercitar-se, viver... em casa. Milhões de pessoas tiraram licenças ou até mesmo perderam seus empregos, e as empresas entraram em falência ou faliram, pois a maioria dos países emitiu bloqueios obrigatórios, fechando escolas, lojas, serviços de hospitalidade e eventos.

E, então, como se tudo isso não fosse suficiente, em maio, um vídeo nas redes sociais de um homem negro sufocado até a morte por um policial de Minneapolis tornou-se o estopim de protestos persistentes, às vezes violentos, contra o racismo sistêmico nos Estados Unidos e ao redor do mundo. Alguns chamaram isso de "a tempestade perfeita" da crise, observando suas ondas de consequências econômicas, sociais, culturais e políticas de longo alcance que impactarão nossas vidas por muito tempo.

A publicação deste livro foi adiada pela crise, assim como tantas outras coisas. Mas isso abriu uma oportunidade para observarmos como as marcas em geral e as Ueber-Brands em particular foram afetadas pelas crises, e como as marcas lidaram com elas.

Falar é fácil, agir certo é difícil

Após o choque inicial e o frenesi de resolver questões organizacionais, cadeia de fornecimento, distribuição etc., as questões que rapidamente surgiram entre proprietários de marcas e profissionais de marketing foram como se comunicar, anunciar e agir diante de crises tão graves e sobrepostas. Muitos sentiram a necessidade de transmitir mensagens na linha do "Estamos aqui para você", acrescentando imagens de comportamentos compassivos a serem associados à sua marca, seja ela automotiva, financeira ou de fast-food. Houve literalmente uma inflação de declarações emotivas, mas inconsequentes, de empatia, que rapidamente foram zombadas por observadores postando compilações de cenas quase idênticas e anúncios no YouTube (DIAZ, 2020) ou por cartunistas, como Tom Fishburne que, em uma tirinha, fez um casal se perguntar por que receberam um e-mail de empatia de uma marca da qual não tinham ouvido falar durante anos (FISHBURNE, 2020).

Da mesma forma, muitas marcas desenvolveram mensagens parecidas com anúncios de serviço público sobre distanciamento social ou uso de máscara. Por exemplo, no Brasil, o McDonald's "distanciou" seus arcos dourados em um outdoor, e a Coca-Cola espalhou suas letras na Times Square em Nova

York. Na Alemanha, as marcas de carros VW, Audi e Mercedes-Benz brincaram com seus logotipos tentando ganhar atenção (DESIGNBOOM, 2020). Tais esforços também se extinguiram muito rapidamente.

Outras empresas, no entanto, entenderam cedo que muitas pessoas desejavam vê-las tomar atitudes significativas além de suas palavras. Elas foram desde a empresa de logística norte-americana U-Haul, que oferecia aos estudantes o aluguel gratuito de caminhões e o armazenamento, pois tinham que desocupar os dormitórios, até a Heinz, que percebeu o papel central que sua "comida conforto" acessível e fácil de preparar desempenhava na crise — sobretudo para milhões de alunos pobres que foram subitamente excluídos dos programas de alimentação gratuita da escola. A Heinz se comprometeu em anúncios impressos a entregar 12 milhões de refeições a eles por uma colaboração com a organização sem fins lucrativos Magic Breakfast. Decisões brilhantes, pensamos, para dar às marcas percebidas como bastante utilitárias ou para passar uma presença mais significativa enquanto se prendem àquilo em que são melhores, como deixar que as pessoas transportem coisas ou comam enquanto se ajustam a seus orçamentos reduzidos.

Infelizmente, muitas ações das marcas acabaram sendo temporárias, movimentos táticos que cessaram quando o orçamento se esgotou. Ou pior, elas simplesmente se revelaram como ferramentas promocionais disfarçadas, como senhas "grátis" da Netflix oferecida pela rede de fast-food Popeyes, que você só poderia obter com um comprovante de compra. Ou seja, o oposto de uma contribuição significativa (BEER, 2020).

Muitas marcas foram "pegas" por não fazer jus à sua comunicação. McDonald's, Uber, Amazon e outras foram repreendidas — sobretudo pelo senador democrata norte-americano Bernie Sanders — por não oferecerem planos de saúde ou medidas de segurança aos seus trabalhadores e contratados que defendiam publicamente. A Adidas se viu envolvida em um desastre de relações públicas quando quebrou seus contratos e deixou de pagar aluguel, enquanto outras empresas, muito menores e mais duramente atingidas, cumpriram com seus compromissos.

FIGURA 22.1 Os feijões da Heinz assumem um novo significado quando alimentam 12 milhões de crianças em idade escolar que passariam fome

Fonte: reproduzido com permissão da H. J. Heinz Foods UK Limited

Posteriormente, a Adidas promoveu o uso de sua tecnologia patenteada de calçados para produzir máscaras faciais como um "agradecimento aos heróis da saúde", mas isso pouco compensou a falta de responsabilidade civil e consciência coletiva demonstrada antes.

Por consequência, quando os protestos contra o racismo sistêmico se espalharam amplamente pelos EUA e pelo mundo, os desalinhamentos entre as declarações de marca e seus comportamentos passados ou atuais logo se tornaram um ponto-chave do debate. Apelos como #PullUpOrShutUp [apoie ou se cale] da empresária negra Sharon Chuter ganharam um impulso significativo, exigindo que as marcas não apenas se posicionassem quanto à importância das vidas negras, mas revelassem e combatessem as barreiras que fazem com que as pessoas não brancas estivessem sub-representadas entre os líderes ou os fornecedores das empresas (SHACKNAI, 2020).

No caso de marcas que antes fizeram de uma Missão superior uma parte central de sua existência, as ações percebidas para trair essa Missão naturalmente saíram pela culatra de forma ainda mais violenta. Tomemos a Everlane, por exemplo, que se orgulha da "transparência radical" e coloca as pessoas em primeiro lugar, como vimos na Parte Um, Princípio 1 do livro. Ela também foi contestada pelo senador Sanders por "mau comportamento" de RH, por demitir de forma discreta os trabalhadores de meio período no início da crise, supostamente na tentativa de evitar a sindicalização. A questão foi bastante divulgada e discutida na mídia da moda, entre blogueiros, influenciadores e muitos dos *millennials* progressistas o lado de Sanders (FARRA, 2020) — todos os segmentos a partir dos quais a marca recruta seu Ueber-Target. Uma resposta do fundador Michael Preysman explicando o grave declínio dos negócios, que exigiu a "decisão difícil", foi percebida como vinda tarde demais e não foi considerada à altura da transparência esperada. O dano foi feito e é provável que deixe maus sentimentos entre muitos de seus Ueber-Targets, se não do público em geral, o que levará tempo e esforço para resolver.

Aprendizado 1: fazer vs. declarar — com humildade, não com arrogância

Então, o que uma Ueber-Brand deve dizer e fazer em tempos de crise excepcional, se é que deve fazer ou dizer alguma coisa? Pensamos que não é diferente do que deve fazer sempre para ser melhor e mais significativa: concentrar-se em sua essência e vivê-la realmente de dentro para fora — servindo a todos os seus principais constituintes de acordo com sua Missão e à luz da situação.

Para a Ben & Jerry's (ver a Parte Um de sua Missão), significou naturalmente chamar a atenção do público para o impacto que a crise teve sobre a desigualdade social e os mais desfavorecidos, por exemplo, com uma campanha para proteger as populações prisionais, particularmente propensas a infecções devido ao seu confinamento próximo (BEN & JERRY'S, 2020a, 2020b). No caso da Patagonia, significava — de forma mais discreta — exibir filmes naturalistas em seu site para pessoas presas em casa, dizendo-lhes como deveriam e poderiam ainda apoiar as ONGs em sua luta para proteger o meio ambiente enquanto a atenção do mundo se voltava para outro lugar (PREDA, 2020).

Entretanto, a maioria das Ueber-Brands não tem "marca ativista" escrita em seu DNA e não deve tentar, ou pior, fingir, ser uma. Isso não significa, entretanto, que suas respostas às crises precisem ser menos significativas. Muito pelo contrário.

A King Arthur Baking Company originou-se em Boston, em 1790. Ao mesmo tempo, evoluiu tornando-se uma empresa bastante progressista, de propriedade dos funcionários e orientada por uma Missão, que se recusa a nos deixar pensar na farinha como uma mercadoria. Em vez disso, quer ajudar a "inspirar conexões e a comunidade com a panificação, e usar os seus negócios como uma força para o bem" (KING ARTHUR BAKING COMPANY, 2020) por meio de suas farinhas e ferramentas de panificação premium, bem como escolas on-line e off-line, receitas, livros, linhas diretas de panificação — tudo isso para padeiros casuais e profissionais. Foi na crise da covid-19 que essa marca veio à tona apresentando sua Missão e Mito, crescendo exponencialmente em volume e estatura, muito à frente da maioria de seus concorrentes de preços muito mais baixos e maiores. Onde muitos se afundaram e fracassaram, a King Arthur brilhou como o "melhor local de trabalho", como vinha sendo qualificada há anos, também durante a pandemia. E foi descoberta como um grande produto a ser usado e uma amiga especialista a se ter — muito além de sua dedicada comunidade de panificação. Porque a King Arthur esteve presente quando milhares de repente começaram a procurar conforto (e desafios) em assar seu pão ou fazer coisas ainda mais desafiadoras.

Eles serviram e desenvolveram uma comunidade em rápida expansão com conteúdo rico, turmas remotas como o "The Isolation Baking Show", e desenvolveram especialmente dicas e receitas de como "assar pão quando a farinha é escassa". O efeito foi que os negócios aumentaram de vinte a sessenta vezes, os varejistas ficaram sem estoque e seus funcionários-proprietários atenderam milhares de ligações mensais da linha direta em comparação às centenas habituais, "a maioria por novatos" (COLLINGS, 2020; FREEDMAN, 2020). Depois de cerca de seis meses, a crise começou a diminuir, com as pessoas voltando às suas vidas e rotinas normais. Mas podemos esperar, com certeza, que a King Arthur continue se beneficiando das impressões positivas e do impacto que causou e que impere no que muitos esperam ser um reino crescente de cozinha caseira (HORSLEY, 2020).

FIGURA 22.2 Ajudar padeiros em apuros é natural para a King Arthur Baking Company. As receitas e a produção de conteúdo precisavam apenas de alguns ajustes

Fonte: reproduzido com permissão da King Arthur Baking Company, Inc.

Por outro lado, a BrewDog, marca de cerveja artesanal inspirada no punk, fez o que muitos negócios relacionados ao álcool começaram a fazer após a escassez inicial de higienizadores de mãos: colocou seus tanques e tecnologias no modo crise e começou a destilar higienizadores de mão na cervejaria de Aberdeen. Porém, fez isso da típica forma da BrewDog, envolvendo sua comunidade de fãs para ajudar a colocar os higienizadores nos seus bares fechados, acrescentando seu humor idiossincrático e rotulando alguns deles como Higienizador "BrewGel Punk" para aliviar a situação sombria (THE DRUM CREATIVE, 2020; BREWDOG, 2020b). E não se tratava apenas de um "fazer um curativo espirituoso", tratava-se também de fazer sua Missão irradiar o que vivia dentro dela: em um esforço para manter o maior número possível de seus trabalhadores empregados e sua devota "comunidade de bebedores e acionistas" impactada o mínimo possível, os fundadores estavam entre os primeiros a declarar que renunciavam a seus salários em 2020, e os gerentes de nível alto se voluntariaram para receber metade de suas remunerações. Um dos cofundadores, James Watt, deu uma perspectiva do que motivou essas ações, ou seja, mostrar que "Não se trata do tamanho do cão para a luta, mas do tamanho da luta para cão". E é disso que se trata a BrewDog, com crise ou não (AMERICAN CRAFT BEER, 2020).

Aprendizado 2: continue evoluindo e surpreendendo — a você mesmo e a todos nós

O grupo de luxo LVMH, proprietário da Louis Vuitton, da Moët, da Hennessy, da Dior e de muitas outras *maisons* de luxo, também foi pioneiro em mostrar seu lado solidário ao converter parte de sua produção de perfumes para produzir e doar higienizadores, extremamente necessários nos hospitais franceses na época (BBC NEWS, 2020). Contudo, muito mais interessante é como ela manteve suas marcas em suas respectivas Missões e as adaptou e as desenvolveu ao longo do caminho, crescendo com os desafios que enfrentávamos e continuamos a enfrentar.

A marca homônima de viagens e moda da LVMH, Louis Vuitton, é bastante conhecida por conduzir o Mito da "Vida como uma jornada". Por consequência, sua comunicação (na China) traduziu inicialmente isso em uma mensagem de esperança com a campanha "Cada viagem pausada será eventualmente reiniciada" (WANG, 2020). Mas, com sua coleção de roupas masculinas de 2021, a Louis Vuitton levou essa narrativa a um nível totalmente novo: de acordo com as palavras do CEO Michael Burke, "Sabemos que as pessoas não podem viajar, então não vamos permitir que as pessoas viajem para os locais. Vamos fazer com que as roupas viajem para os locais" (LI, 2020).

Isso transformou o desfile anual de moda em uma exposição itinerante global, iniciada em Xangai. Sob o tema "As Aventuras de Zoooom e seus Amigos", uma trupe divertida de personagens do *rock-and-roll* foi enviada em uma aventura mundial, tudo registrado em vídeo, claro, surpreendendo, encantando e divertindo não apenas os convidados dos eventos regionais ao vivo, mas todos os fãs ao redor do mundo por uma grande influência e divulgação das mídias sociais. É claro que os personagens também foram apresentados na própria coleção, mas a parte importante é que a Missão e o Mito da "Vida como uma jornada" da marca foram vividos de uma forma totalmente nova e significativa, expressando empatia e criando relevância de maneira muito única e plausível, deixando, assim, a marca e sua narrativa não se prenderem, mas crescerem sob os desafios. Ou, como disse o diretor artístico da LV Menswear, Virgil Abloh, em sua "mensagem na garrafa": "Dirijo um estúdio de otimismo e tenho uma crença geral no bem e na beleza" (LI, 2020).

Igualmente interessante é como o *streaming* de músicas on-line Spotify evoluiu e viveu sua missão de "destravar o potencial da criatividade humana... deixando os artistas viverem de sua arte" (ver Parte Um, Rota da Missão 2) durante as crises. Como os cancelamentos em massa de eventos ao vivo ao longo de 2020 tiveram um efeito devastador sobre muitos músicos, o Spotify reagiu criando um recurso para que eles recebessem doações de seus fãs diretamente na plataforma, sem intervir nesse dinheiro (LEWIS, 2020). Um gesto pequeno, mas inovador, orientado pela Missão e comovente. E é mais um passo para viver seu propósito de maneiras novas e surpreendentes que com certeza ajudarão a aumentar a boa vontade de seus fãs.

Por último, mas não menos importante, vamos falar do Airbnb, sobre o qual você já leu um pouco nos capítulos anteriores. Ele também ficou à altura da ocasião, por assim dizer, embora parte disso também se deva a outros fatores, em vez da covid e do Black Lives Matter — como o acordo de compartilhamento de dados negociado há muito tempo com as autoridades da UE na primavera de 2020, que ajudará a regular e controlar os aluguéis de curto prazo. À medida que a crise evoluiu e as viagens pararam, a empresa rapidamente mudou o foco para aluguéis de longo prazo para aqueles que estavam fugindo das cidades para o interior a fim de escapar da infecção. E para os trabalhadores da área de saúde que se mudaram para as cidades, o Airbnb doou cem mil estadias e ativou sua comunidade para recrutar voluntários e levantar fundos para ampliar as ofertas gratuitas de "estadias para os profissionais da linha de frente da covid-19" (AIRBNB, 2020). A empresa também incrementou as ofertas de "experiências" novas dos anfitriões, permitindo-lhes oferecer interações on-line, incluindo discussões sobre arte e cultura ou aulas de culinária local.

Nem tudo correu bem, é claro. A comunidade anfitriã reclamou amargamente que o Airbnb não foi tão generoso em protegê-la financeiramente como foi com seus funcionários e hóspedes. Os anfitriões ficaram muito chateados por não serem consultados antes que a marca decidisse permitir cancelamentos ilimitados com reembolso total. O CEO Brian Chesky pediu desculpas e estabeleceu um fundo de ajuda de 250 milhões de dólares para os anfitriões mais afetados. A equipe de liderança também percebeu que haviam se afastado muito daquela missão central de fazer as pessoas "pertencerem a qualquer lugar" (a criação que Douglas Atkin descreve na Parte Três do livro). Chesky se comprometeu a focar a empresa de novo e combater a "airbnbificação" negativa dos bairros, inclusive por meio da já mencionada parceria com a UE, bem como da proibição de pessoas não autorizadas em propriedades alugadas. Ele iniciou passos para se afastar dos grandes operadores comerciais, voltando aos anfitriões menores e mais engajados e afastando-se de dominar edifícios inteiros ou quarteirões de cidades para tornar os destinos Airbnb únicos e íntimos novamente.

Todas essas ações e evoluções são com certeza também motivadas pela iminente abertura de capital da empresa, que já estava em andamento há anos e finalmente foi arquivada (GRIFFITH, 2020). Mas, ao mesmo tempo, elas estão realmente fazendo a marca avançar, adaptando-se e evoluindo para dar vida à sua Missão e tornar realidade sua filosofia de "capitalismo de *stakeholders*". O "momento da verdade", como o fundador Brian Chesky chamou a crise da covid-19 (GRIFFITH, 2020).

Em resumo: continue escrevendo seu Mito enquanto vive sua Missão

Em *Rethinking Prestige Branding* (SCHAEFER; KUEHLWEIN, 2015), falamos sobre a CEO Angela Ahrendts e o diretor criativo Christopher Bailey escrevendo com sucesso o próximo capítulo da venerável história da Burberry. Infelizmente, esse sucesso não se manteve consistente nos últimos anos, nem mesmo durante a pandemia (REUTERS, 2020), apesar da elogiadíssima contratação de Riccardo Tisci como diretor criativo e das coleções bem recebidas que ele criou.

O problema foi que reinventar o produto, recalibrar a distribuição e muitas outras coisas maravilhosas que as marcas fazem para viver sua Missão são apenas tão boas quanto alimentar e promover seu Mito. E a Burberry é um exemplo perfeito. Ela fez muitas coisas certas, que funcionaram por um tempo, mas ainda não conseguiram capturar de forma sustentável a mente e o coração do público jovem de hoje. Porque, apesar de suas intenções iniciais, ainda não escreveu o próximo capítulo do Mito da marca. Ela pode ter agido de várias maneiras, mas não conseguiu reunir tudo isso em uma narrativa convincente, um "fio vermelho" memorável e cativante facilmente compreendido pelo público que pode tecer seu caminho na consciência coletiva e na cultura de hoje. Iniciar o *zeitgeist* de novo e de novo.

Porque, para fazer isso, você deve conectar os pontos, ligar suas ações com sua história, escrever o passado durante o presente para o futuro. Crie uma trama com reviravoltas surpreendentes e tortuosas, mas que as pessoas possam seguir e com a qual possam se relacionar, uma trama que continue uma lógica e narrativa inatas. Caso contrário, você terá apenas mais reações táticas do que medidas de credibilidade, visionárias e em direção ao futuro.

Muitas marcas infelizmente provaram isso de novo durante a pandemia. Suas "mensagens de empatia" vieram como um impulso e não fazem parte de uma Missão e Mito críveis, e muitas vezes foram recebidas com cinismo. Outras, como a Heinz, por exemplo, fizeram o bem e suas ações foram significativas e de acordo com suas competências. A questão é se a marca tornará essas ações parte de um quadro e de uma história maiores ou se deixará que elas se tornem uma campanha passada que logo será esquecida.

Como enfatizamos repetidamente: construir uma Ueber-Brand não é um destino, é uma viagem. Uma viagem para cumprir a própria Missão e, além disso, um Mito que nunca termina. Superar crises nessa jornada são grandes oportunidades para provar a si mesmo e alimentar a lenda. E as Ueber-Brands não vão querer perder tais oportunidades.

AGRADECIMENTOS

Gostaríamos de agradecer particularmente aos nossos brilhantes colaboradores nos casos, Tom Szaky (TerraCycle), Laura Burdese (Acqua di Parma), Jim Geikie (Burt's Bees), Samantha Yarwood (Starbucks), Douglas Atkin (Airbnb), Peter Husted Sylvest (Lakrids) e Chris Dale (YouTube), por compartilharem suas profundas percepções e experiências práticas sobre o que é preciso para construir uma marca forte e elevá-la.

Ainda, há as muitas pessoas que nos inspiraram, iluminaram, encorajaram e nos apoiaram durante os últimos cinco anos, enquanto criávamos o método de Elevação da Marca e, por fim, este livro sobre ele. Alguns de vocês nem mesmo têm ciência de que nos ajudaram a desenvolver, desafiar, aprimorar e refinar o programa. Não podemos mencionar outras pessoas e suas marcas com base nos acordos de confidencialidade que assinamos. Obrigado a todos, quer estejam ou não listados a seguir.

Adrian Molina (Davos Brands/Aviation Gin), Alexandra Mühlbacher (Swarovski), Alison Cayne (Haven's Kitchen), Andrea Davey (Tiffany & Co.), Andrew Hyncik (Zeiss), Anna Borgogni (Kiehl's Since 1851), Anne Verònique Bruel (Fresh Inc), Ariel Smullen (Mohawk Fine Paper), Arnaud De Schuytter (Baccarat), Arnaud Plas (Prose), Ben Branson (Seedlip), professor Bernd Schmitt (Universidade de Columbia), Carly Rappoport (Prose), Chris Harrold (Mohawk Fine Paper), Cindy Groenke (MieleX), Claudia Kuhn (P&G), dr. Cordula Kueger (Equity), Dave Rapaport (Ben & Jerry's), David Batstone (REBBL), David Bonney (ATHEIST Shoes), David LaRocca (Universidade do Estado de New York), Deb Malone

(The Internationalist/Association of National Advertisers), Deniz Yamanel (Maille), Deryck van Rensburg (Universidade Pepperdine), professor Dominic Pettman (The New School), Dominique Debucquoy-Dodley (Burning Man Project), Erich Joachimsthaler (Vivaldi), Felix Ahlers (FRoSTRA), Francesca Ferrari (Acqua di Parma), Frédéric Fekkai (Bastide, Fekkai), Gabriel Eid (Origins), Gwen Whiting (The Laundress), Heidi Volpe (Patagonia), Herwig Preis (Select World), Ian Ginsberg (CO Bigelow), Jason Chrenka (ExxonMobil), Jason Waterworth (UP Public Relations), Jens Müller-Oerlinghausen (undconsorten), Jess Morgan (Rapha), Joe Doucet (JDXP), John Goodwin (LEGO), Jonas Tahlin (Absolut Elyx), Judith Azoulay (P&G), Julie Eister (NHA), Julie Marchant-Houle (Marley Spoon), Karen Snelwar (OXO), Kate Pomeroy (Pernod Ricard), Kelley Brescia (LEGO), Kendra Peavy (S'well), Kennedy Embree (Burt's Bees), Kristin O'Brien (ATHEIST Shoes), Laura Peterson (Ben & Jerry's), Leonardo Chavez (Kiehl's Since 1851), Lev & Alina (Fresco Inc), Lia Winograd (Pepper), Maja Lindahl (Lakrids), Markus Langes-Swarovski, Mathilde Delhoume (LVMH), Maud Pansing (E&J Gallo Winery), Michaela Burger (Swarovski), Michael Sabbia (Galderma), Mike Lepre (Bertonni), Oliver Brunschwiler (Freitag), Pascal Dulex (Freitag), Patrick Shank (Ben & Jerry's), Paulo Pereira da Silva (Renova), Peter Rahal (RXBAR), Pieter-Jan Beyls (Beyl), Ramdane Touhami (Buly e Cire Trudon), Reuben Carranza (Luxury Brand Partners), Russ Klein (American Marketing Association), professor Russ Winer (NYU), Sanaz Lotfi (UP Public Relations), Sarah Maria Carl (Lakrids), professor Scott Galloway (NYU), Simon Sproule (Aston Martin), Suzanne Hader (John Hardy), Tarané Yuson (Yes Ideas), Tari Reinik (NHA), Tennille Kopiasz (Fresh Inc),

Thomas Noroxe (Joe & The Juice), Thomas Vince (L'Oréal), Tim Sayler (Audemars Piguet), Trisha Ayyagari (L'Oréal), Valentina Colombo (Acqua di Parma), Veronica Rajadnya (TerraCycle), Vincent Stanley (Patagonia), Virginie Helias (P&G), Yasar Hanli (Miele X) e os alunos da Wolf e JP da Universidade XU, da Potsdam, da NYU Stern e da Columbia Business School e a excelente equipe da Kogan Page.

REFERÊNCIAS E LEITURA ADICIONAL

2ND VOTE. Ben & Jerry's just reminded everyone how much they hate conservative values. **2ndVote.com**, [*S.l.*], 01 de nov. de 2018. Disponível em: https://perma.cc/A2N5-4R76. Acesso em: 14 jan. 2020.

ABAD-SANTOS, A. Nike's Colin Kaepernick ad sparked a boycott – and earned $6 billion for Nike. **Vox.com**, [*S.l.*], 24 de set. de 2018. Disponível em: https://perma.cc/VKL4-DBS3. Acesso em: 14 jan. 2020.

ABBOTT, M. The radical rise of vegan menswear. **Financial Times**, p. 18-19, dez. 2018.

AIELLO, C. Social change is part of business, Ben & Jerry's CEO says. **CNBC**, Nova Jersey, 17 de ago. de 2018. Disponível em: https://perma.cc/KS8J-YB3T. Acesso em: 14 jan. 2020.

AIRBNB. Frontline stays for COVID-19 responders. **Airbnb**, [*S.l.*], 2020. Disponível em: https://perma.cc/2F6J-CG5B. Acesso em: 9 set. 2020.

ALNUWEIRI, T. We can't stop wondering: Why are Birkenstocks so popular right now? **Well + Good**, [*S.l.*], 01 de fev. de 2019. Disponível em: https://perma.cc/B5AK-4HHP. Acesso em: 15 jan. 2020.

ALSEVER, J. Attention startups: Big corporations want to work with you. **Inc.**, Nova York, 5 de nov. de 2019. Disponível em: https://perma.cc/P9KL-MZE9. Acesso em: 15 jan. 2020.

AMED, I. Mastering the McQueen challenge. **Business of Fashion**, Londres, 4 de mar. de 2019.

AMERICAN CRAFT BEER. BrewDog founders forgo their salaries amid global pandemic. **American Craft Beer**, [*S.l.*], 2 de abr. de 2020. Disponível em: https://perma.cc/KN3W-6MSP. Acesso em: 9 set. 2020.

ANDERSEN, R. Exodus. **Psyche**, [*S.l.*], 30 de set. de 2014. Disponível em: https://perma.cc/YE5X-FF74. Acesso em: 20 jan. 2020.

ANDREWS, T. C. **Building Brands in Asia:** From the inside out. Londres: Routledge, 2017.

ARENDT, H. **The Human Condition.** Chicago: University of Chicago Press, 1958.

ARNOLD, A. Damn, people really hate that Peloton ad. **The Cut**, Seattle, 6 de dez. de 2019. Disponível em: https://perma.cc/5ETX-HLEQ. Acesso em: 16 jan. 2020.

ATKIN, D. **The Culting of Brands:** Turn your customers into believers. 4. ed. Nova York: Portfolio, 2005.

ATWAL, G.; BRYSON, D.; KUEHLWEIN, J. Luxury in emerging markets: Towards understanding new prestige brands in India. *In*: DONZÉ, P. Y.; POUILLARD, V.; ROBERTS J. (org.). **Oxford Handbook of Luxury Business**. Oxford: Oxford University Press, 2020.

BARTHES, R. **Mythologies**. Paris: Editions du Seuil, 1957.

BBC NEWS. Coronavirus: Louis Vuitton owner to start making hand sanitiser. **BBC News**, Londres, 16 de mar. de 2020. Disponível em: https://perma.cc/34GS--54QV. Acesso em: 9 set. 2020.

BEER, J. One year later, what did we learn from Nike's blockbuster Colin Kaepernick ad? **Fast Company**, Nova York, 5 de set. de 2019. Disponível em: https://perma.cc/4ZJ6-E3N5. Acesso em: 14 jan. 2020.

BEER, J. Popeyes gives away Netflix passwords in tone-deaf campaign during Coronavirus crisis. **Fast Company**, Nova York, 24 de mar. de 2020. Disponível em: https://perma.cc/5YF7-CKTK. Acesso em: 8 set. 2020.

BELK, R. Possessions and the extended self. **Journal of Consumer Research**, Chicago, v. 15, n. 2, p. 139-168, set. 1988. Disponível em: https://perma.cc/MU3C-RARA. Acesso em: 14 jan. 2020.

BEN & JERRY'S. Mass incarceration in the time of COVID-19: Racist, risky, and reversible. **Ben & Jerry's**, [*S.l.*], 27 de mar. de 2020a. Disponível em: https://perma.cc/78UR-VYH3. Acesso em: 9 set. 2020.

BEN & JERRY'S. Ben & Jerry's wants incarcerated people #FreeAndSafe from COVID-19. **Ben & Jerry's**, Burlington, 14 de abr. de 2020b. Disponível em: https://perma.cc/94NC-EFET. Acesso em: 16 set. 2020.

BENNER, L. In Airbnb's Super Bowl Ad, Implied Criticism of Trump's Travel Ban. **The New York Times**, Nova York, 5 de fev. de 2017. Disponível em: https://perma.cc/66PL-5BRV. Acesso em: 6 abr. 2020.

BOOKER, C. **The Seven Basic Plots**. Londres; Nova York: Continuum International Publishing Group, 2004.

BRAVE GENTLEMAN. Accessories, 2020. Disponível em: https://perma.cc/5JY7-2BB6. Acesso em: 27 mar. 2020.

BREWDOG. About, 2020a.

BREWDOG. BrewDog hand sanitiser. **BrewDog**, [*S.l.*], set. de 2020b. Disponível em: https://perma.cc/3TKA-AZ7X. Acesso em: 9 set. 2020.

BROWN, M. Tesla Roadster 2020: Price and specs for the plaid-powered supercar. **Inverse**, Nova York, 12 de set. de 2019. Disponível em: https://perma.cc/RPA2-USM9. Acesso em: 27 jan. 2020.

BUCHANAN, L. How to grow without losing what makes you great. **Inc.**, Nova York, março de 2014. Disponível em: https://perma.cc/723Q-9BTZ. Acesso em: 16 jan. 2020.

BULY1803. Two centuries of history, 2020. Disponível em: https://perma.cc/YWG7-VEPH. Acesso em: 01 jan. 2020.

BURLINGHAM, B. The coolest little start-up in America. **Inc.**, Nova York, 01 de jul. de 2016. Disponível em: https://perma.cc/H38N-ENGB. Acesso em: 6 abr. 2020.

BURNING MAN. The ten principles of Burning Man. **BurningMan.org**, [*S.l.*], 2019a. Disponível em: https://perma.cc/VHX8-TZQW. Acesso em: 14 jan. 2020.

BURNING MAN. Tickets. **BurningMan.org**, [*S.l.*], 2019b. Disponível em: https://perma.cc/2GXG-9ZGA. Acesso em: 8 dez. 2019.

BUSINESS ROUNDTABLE. Business Roundtable redefines the purpose of a corporation to promote 'An economy that serves all Americans'. **Business Roundtable**, Washington, 19 de ago. de 2019. Disponível em: https://perma.cc/WS7B-ZKUV. Acesso em: 9 jan. 2020.

BYBEE, J. L. The fantasy, ideal, and ought selves: Content, relationships to mental health, and functions. **Social Cognition**, Nova York, v. 15, n. 1, p. 37-53, 1997.

CAMPBELL, J. **Der Heros in tausend Gestalten**. Frankfurt: Suhrkamp, 1978.

CAMPBELL, J. **The Power of Myth**. Nova York: Doubleday, 1988.

CAMPER. Camper, 2020. Disponível em: https://perma.cc/KCW3-UZPT. Acesso em: 27 mar. 2020.

CARE/OF. Home page, 2020. Disponível em: https://perma.cc/T6YN-7HTN. Acesso em: 26 jan. 2020.

CHAN, J. The ultimate guide to creating the perfect founding team. **Foundr Magazine**, [*S.l.*], 16 de mar. de 2019. Disponível em: https://perma.cc/YP2L-S3AX. Acesso em: 15 jan. 2020.

Cheng, M. How this 244-year-old company made 'ugly' shoes popular and stylish. **Inc.**, Nova York, 27 de jul. de 2018. Disponível em: https://perma.cc/5AL9-WK66. Acesso em: 14 jan. 2020.

CHESKY, B. Don't fuck up the culture. **Medium**, São Francisco, 20 de abr. de 2014. Disponível em: https://perma.cc/8U56-44MM. Acesso em: 27 mar. 2020.

CHOBANI. Chobani, 2020. Disponível em: https://perma.cc/DBD2-DLNE. Acesso em: 27 mar. 2020.

CHRISTENSEN, C. **The Innovator's Dilemma:** When new technologies cause great firms to fail. Boston: Harvard Business Review Press, 2016.

COLLINGS, R. King Arthur's flour sales rise more than 2000% in March. **AdWeek**, Nova York, 21 de abr. de 2020.

CRACKEN, G. **Culture and Consumption**. Bloomington: Indiana University Publishing, 1990.

DANZIGER, P. **Meet the Henrys**. Autopublicação, 2019.

DE BOTTON, A. **Religion for Atheists**. Londres: Penguin Group, 2012.

DESIGNBOOM. Social distancing brand logos for Audi, Volkswagen and Coca-Cola. **designboom**, [*S.l.*], 2 de abr. de 2020. Disponível em: https://perma.cc/B3SP-U9CT. Acesso em: 8 set. 2020.

DIAZ, A. C. See all the COVID-19 cliches in one big fat supercut. **AdAge**, Nova York, 23 de abr. de 2020. Disponível em: https://perma.cc/QU28-AGM6. Acesso em: 7 set. 2020.

DOLCE & GABBANA. Dolce & Gabbana founders apologise for controversial China campaign. **YouTube**, 23 de nov. de 2018. Disponível em: https://perma.cc/AU7J-GMDC. Acesso em: 24 jan. 2020.

DOUCET, J. Entrevista pessoal. 2019.

DREHER, R. Seven-dollar social justice ice cream. **The Conservative**, Londres, 30 de out. de 2018. Disponível em: https://perma.cc/BN28-AVK4. Acesso em: 14 jan. 2020.

ECO, U. **Travels in Hyperreality**. San Diego: Harcourt Brace Jovanovich, 1986.

EISENSTEIN, P. A. Legendary Cadillac brand now more popular in China than in the US. **NBC News online**, [*S.l.*], 16 de fev. de 2017. Disponível em: https://perma.cc/SY22-HLXW. Acesso em: 14 jan. 2020.

ELIOT, T. S. **The Complete Poems and Plays**. Nova York: Harcourt; Brace and Company, 1952.

EQUITY.DE. Ueber uns. **Equity**, 2020. Disponível em: https://perma.cc/3F7X--3V3R. Acesso em: 02 abr. 2020.

ETSY. Keep commerce human, Etsy [*s.d.*]. Disponível em: https://perma.cc/V9QX-4KTK. Acesso em: 14 jan. 2020.

EVERLANE. About us, 2020.

FAHRUN, J. Lebenslanges Lernen 2.0. **Berliner Morgenpost**, Berlim, p. 10, 18 nov. 2019.

FARRA, E. Everlane is losing the optics game in the age of Coronavirus. **Vogue**, Nova York, 31 de mar. de 2020. Disponível em: https://perma.cc/JM2F-RFZM. Acesso em: 8 set. 2020.

FERRY, D. **The Aeneid**. Chicago; Londres: University of Chicago Press, 2017.

FISHBURNE, T. How not to communicate right now. **Marketoonist**, Nova York, 22 de mar. de 2020. Disponível em: https://perma.cc/K3YT-J4VT. Acesso em: 3 set. 2020.

FLATT, M. Silence really is golden, **Admap**, p. 5, abr. 2012.

FRANKL, V. **Man's Search for Meaning:** An introduction to logotherapy. Boston: Beacon Press, 1962.

FREEDMAN, D. Inside the flour company supplying America's sudden baking obsession. **Medium Marker**, [*S.l.*], 20 de maio de 2020. Disponível em: https://perma.cc/8QMT-ZYUX. Acesso em: 9 set. 2020.

FREITAG. Holacracy, 2019. Disponível em: https://perma.cc/9Z8P-NS5G. Acesso em: 01 dez. 2019.

FRIEDMAN, V.; TESTA, J. The Metaphysics of Kylie Cosmetics Being Sold to Coty. **The New York Times,** Nova York, 19 de nov. de 2019. Disponível em: https://perma.cc/Q5WP-B9K6. Acesso em: 07 ago. 2020.

FRIESWICK, K. This startup will keep you from ever going to the gym again. **Inc.,** Nova York, maio de 2016. Disponível em: https://perma.cc/B7G7-EXA3. Acesso em: 12 jan. 2020.

FRYER, B. Storytelling that moves people. **Harvard Business Review,** Harvard, jun. 2003. Disponível em: https://perma.cc/G2WB-X9BX. Acesso em: 27 mar. 2020.

FUTURE TRAVEL EXPERIENCE. Airbnb sets out to create an 'end-to-end travel platform' with appointment of Global Head of Transportation. **Future Travel Experience,** [*S.l.*], fev. 2019. Disponível em: https://perma.cc/EAR5-F2D9. Acesso em: 06 abr. 2020.

GIESE, F. Mach mal Tempo! **Lufthansa Magazine,** Colonia, p. 56, nov. 2019.

GLOBESCAN. **Aspirational consumers are rising.** Are brands ready to meet them? 2019. Disponível em: https://perma.cc/Y4V6-8GB8. Acesso em: 01 out. 2019.

GOUGH, C. Distribution of players of Fortnite in the United States as of April 2018, by age group. **Statistica,** Bologna, 20 de nov. de 2019. Disponível em https://perma.cc/W6ZY-YA7E. Acesso em 07 fev. 2020.

GREEN, P. Luxury living that includes more than a home. **The New York Times International Edition,** p. 8-9, jun. 2019.

GREIMEL, H. Chinese buy into Cadillac. **Automotive News China,** Xangai, 01 de maio de 2017. Disponível em: https://perma.cc/LW4L-UGQK. Acesso em: 14 jan. 2020.

GRIESE, I. Wir stellen uns gegen die Mode-Terroristen. **Welt am Sonntag,** Berlim, p. 58, 21 jul. 2019.

GRIFFITH, E. Airbnb, 'sharing economy' pioneer, moves toward public offering. **The New York Times,** Nova York, 20 ago. 2020.

GROSS, E. L. Glossier raises $100m and now has a billion-dollar valuation. **Forbes,** New Jersey, 19 de mar. de 2019. Disponível em: https://perma.cc/A6X7-QDNU. Acesso em: 25 jan. 2020.

HAAS, R. M. Paris theatre. **cinematreasures.org**, 2019. Disponível em: https://perma.cc/XNZ2-MDNS. Acesso em: 14 jan. 2020.

HABERMAS, J. **Theorie des kommunikativen Handelns**. Frankfurt: Suhrkamp Verlag, 2011.

HALO. Our story. **Halo**, 18 de jul. de 2019. Disponível em: https://perma.cc/PSM6-ABEC. Acesso em: 10 jan. 2020.

HASS, N. The Defiant Ones. **T – The New York Times Style Magazine**, Nova York, p. 75, 15 fev. 2019.

HERMÈS. Silk: Inspirations, 2019.

HITCHENS, A. Hey, where's my oat milk? **The New Yorker**, Nova York, 30 de jul. de 2018. Disponível em: https://perma.cc/6J3L-XQQL. Acesso em: 16 jan. 2020.

HOGGINES, T. Fortnite earned record $2.4bn in 2018, the 'most annual revenue of any game in history'. **The Telegraph**, Londres, 17 de jan. de 2019. Disponível em: https://perma.cc/795Y-ZVWX. Acesso em: 9 fev. 2020.

HOLT, D.; CAMERON, D. **Cultural Strategy.** Oxford: Oxford University Press, 2012.

HORSLEY, S. The great pandemic bake-off may be over. **NPR**, Washington, 16 de jun. de 2020. Disponível em: https://perma.cc/JDS5-2YWX. Acesso em: 9 set. 2020.

HOWARTH, D. Dezeen's guide to Hudson Yards phase one in New York. **Dezeen**, Londres, 14 de mar. de 2019a. Disponível em: https://perma.cc/KRJ8-REW9. Acesso em: 14 jan. 2020.

HOWARTH, D. Snark Park provides Snarkitecture with permanent exhibition space at Hudson Yards. **Dezeen**, Londres, 15 de mar. de 2019b. Disponível em: https://perma.cc/5D59-WQHU. Acesso em: 14 jan. 2020.

HUDDLESTON, T. How Peloton exercise bikes became a $4 billion fitness start-up with a cult following. CNBC make it. **CNBC**, Nova Jersey, 19 de fev. de 2019. Disponível em: https://perma.cc/8KYT-ZY4P. Acesso em: 12 jan. 2020.

IDLE, T. SB'19 Paris, day 2: Virtuous value chains, next-gen CSR and redesigning the #GoodLife. **Sustainable Brands**, 24 de abr. de 2019. Disponível em: https://perma.cc/7TQG-QCWD. Acesso em: 6 abr. 2020.

INTOTHEGLOSS. Into the Gloss, 2020. Disponível em: https://perma.cc/ZG6F-FGUW. Acesso em: 02 abr. 2020.

JOHNSON, R. E. Y. Acting superior but actually inferior? Correlates and consequences of workplace arrogance. **Human Performance**, n. 23, p. 403-27, 2010.

JUNG, C. G. Der Begriff des kollektiven Unterbewussten, Lecture at the Abernethian Society at St Bartholomew's Hospital. 1936. *In*: JUNG, C. G. **Gesammelte Werke in elf Bänden.** Munique: DTV, 2001.

KAHNEMAN, D. **Thinking, Fast and Slow.** Londres: Penguin Group, 2011.

KANE, J. Burning Man sells out 26,000 tickets in a half hour. **Reno Gazette Journal**, Reno, 28 de mar. de 2018. Disponível em: https://perma.cc/K56D-PVYR. Acesso em: 10 jan. 2020.

KELNER, M. Nike's controversial Colin Kaepernick ad campaign its most divisive yet. **The Guardian**, Londres, 04 de set. de 2018. Disponível em: https://perma.cc/JC9F-FU27. Acesso em: 27 mar. 2020.

KING ARTHUR BAKING COMPANY. About us. King Arthur Baking Company, 2020. Disponível em: https://perma.cc/95X5-YB23. Acesso em: 09 set. 2020.

KOCH, K. D. Werte statt Mode. **Werben und Verkaufen**, München, n. 1, p. 28, 08 jan. 2020.

LAM, T. Glossier is opening its two-story flagship store in NYC this week. **Hypebae**, Nova York, 05 de nov. de 2018. Disponível em: https://perma.cc/F3JL-MGPU. Acesso em: 27 mar. 2020.

LAMBERT, F. Tesla Model X door gets torn off by truck as it automatically opens, owner and Tesla argue over what happened. **electrek.co**, 26 de set. de 2017. Disponível em: https://perma.cc/E4LL-GUF3. Acesso em: 14 jan. 2020.

LEGO EDUCATION. Professional development and training. **lego.com**, 2019. Disponível em: https://perma.cc/VLJ5-PFW3. Acesso em: 14 jan. 2020.

LEGOLAND DISCOVERY CENTER. Lego education workshops. **Legoland Discovery Center**, 2019. Disponível em: https://perma.cc/MNG6-HGRE. Acesso em: 14 jan. de 2020.

LEWIS, I. Spotify allows fans to directly pay musicians with new in-app fundraising feature. **Independent**, Londres, 22 de abr. de 2020. Disponível em: https://perma.cc/MWA7-NGXR. Acesso em: 9 set. 2020.

LI, E, Louis Vuitton and GQ China reimagine fashion show marketing in Shanghai. **Jing Daily**, Xangai, 09 de ago. de 2020. Disponível em: https://perma.cc/ME7X-SUYV. Acesso em: 08 set. 2020.

LIMBACHIA, D. Mark Zuckerberg unveils Facebook's new mission statement. **Variety**, Los Angeles, 22 de jun. de 2017. Disponível em: https://perma.cc/2SDT-CMVT. Acesso em: 22 jan. 2020.

LOUIS VUITTON. Asnières, the heart of Louis Vuitton, 2020. Disponível em: https://perma.cc/5UTY-D3RR. Acesso em: 01 jan. 2020.

LUND, E. What small business owners can learn from Apple's former and current mission statement. **Businessing**, 27 de jul. de 2017. Disponível em: https://perma.cc/HJD4-U5VC. Acesso em: 27 mar. 2020.

LVMH LUXURY VENTURES. Portfolio. **lvmhluxuryventures.com**, 2019. Disponível em: https://perma.cc/BW7R-GVGX. Acesso em: 14 jan. 2020.

MACGREGOR, N. **Living with the Gods**. Nova York: Alfred A. Knopf, 2018.

MAINWARING, S. Starbucks finds itself in hot water for talking about race. **Forbes**, Nova Jersey, 23 de mar. de 2015. Disponível em: https://perma.cc/U6BS-H46K. Acesso em: 10 jan. 2020.

MANGOLD, J. (Direção) **Ford vs Ferrari**. Burbank: Walt Disney Studios Motion Pictures, 2019. (153 min.)

MARK, M.; PEARSON, C. **The Hero and the Outlaw**. Nova York: McGraw-Hill, 2001.

MARKERT, B. Jedem Druck gewachsen. **Lufthansa Journal**, Colonia, v. 11, n. 19, p. 59, 2019.

MARTIN, R. The high price of efficiency. **Harvard Business Review**, Harvard, p. 43, jan./fev. 2019.

MAUTZ, S. A Peloton ad sparked huge controversy over its sexism. **Inc.**, Nova York, 06 de dez. de 2019. Disponível em: https://perma.cc/9T5S-SDTF. Acesso em: 27 mar. 2020.

MCCANN, C. **Dancer**. Londres: Phoenix; Orion Books, 2003.

MCCRACKEN, G. **Culture and Consumption.** Bloomington; Indianapolis: Indiana University Press, 1988.

MCEWAN, I. **Machines like Me.** Nova York: Doubleday, 2019.

MELTZER, M. Patagonia and The North Face. **The Guardian,** Londres, 7 de mar. de 2017. Disponível em: https://perma.cc/K7XT-W25D. Acesso em: 27 mar. 2020.

MONTAGUE, T. **True Story.** Boston: Harvard Business Review Press, 2013.

MOSHER, D. Elon Musk explains why he launched a car toward Mars – and the reasons are much bigger than his ego. **Business Insider,** Nova York, 13 de mar. de 2018. Disponível em: https://perma.cc/3BN5-PRA8. Acesso em: 14 jan. 2020.

MOTAVALLI, J. Cadillac: In China, it's a bestselling luxury brand with youth appeal. **Mediavillage Knowledge Exchange,** 26 de nov. de 2018. Disponível em: https://perma.cc/6DF5-BDQ3. Acesso em: 14 jan. 2020.

MOYERS, J. C. *The Power of Myth.* Nova York: Anchor Books, 1991.

MUELLER-OERLINGHAUSEN, J. Undconsorten, Berlin. Entrevista, 19 de dezembro de 2019.

NEATE, R. British cycling brand Rapha sold to Walmart heirs for £200m. **The Guardian,** Londres, 07 de ago. de 2017. Acesso em: 16 jan. 2020. Disponível em: https://perma.cc/ZP9N-ERN2.

NETFLIX. Netflix culture: Freedom and responsibility. **Slideshare,** 01 de ago. de 2009. Disponível em: https://perma.cc/8YVQ-87VD. Acesso em: 27 mar. 2020.

NIKE. About, 2019. Disponível em: https://perma.cc/3HL7-CUDX. Acesso em: 27 mar. 2020.

NOVY-WILLIAMS, E. Nike pulling its product from Amazon in e-commerce pivot. **Bloomberg,** Nova York, 13 de nov. de 2019. Disponível em: https://perma.cc/8NCY-7XJV. Acesso em: 27 mar. 2020.

NUMÉRO. Dior presents a collaboration with the artist Marc Quinn in limited edition. **Numéro,** Paris, 10 jun. de 2019. Disponível em: https://perma.cc/KX8Q-GGUX. Acesso em: 14 jan. 2020.

OATLY. The Oatly way. **Oatly** [s.d.] Disponível em: https://perma.cc/69ZA-BHTC. Acesso em: 10 jan. 2020.

OVIDE, S. As bad as WeWork is, it could get even worse. **Bloomberg**, Nova York, 23 de out. de 2019. Disponível em: https://perma.cc/CRA8-ADWX. Acesso em: 27 jan. 2020.

PATAGONIA. Hey, how's that lawsuit against the President going? The cleanest line. **Patagonia**, 9 de abr. de 2019[a].

PATAGONIA. Patagonia's mission statement. **Patagonia**, 2019b.

PATAGONIA. Traceable down standard. **Patagonia**, 2020.

PATON, E. Roger Federer has a sneaker for you. **The New York Times**, Nova York, p. 1, 24 nov. 2019.

PATON, E.; MAHESHWARI, S. H&M makes its pitch for transparency. **The New York Times**, Nova York, p. 1, 29 dez. 2019.

PÄTZMANN, J.; HARTWIG, J. **Markenführung mit Archetypen**. Wiesbaden: Springer-Gabler, 2018.

PECK, E. Sure, the Audi ad was sweet, but very few women actually work there. **Huffpost.com**, Nova York, 2 de fev. de 2017. Disponível em: https://perma.cc/T2KB-JZM5. Acesso em: 10 jan. 2020.

PETERS, J. W. The Economist tends its sophisticated garden. **The New York Times**, Nova York, 08 de ago. de 2010. Disponível em: https://perma.cc/D6NJ-T2RV. Acesso em: 14 jan. 2020.

PETERSON, R. Enduring human needs. **Admap**, p. 23, mar. 2016.

PIERCE, C. S. *Phänomen und Logik der Zeichen*. Frankfurt: Suhrkamp Verlag, 1983.

PIERCE, D. The year the home button died. **Wired**, São Francisco, 27 de dez. de 2017. Disponível em: https://perma.cc/ZV2U-MGDP. Acesso em: 14 jan. 2020.

PIERCE, L. Is there a market for recycled-content in flexible packaging? **Packaging Digest**, Thornton, 28 de mar. de 2017. Disponível em: https://perma.cc/FKJ2-YGV4. Acesso em: 6 abr. 2020.

PINE II, B. J.; GILMORE, J. H. **The Experience Economy**. Boston: Harvard Business School Press, 1999.

PREDA, M. What you can do from home. **Patagonia**, 2020. Disponível em: https://perma.cc/3ZFF-CUKB. Acesso em: 9 set. 2020.

PROSE. Shop. **Refinery29**, 2020. Disponível em: https://perma.cc/RBJ5-AVXY. Acesso em: 15 jan. 2020.

RACHEL STRUGATZ, K. C. Fenty Beauty vs. Kylie Cosmetics: The race to a billion dollar brand. **Business of Fashion**, Londres, 05 de fev. de 2019. Disponível em: https://perma.cc/Q6XF-F4SC. Acesso em: 14 jan. 2020.

RAPAILLE, C. **The Culture Code**. Nova York: Broadway Books, 2006.

RAPHA. The Rapha Why. **YouTube**, 01 de jan. de 2017. Disponível em: https://perma.cc/52UP-N9GW. Acesso em: 14 jan. 2020.

RAPHA. Work at Rapha. **Rapha**, 2020. Disponível em: https://perma.cc/5WLC-8UG4. Acesso em: 16 jan. 2020.

REFORMATION. Our stuff. **The Reformation** [s.d.]. Disponível em: https://perma.cc/USC9-ECTN. Acesso em: 10 jan. 2020.

REINIK, T. National Heritage Academies, Grand Rapids. Entrevista, 20 de novembro de 2018.

REUTERS. Burberry's sales plunge 80% as coronavirus halts luxury shopping. **Reuters**, Canary Wharf, 19 de março de 2020. Disponível em: https://perma.cc/NUP6-EYG7. Acesso em: 13 set. 2020.

RIAL, J. F. Faire un bon voyage (et a quel prix)? **Voyageurs du monde**, Paris, 2019. Disponível em: https://perma.cc/CH7P-WDUS. Acesso em: 16 jan. 2020.

RICHARDSON, B. Why Rapha is the new Harley-Davidson. **Medium**, São Francisco, 12 de out. de 2017. Disponível em: https://perma.cc/PJ4H-HXUD. Acesso em: 12 jan. 2020.

RITSON, M. Peloton ad is bad, but will ultimately benefit the brand. **Marketing Week**, Londres, 10 de dez. de 2019. Disponível em: https://perma.cc/ELF3-DXDK. Acesso em: 27 mar. 2020.

RITZ-CARLTON. Gold standards. 2020. Disponível em: https://perma.cc/3WP2-WPSQ. Acesso em: 16 jan. 2020.

ROBINSON, M. This apparel startup fixed the worst part of shopping for clothes in stores – and it could defy retail's curse. **Business Insider**, Nova York, 18 de jan. de 2018. Disponível em: https://perma.cc/97EB-9P8C. Acesso em: 14 jan. 2020.

ROSA, H. **Resonanz**. Berlim: Suhrkamp Verlag, 2019.

ROSE, L. Ben & Jerry's new flavor gets political. **The Daily Meal**, Nova York, 31 de out. de 2018. Disponível em: https://perma.cc/E7HK-WZUC. Acesso em: 27 mar. 2020.

ROSE, L. One year for the blue heart of Europe: The cleanest line. **Patagonia**, 20 de jun. de 2019.

ROSSO, C. How Elon Musk's neuralink plans to unify the brain with AI. **Psychology Today**, Nova York, 17 de jul. de 2019. Disponível em: https://perma.cc/3FFB-K6Z7. Acesso em: 15 jan. 2020.

SALDEN, S. Warum Birkenstock nichts mehr mit Amazon zu tun haben moechte. **Der Spiegel**, Hamburgo, 23 de dez. de 2017.

SCHAEFER, W.; KUEHLWEIN, J. P. **Rethinking Prestige Branding:** Secrets of the Ueber-Brands. Londres: Kogan Page, 2015.

SCHAEFER, W.; KUEHLWEIN, J. P. High Line Park, NY: Ueber-Brand of a different kind. **YouTube**, 2018. Disponível em: https://perma.cc/2M2Z-39D7. Acesso em: 14 jan. 2020.

SCHAFFER, A. Tech's enduring great-man myth. **MIT Technology Review**, São Francisco, 04 de ago. de 2015. Disponível em: https://perma.cc/AGL5-VQFF. Acesso em: 14 jan. 2020.

SCHARRER, J. Oops, he did it again. **Horizon**, v. 16, p. 4, 18 abr. 2019.

SCHOTT, S. Leave no gentleman behind: Rapha gent's race. **8Bar Bikes**, 2014. Disponível em: https://perma.cc/NR6M-QYRM. Acesso em: 12 jan. 2020.

SCHULZE, G. **Die Erlebnisgesellschaft**. Nova York: Campus, 1993.

SEARLE, J. R. Minds, brains, and programs. **BBS target article**, Cambridge, p. 1-19, 1980.

SEEDLIP. Seedlip Drinks. 2020. Disponível em: https://perma.cc/46GG-PKKW. Acesso em: 12 jan. 2020.

SEGRAN, E. How Everlane is building the next-gen clothing brand. **Fast Company**, Nova York, 22 de fev. de 2018. Disponível em: https://perma.cc/AVX6-59R6. Acesso em: 16 jan. 2020.

SHACKNAI, G. UOMA Beauty's Sharon Chuter is holding brands accountable with 'Pull Up Or Shut Up'. **Forbes**, Nova Jersey, 08 de jun. de 2020. Disponível em: https://perma.cc/MLL5-6KW6. Acesso em: 09 set. 2020.

SHAPIRO, J. (Direção) **Burt's Buzz.** Canadá, 2013. (88 min.)

SHARP, B. **How Brands Grow:** What marketers don't know. South Melbourne: Oxford University Press, 2010.

SHERMAN, L. At Kering and LVMH, corporate branding goes beyond the logo. **Business of Fashion**, Londres, 04 de jun. de 2019. Disponível em: https://perma.cc/3AGA-4V5R. Acesso em: 27 mar. 2020.

SHILLER, R. J. **Narrative Economics:** How stories go viral and drive major economic events. Princeton: Princeton University Press, 2019.

SHOOT. P&G unveils partnerships at Cannes Lions Fest. **Shoot Online**, Boynton Beach, 24 de jun. de 2019. Disponível em: https://perma.cc/G7YU-CEF3. Acesso em: 27 mar. 2020.

SINEK, S. **Start with Why**. Nova York: Portfolio; Penguin, 2009.

SOULCYCLE. Our story. **SoulCycle** [s. d.]. Disponível em: https://perma.cc/88YC-NM7F. Acesso em: 27 mar. 2020.

SPENCE, R. **It's Not What You Sell, It's What You Stand For**. Nova York: Portfolio; Penguin, 2009.

SPOTIFY. Company info. For The Record, 2020. Disponível em: https://perma.cc/RCN8-6TUZ. Acesso em: 27 jan. 2020.

SPROULE. Entrevista pessoal. 2019.

SQUARE. Dreams. Square Up, 2020. Disponível em: https://perma.cc/4UC-3-DMF8. Acesso em: 27 mar. 2020.

STAAB, W. HOG's sweet sound. **HearingHealthMatters**, 25 de out. de 2016. Disponível em: https://perma.cc/4JGM-UJFN. Acesso em: 27 jan. 2020.

STEVENS, C. R. **Person to Person:** The problem of being human; a new trend in psychology. Londres: Souvenir Press, 1973.

STEVENS, M. Firm behind 'Fearless Girl' statue underpaid women, US says. **The New York Times**, Nova York, 06 de out. de 2017. Disponível em: https://perma.cc/9EG2-B8WX. Acesso em: 10 jan. 2020.

STRASSER, D. Benetton kommt zurueck. **Werben und Verkaufen**, München, p. 19, jan. 2020.

STRUGATZ, R. How Ulta is winning over America's youth. **BoF Professional**, Londres, 10 de maio de 2019. Disponível em: https://perma.cc/R2BP-E3MC. Acesso em: 27 de marco de 2020

TASCHJIAN, R. Is Supreme about to create a whole new generation of porcelain freaks? **GQ**, Nova York, 15 de mar. de 2019. Disponível em: https://perma.cc/NW46-X4A6. Acesso em: 12 jan. 2020.

T3N. Birkenstock verlaesst Amazon jetzt auch in Deutschland wegen Produktfaelschungen. Damit beliefert Birkenstock weltweit keinen Onlineshop des US-Konzerns mehr. **T3N News**, Hanover, 2017. Disponível em: https://perma.cc/5WMK-VJQ3. Acesso em: 1 out. 2019.

TFL. How Custom Footwear Co. Shoes of Prey went from retail success story to bankruptcy. **The Fashion Law**, Nova York, 04 de out. de 2019. Disponível em: https://perma.cc/EP5E-X57X. Acesso em: 16 jan. 2020.

THE DRUM CREATIVE. BrewGel Punk Sanitizer. **The Drum**, Glasgow, março de 2020. Disponível em: https://perma.cc/N4S2-F98N. Acesso em: 09 set. 2020.

THE ECONOMIST. Why are the The Economist's writers anonymous? **The Economist**, Londres, 05 de set. de 2013. Disponível em: https://perma.cc/F93Q-HXYF. Acesso em: 16 jan. 2020.

TURNHERR, V. Voyageurs du Monde. **Awwway**, 04 de ago. de 2015. Disponível em: https://perma.cc/CH63-KV9Y. Acesso em: 16 jan. 2020.

TV AD MUSIC. Square-the-thing-ummy-bob. **TV Ad Music**, Londres, 2018. Disponível em: https://perma.cc/QQ8T-2FJL. Acesso em: 01 jan. 2020.

UBER. About us. Uber, 2020. Disponível em: https://perma.cc/3K3Q-Z8Q6. Acesso em: 22 jan. 2020.

UEBERBRANDS.COM A Freitag visit: Manufacturing as manifestation of mission. Ueber-Brands, 26 de out. de 2016a. Disponível em: https://perma.cc/88S9-FU2M. Acesso em: 15 jan. 2020.

UEBERBRANDS.COM. Audemars Piguet: Adversity and complications make a brand – interview with Tim Sayler, CMO. Ueber-Brands, 09 de out. de 2016b. Disponível em: https://perma.cc/YV9F-3HPF. Acesso em: 26 jan. 2020.

UEBERBRANDS.COM. Johnnie Walker: Appeal at $1 and $1,000 a sip, alike – interview with Matteo Fantacchiotti, Diageo. Ueber-Brands, 18 de fev. de 2016c. Disponível em: https://perma.cc/5YK9-KXKB. Acesso em: 18 fev. 2020.

UEBERBRANDS.COM. Renova: Toilet paper to live, love and style with, also. Ueber-Brands, 19 de abr. de 2016d. Disponível em: https://perma.cc/382H-N-XZS. Acesso em: 20 jan. 2020.

UEBERBRANDS.COM. Seedlip: Beyond Making Teetotaling Totally Trendy – Interview with Ben Branson, Founder. Ueber-Brands, 22 de jun. de 2016e. Disponível em: https://perma.cc/78TH-U7L5. Acesso em: 20 jan. 2020.

UEBERBRANDS.COM. Burt's Bees: Mission, myth and a buzzing business. Ueber-Brands, 5 de jan. de 2017. Disponível em: https://perma.cc/NH9V-CYSE. Acesso em: 14 jan. 2020.

UEBERBRANDS.COM. B2B beyond the material: Interview with Mohawk Fine Papers' Creative Director Christopher Harrold. Ueber-Brands, 04 de abr. de 2018a. Disponível em: https://perma.cc/C2A4-ZS2X. Acesso em: 26 jan. 2020.

UEBERBRANDS.COM. Master myth maker: Ramdane Touhami, mind behind Buly and other exquisite brands. Ueber-Brands, 25 de set. de 2018b. Disponível em: https://perma.cc/RG3P-7Y3E. Acesso em: 14 jan. 2020.

UEBERBRANDS.COM. FRoSTA: Putting your money where your mission is – Felix Ahlers, CEO. Ueber-Brands, 22 de ago. de 2019a. Disponível em: https://perma.cc/2SRN-UAL5. Acesso em: 27 jan. 2020.

UEBERBRANDS.COM. Purpose and promotion don't mix well. Ueber-Brands, 25 de mar. de 2019b. Disponível em: https://perma.cc/25M6-PY6U. Acesso em: 22 jan. 2020.

UEBERBRANDS.COM. TerraCycle: How to brand waste – Tom Szaky, CEO and Co-Founder explains. Ueber-Brands, 03 de jun. de 2019c. Disponível em: https://perma.cc/Y7AY-22GX. Acesso em: 14 jan. 2020.

UEBERBRANDS.COM. Trust and a shared truth are key to Airbnb's Success. Ueber-Brands, 29 de maio de 2019d. Disponível em: https://perma.cc/8V9X-A3QK. Acesso em: 14 jan. 2020.

UEBERBRANDS.COM. Haven's Kitchen: About sharing life skills and sauces – Alison Cayne, Founder. Ueber-Brands, 19 de nov. de 2019e. Disponível em: https://perma.cc/ADA2-R4ZV. Acesso em: 14 jan. 2020.

UEBERBRANDS.COM. Evolving the Aston Martin legend: Interview with Simon Sproule, Chief Marketing Officer, Aston Martin. Ueber-Brands, 8 de jan. de 2020.

VAN RENSBURG, D. In-sourcing disruptive brands as a corporate entrepreneurship strategy. **Springer Science and Business Media**, 4 de abr. de 2014. Disponível em: https://perma.cc/99N4-38MU. Acesso em: 27 mar. 2020.

VAN RENSBURG, D. J. In-sourcing disruptive brands as a corporate entrepreneurship strategy. **International Entrepreneurship and Management Journal**, Berlim, v. 11, n. 4, p. 769-792, nov. 2015.

VICE. About, 2019. Disponível em: https://perma.cc/Y2FV-C4GS. Acesso em: 27 mar. 2020.

VINCENT, L. The case for creating rituals around your brand experiences. **Medium**, São Francisco, 10 de abr. de 2017. Disponível em: https://perma.cc/J2UT-5DB7. Acesso em: 27 mar. 2020.

VIZARD, S. Gillette brand takes a hit as '#metoo' ad backfires. **Marketing Week**, Londres, 18 de jan. de 2019. Disponível em: https://perma.cc/88UM-FJ2D. Acesso em: 27 mar. 2020.

VIZARD, S. Adidas: We overinvested in digital advertising. **Marketing Week**, Londres, 17 de out. de 2019. Disponível em: https://perma.cc/WL23-46RE. Acesso em: 27 mar. 2020.

WAHBA, P. Nordstrom Tech shopping spree continues with stake in custom shoe retailer. **Fortune**, Nova York, 7 de dez. de 2015. Disponível em: https://perma.cc/7G7K-GDDK. Acesso em: 27 jan. 2020.

WAINWRIGHT, O. Is it balls, vagina or both? Airbnb logo sparks wave of internet parodies. **The Guardian**, Londres, 18 de jul. de 2014. Disponível em: https://perma.cc/5CCN BT84. Acesso em: 27 mar. 2020.

WALSHE, P. 10 traits of megabrands. **Admap**, v. 2, p. 40-41, fev. 2016.

WANG, X. Luxury brands' three best practices in coping with COVID-19. **WARC**, Freetown, 17 de mar. de 2020. Disponível em: https://perma.cc/97RY--6FVQ. Acesso em: 9 set. 2020.

WATERS, A. Supreme x Meissen: Why artists are recapturing the "exquisite transgressiveness" of porcelain. **Sleek Magazine**, Berlim, 14 de mar. de 2019. Disponível em: https://perma.cc/K92Q-HNZW. Acesso em: 27 mar. 2020.

WERTHEIM, B. The humble ascent of oat milk. **The New York Times**, Nova York, 21 de jan. de 2018. Disponível em: https://perma.cc/Z43A-C4KU. Acesso em: 27 mar. 2020.

WHITE, J. LVMH transformation is a 20 bn Euro success. **Wired**, São Francisco, 12 de nov. de 2018. Disponível em: https://perma.cc/XD38-ALWM. Acesso em: 24 jan. 2020.

WHITTEN, S. George Clooney just sold his tequila business for up to $1 billion. **CNBC**, Nova Jersey, 21 de jun. de 2017. Disponível em: https://perma.cc/8Z-ZN-VVCU. Acesso em: 24 jan. 2020.

WIKIPEDIA. Frosta. **Wikipedia** [s. d.]. Disponível em: https://perma.cc/H239-AA4T. Acesso em: 16 jan. 2020.

WIKIPEDIA. Swarovski Kristallwelten. **Wikipedia** [s. d.].

WILLIAMS, F. **Green Giants.** Nova York: Amacom, 2015.

WILSON, B. **The Hive:** The story of the honeybee and us. Nova York: St Martin's Griffin, 2004.

WORTHAM, J. Netromancy. **The New York Times Magazine**, Nova York, 20 de set. de 2015. Disponível em: https://perma.cc/8848-5ADF. Acesso em: 02 abr. 2020.

WU, J. Here's how Abercrombie & Fitch ditched its past to try to bring back customers. **CNBC**, Nova Jersey, 16 de out. de 2019. Disponível em: https://perma.cc/2EZG-5SEW. Acesso em: 10 jan. 2020.

YOUTUBE. BrewDog: This punk's for you. **YouTube**, 2020. Disponível em: https://perma.cc/XHW2-KUA3. Acesso em: 01 jan. 2020.

YOUTUBE. Decade of Dog. **YouTube**, 2020. Disponível em: https://perma.cc/LSP3-9XZF. Acesso em: 01 jan. 2020.